本研究受以下项目基金资助：

1. 浙江省省级重点专业建设项目

   022110300031（09）（工商管理专业）

2. 浙江农林大学学术出版基金资助

3. 浙江农林大学人才启动项目 2012 FR009

   （基于和谐文化的企业员工心智模式研究）

本研究的主题和研究方法受以下项目启发：

国家自然基金资助项目（70972084）

浙江省生态文化研究中心课题《生态文明建设模式研究》

博士文丛·经管系列
Economics and Management

◎ 曹振杰 著

企业员工和谐心智模式的理论与实证研究：

以酒店餐饮企业为例

Theoretical and Empirical Studies
on Employee's Harmonious Mental Models Based
on Hotels and Restaurants

ZHEJIANG UNIVERSITY PRESS
浙江大学出版社

....

很多管理学科学问题的提出源于研究者自己内心的声音,而研究者内心的声音往往与其对真理或现实痛苦的关注有关。例如,席酉民科研团队关于"和谐管理"理论的研究肇始于对社会大量的不和谐现象的深切关心与思考,齐善鸿教授关于"道本管理哲学"的提出也发端于对管理痛苦与管理异化现象的深入思考。

尽管和谐早已成为人类轴心时期思想家(如毕达哥拉斯、苏格拉底、柏拉图、老子、释迦牟尼、孔子等)所关注的一个重点甚至秉持的理想;尽管追求和谐的意识形态一直独占各个文明体系之鳌头并倨居核心地位;尽管"和谐"一直是中国文化传统中所凸显的主题,成为中国文化中人文精神的精髓和首要价值;尽管和谐已经成为中国软实力的核心术语和战略指向而与以自由、民主等为主的美欧国家软实力并立并存;尽管中国学者建立起了诸如"和谐管理"、"东方管理"、"道本管理"以及"和合管理"等关注和谐主题的理论与思想体系,但是,中国管理学的主流视野与主流研究方法仍然投放在管理技术、竞争技术与经济效益层面(当然,这些研究也是必要的),而对属于"道"这一层面的和谐主题未予充分关注。究其原因,这与以"竞争→绩效"为核心主题的西方经济与管理理论的广泛普及与深远影响有关,也与近一个半世纪以来中国的诸多社会苦痛与对文化传统的矫枉过正有关,以至于在一些情境中出现"和谐妨碍创新"、"和谐有碍绩效"的论调甚至现实,有人还把和谐当做平庸和奴顺的代名词。因此,在管理中,和谐与绩效的关系到底如何? 对这个问题仅仅进行哲学思辨或者简单的经验总结是不够的,还需要得到科学的、特别是实证性的解答。

在管理中,为什么"好的想法难以有好的结果"? 管理学大师彼得·圣吉认为其原因在于人的心智模式存在问题。心智模式是指人们头脑中"简化了的假设"、成见、印象，以及基本固定的思维方式和行为习惯。根据认知心理学关于心智模式理论的研究，人总是通过自己特定的心智模式去观察、描述、解释与预测事物进而采取行动，因而和谐心智模式这种特定的心智模式无疑是和谐这种结果的原因性因素。基于此，和谐与绩效的关系问题的本质是和谐心智模式与绩效的关系。对这一关系的研究是一项复杂的系统工程，其中一个基础性环节是员工和谐心智模式的概念结构及与工作绩效的关联机制研究。

从现实层面来看，当前社会深层次的矛盾问题也反映到了企业之中。现代人的物质生活条件在近几十年中得以迅速提高，然而，与之同时提高的还有生态环境恶化程度与现代人的竞争强度和失落感。后现代管理思潮认为，现代组织管理的效能（effectiveness）和效率（efficiency）的提高是以牺牲人的本性为代价的。这一结果与 Peters 和 Waterman 在 1982 年就指出的，"在企业组织中的确存在过度使用管理技术、管理方法的倾向"有关，因为：现代管理工具可以从经济学的角度计量出组织的成本与利润，但却不能计量出组织中的人所付出的心理成本和代价；虽然管理控制系统能够提供组织整体行政官僚制控制框架中的重要信息，这些信息被用来监控、影响部门和雇员的业绩，但却不能准确地计算出人的整体感、归属感和失落感对组织的影响；即使是使用电子化技术跟踪员工的每一个动作也不能解决组织中个人的自主性和归属感问题（罗珉，李永强，2002）。于是，信仰缺失、价值失落、自我迷失成为员工普遍存在的心理问题，员工冷漠、冲突、猝死甚至自杀事件层出不穷。为此，员工的工作生活质量下降，而所在的团队、企业也必然为之付出额外的人工成本和管理费用。这表明，员工心理不和谐对其个人绩效和企业绩效都会产生负面影响。这些现实都在呼唤对员工和谐心智问题的深入研究。

作为管理学研究工作者，我们以探索中国企业成功关键因素、提高员工幸福度为学术研究使命，在"务实（践）"和"求真（理）"的过程中，研究焦点逐渐从 15 年前的战略与市场营销转移到 10 年前人力资源管理与开发，再到 6 年前的企业文化与组织行为，研究视野由外到内，逐渐聚焦到员工的精神与心智层面，并将中国企业员工的心智优化、管理与开发作为自己长期的研究目标。近年来我们通过对近百位不同企业不同层次员工的深度访谈与观察以及前期研究，初步发现企业和谐的基础是员工和谐心智模式，而在一定的情境中员工和谐心智模式对其工作绩效具有积极的影响。

综上，我们选择了"企业员工和谐心智模式及其对工作绩效的作用机理研究"这一课题，试图解决下列问题：中国企业员工和谐心智模式到底有什么内涵与特征？和谐心智模式对工作绩效到底如何发生作用？

　　一般而言，实证研究个体和谐心智问题往往费力不讨好，因为，一方面，大量的研究和谐的文献很少使用实证方法；另一方面，管理学主流研究视野或中国管理学学术共同体尚未接纳心智（或心灵、精神）这类概念（只是少数重要学术期刊如《管理学报》和一些非学术类管理刊物零星登载过相关论文）。这似乎与中国管理学一直研究注重管理技术有关。中国管理学的创新，必须在研究范式或研究主题上有所突破。本研究即尝试对和谐及和谐管理在本质内容上进行新的考量与选择。对中国管理学理论与实践而言，这一研究也许有如下意义：

　　一是用以实证为主的研究方法和话语体系研究中国管理学问题，将和谐心智模式纳入管理学主流研究范式之中。我们尝试突破以往心理和谐研究的价值假设、现实争议和方法论局限，将研究建立在中国企业现实基础之上，运用实证研究程序、方法与话语体系，通过对核心构念的操作化分析，对微观组织中员工和谐心智模式与工作绩效的关系进行研究，这是对中国管理学基础理论的一项探索性科学研究。一个新理论的提出，不仅在于它是否找到了新的视角如和谐心智模式、和谐信念、和谐思维方式等去共同解释人们习以为常的管理现象，还在于开辟一个全新的对于组织管理与文化管理的认识途径；不是局限在已经疲于解释管理现实的"计划、组织、控制"等技术，而是组织在和谐主题下的绩效问题的解决。本研究没有脱离和谐与和谐管理（我们认为和谐管理是一个外延宽广的主题概念而非某一个或几个管理派别）理论的分析框架，只是在心灵主题日益凸显的当代中国，给和谐及和谐管理理论增加一种心智基础。

　　二是试图揭示员工和谐心智运作与发展规律，拓展组织行为与组织文化理论研究的理论基础和研究视野。国内外管理学者虽对心智模式的研究有丰硕的成果，但对微观组织员工个体心智模式的类型、价值、管理等规律尚未有更深入的研究。因此，对中国微观组织员工个体和谐心智模式进行理论与实证研究，探究其深层次的运行与发展规律，能够为组织行为与组织文化理论研究提供人心规律层面的理论基础和新的研究视角，也拓展了组织行为与组织文化理论的研究范围。

　　三是为和谐管理与绩效管理决策提供理论基础。现实中，很多企业把和谐文化与工作绩效对立起来，因而和谐文化建设往往停留在企业管理的表层，很少对员工深层次的"和谐心智"进行管理和开发，其原因之一是对和谐心智模式与工作绩效之间的关联机制缺乏清晰认知。没有和谐的绩效难以持久，而没有现实绩效的和谐难以真正落实，更难以进行与之对应的员工心智开发。一般而言，只有搞清楚和谐心智与工作绩效之间的作用机理才能找到切实的、有针对性的和谐管理策略。本研究力图在员工和谐心智模式这一组织文化的核心层面研究上取得突破，为和谐文化与绩效管理决策提供操作性较强的分析工具和策略建议，在优良企业文化升级与落地的实践中具有应用价值。和谐心智模式的构建、培育与普及至少是中国企业各类员工需要面对的重要工程，本研究为这一系统工程提供基础性理论支撑。

四是为提高员工心理素质和工作生活质量，建设和谐、生态而高效的企业提供理论参考。心智模式是人认识事物的价值逻辑和核心思维程序，它决定着人力资源和文化资源的价值。如果在心智模式这一核心程序方面出错，员工的思想与行动也会随之出错；用错误的程序努力工作，只能复制并扩大错误。因此，结合企业特点对员工的心智模式进行开发，使之建立和谐心智模式，能激发他们的工作动力和创造力，提高其心理素质和工作生活质量。在更广的层面上，与当前地球生态迅速恶化、社会危机重重、经济隐患多多等现实问题有着深切关联的企业，只有其各类各级员工改变传统心智模式、建立和谐心智模式，才能获得持久的竞争能力并建立和谐企业。

本研究在提出"和谐心智模式"这一核心概念基础上，主要进行了四项研究：一是分析了中国文化传统中的和谐意旨与和谐认知内容。通过对和谐的文字学解读与对儒释道三家和谐思想的分析，发现和谐内在地包括对个体差异的包容与对个体价值的尊重等基本精神；中国文化传统中蕴含着对和谐的价值认同和不懈追求（即和谐信念）；在思维方式上有圆通、"顺道"、一体化、内求自省等特征；在行为方式上则凸显着慈悲利他性特征。二是基于田野研究与扎根理论方法的和谐心智模式念开发。我们选取 5 家酒店餐饮企业进行了 6 个月现场研究并采集到大量一手资料，按照扎根理论方法的分析程序进行资料分析、比较和归纳，发现员工个体和谐心智模式可以由三个维度构成：和谐信念、利他行为倾向与和谐思维方式。三是构建员工和谐心智模式概念模型，并提出"和谐心智模式包含上述三个维度"、"员工和谐心智模式对其工作绩效通过敬业度的部分中介作用而产生正向影响"的理论假设。四是基于问卷调查方法的实证研究，即按照心理学量表开发程序，开发了和谐心智模式调查问卷，进而通过对全国范围内酒店餐饮企业抽样调查所得到的 947 份有效问卷进行数据分析，验证了理论假设。此外，本书还对开发企业员工和谐心智模式的策略进行了初步探讨。

我们知道，很多对心理和谐或心智问题感兴趣的读者对实证研究复杂的推理与统计分析并不很在意，但我们也相信，本书中的研究主题、田野研究资料和结论对这些读者也会有些积极意义。从这一角度而言，本书最有价值的也许就是那些用于扎根理论编码与分析的原始资料，那是几家企业的鲜活实践，其中有很多值得我们深思和总结的东西。遗憾的是,本书没有对此进行进一步的挖掘,因为要做规范的实证分析,而这种研究形式与方法不可避免地在有限篇幅内挤占对深层次思考的阐述。我们一直相信,影响这个世界的不仅仅是实证逻辑,更重要的还是思想和先行者的实践。在今后的研究中,我们会用其他的研究方法和平实的语言对和谐心智主题进行探索与呈现。这里不妨先简要介绍一些我们的思考。

和谐心智模式本质上是一种善的信仰和能智慧行善的思维方式与行为方式。我们相信,这种心智模式能够促进个人健康、组织健康和社会健康。现代心理学已经发现,人在正向、积极思考与负向、消极思考时所使用的神经系统居然是相反的,而且是互相拮抗的。也就是说,当一个人的心态是圆融、灵活、知足、慈爱、乐观、祥和、无畏、谦逊、感恩…时,人脑中的正向思考的神经系统会产生作用,而另一套负向思考的神经系统则不但不会产生作用,还被抑制住。相反的,当一个人心中充满了对立、固执、贪婪、仇恨、悲伤、沮丧、恐惧、傲慢、妒忌……时,负向思考的神经系统会被激发而产生作用,而正向思考的神经系统却被抑制住了。而且人的神经系统还有一个特征:神经细胞在活动时是利用电传导,并且喜欢走快捷方式,所以被活化次数多的神经细胞会比活化次数少的更容易被激活。一个拥有和谐心智模式的人,也是一个乐观而且智慧的人,他看待周围的世界总是持正面的态度或角度,同时用智慧的思维程序去做人做事。可想而知,他正向思考的神经系统被活化的机率就比较高,而负面思考的神经系统却会因为不常使用而退化了。这种状态,我们也可以称之为心理和谐或自我和谐,而这种和谐自然会导致人际和谐、人事和谐以及人与组织、人与自然的和谐。从这个角度而言,和谐心智模式的培育与修炼也是古圣先贤所谓的"诚意正心"的应有之义,这也是修身、齐家、治国进而平天下的内在主线与驱动因素。

关于个体和谐心智模式的培育与开发,中西方都有很多成功的经验与方法,特别是中国文化传统中有很多智者的思考、思想与五千年的经验可供借鉴。需要特别说明的是,对于文化传统的很多思想与方法,有必要用现代科学研究范式进行其内在机理的探查并用现代科学语言进行阐述,这不仅仅是一种善巧方便,还是对文化传统的一种现代验证(这种验证自然应该是无数次的、多方法、多范式的)。我们如果用激励理论和主体性及主体间性理论来研究中国文化中的和谐实践问题,就会发现,中国文化传统中,和谐的一大要旨是个体首先满足"他者"的需求,进而才能形成"礼尚往来"般的良性的和谐互动。满足"他者"的需求是结果,其原因与过程则可概括为四个要素:对"他者"需求的敏感性、满足"他者"需求的意愿、满足"他者"需求的能力以及满足"他者"需求的行为。中国文化传统中，开发这四个要素的一个重要而有效的方法便是孝道。在培养子女孝道的过程中，首先使孩子自然提高对父母需求的敏感度，培养满足父母需求的意愿，培育满足父母需求的能力，形成满足父母需求的行为习惯，进而自然而然地达致满足父母需求的结果。这一过程的结果自然就是子女与父母的和谐与家庭和谐。随着个体的成长，以上四个因素或品质自然而然地会推广到个体与他人、组织、社会与环境的关系互动中去，而个体与组织的绩效也会在这一过程中自然实现。这也可能就是中华先贤们下述思想的内在作用机理吧："其为人也孝弟，而好犯上者鲜矣。不好犯上而好作乱者，未之有也"；"老吾老，以及人之老；幼吾幼，以及人之幼"；"夫孝，始于事亲，中于事君，终于立身"；"昔者明王之以孝治天下也，……天下和平，灾害不生，祸乱不作。故明王之以孝治天下也如此"。按照先秦儒家思想，治理国家以道德教化为基础，道德教化以孝行为根本，故孝道既行，天下自然垂拱而治。历代帝王深知提倡孝道孝行对于稳定其统治有着非常重要的作用，因而对儒家孝道思想推崇有加，只是在王朝统治的后期，只注重孝行的维稳功能而在一定程度上抛弃了孝道的绩效功能。

当前很多企业关于孝道的实践也能证明以上观点。当然，对于现代企业员工和谐心智的开发与管理还要基于中西文化交汇的现实，以心理学、组织行为学、组织伦理学以及企业文化等科学理论为基础，开发更符合现代人特点的策略。

总之，和谐心智研究绝非某种应景之举，该主题值得更多的人关注。让我们为管理和谐性与生态性的研究与思考更加深入而群策群力。

在本书脱稿之际，拜读到一行禅师的著作，顿觉清凉无比。现将其中一段开示作为这个序言的结束，也作为读者诸君审读此书的开始吧："请带着开放思维和心态阅读本书，不要纠缠于概念性的东西。书里提供了一些信息，但并不想在你已然十分庞大的知识库上再压一道。想想大地。每当雨水降临，大地都向它敞开臂弯和心胸，充分吸收和融化。也让这本书……去浸润你心识深处早已播下的种子吧，让它们生根发芽，茁壮成长，升华成你的正念和洞彻，能够带来转化的力量。"

曹振杰

2012 年 11 月 22 日

目录

C *ontents* ....

07 和谐心智模式理论模型与假设建构 /116

01 研究缘由与理论基础

　　著名管理学家彼得·圣吉(Peter M. Senge)(2009)有个著名的发问:"为什么好的想法难以有好的结果?"他的回答是由于人的心智模式(Mental model)存在问题。与此类似的问题是:和谐几乎是每个企业和每个员工所追求的,那么为什么现实中却难以达到和谐的状态和结果? 这是否也是心智模式的问题? 和谐组织与个人对应着怎样的心智模式? 我们试图在本书中对此展开研究。

　　在进行这项管理学学术探索之前,有必要对心智模式进行简单的解释,因为"心智模式"作为"舶来品"可能会让人们感到陌生与费解。再者,在我们的研究过程中,在与专家、学者和企业界人士谈到心智模式的时候,大家常常先对心智模式的概念讨论甚至争执一番。"疑邻盗斧"的故事[①]能很好地说明心智模式的基本含义和功能。有人丢了斧头,怀疑邻家儿子偷去了,于是他看邻家儿子的表情、说话、走路姿态都是偷了斧头的样子。不久他偶然找到了斧头,再看邻家儿子,怎么也不像小偷了。原因何在? 就在于他前后的心智模式不同。失斧疑邻型的心智模式让他把邻家儿子解读为小偷,得斧后重建的心智模式则让他对邻家儿子作了完全不同的解读。心智模式就是这样的一种心理机制,人们利用这个心理机制来认识、解释以及预测自身和外部环境。人的心智模式是人自己建构起来的,而且自己难以察觉到它,但它却无时不在,直接或间接地影响着一个人对自己、对他人、对周围事物乃至世界的看法。所谓"仁者见仁,智者见智",就是说,对于同样的人和事,不同的人的观察结果常常会大相径庭,其原因乃是人的心智模式不同。

---

　　① "疑邻盗斧"典故出自《列子》,原文是:"人有亡鈇者,意其邻之子。视其行步,窃鈇也;颜色,窃鈇也;言语,窃鈇也;动作态度,无为而不窃鈇也。俄而抇其谷而得其鈇。他日复见其邻人之子,动作态度,无似窃鈇者。"

那么，我们为什么要研究这一问题呢？

第一节　研究的缘由

一、管理的异化和重塑心智模式的必要性

目前，管理中的很多问题受到人们的关注：企业给员工的待遇越来越高，但员工的忠诚度、工作主动性并不理想，甚至还助长了人性中的贪欲；管理者和基层员工的矛盾依然存在，这在很多组织中还有隐性扩大的倾向；企业员工的身心劳累程度越来越严重；管理的制度越来越多，但管理并未随之变得轻松；新生代员工对传统管理的挑战越来越频繁地被提到，但难以得到有效的解决；等等。这些问题的背后，隐藏着一个共同的管理异化问题。

（一）管理异化的产生

异化，一般是指人自己的创造物与人分离，成为一种外在的异己力量与人相对立，并使人的意识和活动从属于它。马克思在《1844年哲学经济学手稿》中提出，异化就是"人对自己生产对象的丧失"，是一种自我的物质化，由此带来主体地位、主体意志、主体人格的丧失。可见，异化的核心也就是人的主体性的丧失。管理，是随着人类集体活动而出现的一种现象，其中加入了人的强力意志，因此，也就更易于产生异化。目前，人们对于管理异化的概念认知并不一致，如有学者认为，"所谓管理异化，简单说就是指组织个体的目标与组织整体的目标发生了偏移甚至对立"[①]。这类定义所指的只是管理异化的一种表现形态，而不是管理异化的根源和全部。从哲学层面来看，管理异化是指管理被人创造出来却成为奴役人的工具，使得管理实践与人的主体价值发生了偏离甚至对立。综观历史可知，管理的异化是在管理的历史演进中一步步形成的。了解管理在历史演进中的异化过程对于理解异化是有益的，甚至是必需的。

在近百年来的管理科学与所谓的现代化管理中，管理异化主要体现在：(1)没有人喜欢被控制，但管理常常要控制人。于是，引发了管理与被管理的无穷尽的恶性博弈。(2)哲学早已经断言，人的主体性是不可剥夺的，可管理却将人变成了客体。与人的本性对立的管理模式只会走向其基本目的的反面。(3)传统的管理，一直是以管理者的意志为核心的。而每个人都有自己的意志，管理者越是通过管理强化自己的意志，管理就越是疲惫不堪并且低效率。(4)管理一直以

物质利益的诱惑作为主要管理手段,可没有人因此而满足,相反变得越来越贪婪。美国 AIG 公司丑闻无疑是这一管理悖论的现实注脚。①

管理异化的原因主要有三方面:(1)"科学"与"理性"的副作用。理性思维作为科技赖以发展的主要思维模式,被很多人认为是唯一科学的思维方法而加以应用,这使得理性思维本身被狭义化而难以深化和发展,但与此同时,人们却忽略了情感、意志、想象、灵感以及直觉等这些非理性因素在认识过程中的作用。②科技被作为一种创造财富的手段而加以挖掘和创造,从而使科学技术改变了其原有的诉求。在科学技术发展的过程中,产生了科技商品化的现象,同时,人类自身的工具性也随之加强。(2)人类欲望的过度释放。现代社会的人在物质需求的内容与类别方面都空前膨胀,人既是欲望的主体,同时又变成了欲望的客体;同时,需求的精神性内容与物质性内容的割裂和分离速度也在加速,主体的精神也在日益被物欲绑架。(3)长期以来,各种管理理论的滥用加剧了人的异化。整个社会的运转是高度组织化、行政化和物质化的,出于对效率的考虑,整个政治和经济生活必然拒绝一切非理性的东西,个人被要求作为社会的一个组成部分参与运转。这样,人类个体必然牺牲部分个性以服从扭曲了的社会性,非理性的力量必然被作为理性的对立面而受到压制。由此可见,个人在群体面前的主体意志的丧失归根结底是一种不可逃避的人类困境。

从科学管理产生至今,西方管理理论的历史演变过程是对人自身认识的不断深化、趋于全面的过程。在这个过程中,管理学界对管理异化现象并未视而不见,很多新的管理模式和思想一般都是为了解决已有的管理实践中的异化问题而出现的。从这个意义上可以说,异化对于管理思想的演进起到了推动作用。这就出现了一种奇怪的现象:管理的异化几乎是与管理思想的繁荣并存的!必须指出的是,管理在解决一种异化问题的同时往往又制造了另一种异化问题。至今主流的管理思想基本上仍然把组织中的人作为管理的客体,把人看做是达到组织目标的手段和工具,人自身并没有被置于管理的主体地位进行研究,人也没有被作为组织管理目的本身的一部分看待。正因为如此,尽管新的管理思想不断出现,管理名词不断翻新,有关组织中人的激励方面的理论越来越丰富,但管理实践中人的工作主动性、积极性的调动问题却始终未能得到有效的解决。

① 齐善鸿、曹振杰:《道本管理论:中西方管理哲学融合的视角》,《管理学报》2009 年第 10 期,第 1179－1184 页。

② 赵宇新、韩丽雅:《人的"异化"现象之思索》,《哈尔滨商业大学学报(社会科学版)》2003 年第 2 期,第 122 页。

这也说明,管理异化问题并没有得到根本性解决。

(二)管理异化对人主体性的压抑

在马克思关于人的学说中,主体性作为一个哲学范畴具有特定的内涵,主要指人作为活动主体在对客体的作用过程中所表现出来的能动性、自主性和自为性。人的主体性是人类在长期劳动过程中发展起来的最能体现人类本质力量的特性,它是人区别于其他动物的标志,也是人类继续向前发展、不断超越自身所获得的社会成就、满怀憧憬奔向未来的条件和力量。

在常见的管理中,本来就是组织一分子的员工,却被大部分组织作为客体来对待,使得人作为主体所具有的自主的价值观、人生观和人的独立思维无法得到正常的发挥。因此,这种错误导致了管理中一个十分尴尬的事实:员工不愿受控制,但管理却总是试图控制员工;员工工作的意义本来是由其自身来定义的,但管理却总是试图告诉员工工作的价值与意义。于是,在这种管理中,管理者与被管理者都被异化了。

管理异化首先作用于管理者,管理者常常都具有双重的身份:既是管理者,也是被管理者。相对于部下而言,管理者作为管理中强势的一方,拥有较大的权力,从而更容易将被管理中异化出来的力量转嫁给被管理者。而作为组织中用来控制、指挥人并维持秩序与提高效率的管理一旦被制造出来,管理者就不得不受这种自己主持制造的管理工具的制约和羁绊(同时还有纵容和迷醉);另外,由于这种管理与人性自主性的冲突,管理者一直在与被管理者进行斗争、博弈和谈判并分配利益,而被管理者的受压制所导致的问题又会成为管理者加强管理的理由和自身职业痛苦的原因。如此循环往复,无休无止。由此可见,只要管理中将人区分为主体与客体,管理异化便不可避免。

同时,管理的异化还作用在被管理者的层面。作为被管理者的员工在组织中的人数上总是占大多数,他们原本希望通过实现组织既定目标从而实现个体目标。但是,被管理者直接面对的是作为组织代表的管理者,管理者决定着被管理者在组织中的生存和发展。因此,被管理者为了实现自己的利益,不得不屈服于管理者个人的意志。被管理者的这种主体性被压抑的状况决定了被管理者的异化程度。组织对员工的管理手段变成了管理者对被管理者进行控制的个人工具,从而也使得组织目标难以得到忠实的贯彻和实现。

可见,主体性的压抑是管理异化的根本特征,而建立在二元对立思维基础上的所谓的科学、理性对管理的驱动与干预,则是主体性丧失的根本原因。

需要特别指出的是,就像被摁住的弹簧要回弹一样,被压抑的主体性总是要进行反抗,于是管理的痛苦就在控制和反抗的博弈中反复出现并挥之不去。

(三)心智模式重塑

如何化解传统管理的痛苦？齐善鸿等认为,管理者在管理中只有放下自己有限理性中的个人自我意识,遵循人心规律来进行管理,才能避免将管理变成一种控制人的工具,才不至于成为组织诸多弊病的"止痛剂",也才不至于产生一种"柔性独裁"。[①] 这种新的管理与一般管理的最根本区别是:从他人管理向自我管理转变,管理由控制向服务转变。根据认知心理学的研究,人的心智模式在人对世界(包括自身)的态度与行为中起着基础性、关键性的作用,在个体的自我中,不是生理支配着心理,而是心理支配着生理。当管理的对象指向自我的时候,不论是上级还是下属,人们面对的是生理和心理统一的自我。但是,这一根本性的转变,意味着人们对管理的根本认知,假设与思维方式必须有重大的转变,即管理在心智模式层面的革命与重塑。因此,重塑人的心智模式成为管理演化新阶段的必然要求。这是本研究选择心智模式作为研究主题的一个重要原因。

二、企业文化理论的纵深发展与对心智管理的呼唤

心智模式是企业文化的核心要素。众所周知,企业文化包含了由企业员工所共有的观念、价值取向以及行为方式等要素,这些是企业文化的深层次因素,而企业制度、建筑风格、仪式等则是企业文化的外部表现形式。心智模式也是由人的观念、价值观和行为方式或习惯等因素构成,员工个人的心智模式是员工个体对企业目标、价值、历史、传统或惯例的判断与个人价值观和人生观的结合,因而员工心智模式在企业知识和企业文化的形成中有基础作用。美国 IBM 公司创始人沃森在对著名大公司的兴衰成败考察后指出:"你会发现,能屹立数年的大组织并非得力于组织类型或行政技巧,而在于'信念'的力量,以及信念对组织成员的吸引力。因此我们认为,任何一个组织要想生存,首先必须拥有一套完整的信念,作为一切政策和行动的最高准则。"[②]企业文化理论认为,当这套信念成为员工的心智模式的有机组成部分的时候,企业文化才能成为现实的生产力甚至成为企业的核心能力。所以,一个企业的员工所共有的心智模式就构成了企业文化的核心。企业文化的管理与变革,必然以心智模式的开发与塑造为核心环节。

---

①　齐善鸿、吴思:《道本管理破解管理与人心的对抗》,《北大商业评论》2007 年第 12 期,第 65—74 页。

②　转引自:李东:《知识型企业的管理沟通》,上海人民出版社 2002 年版,第 359—360 页。

学习型组织理论是当前最前沿的管理理论之一，也是企业文化理论的最新发展和优秀模式。彼得·圣吉和他的同事提出来的这一理论，越来越成为企业管理创新和企业文化创新的新动力，它不仅能够突破线性思维的传统模式，而且能够培养企业家综观全局的系统思考能力，有利于形成强大的团队凝聚力。心智模式是该理论所提出的五项修炼之一。学习型组织的概念一提出，就受到世界学界和商界的广泛关注，于20世纪90年代初传播到中国，并迅速引起中国理论界、企业界和教育界的广泛关注。如何创建学习型组织已成为政府、企业和社会关注的热点。很多学者认为，学习型组织理论的出现使企业管理的重点从以往的"过程管理"和"行为管理"转变为当今的"知识管理"和"心智管理"，变被动管理为主动自我管理，它使企业能够在竞争激烈的环境中长期稳定而高速成长，使企业以及全体员工都能做到可持续发展。这种转变是从工业经济时代的管理向知识经济时代的管理转变的根本区别。[①] 当我们把企业文化研究的关注点转向自我管理时，就会发现，"自我管理归根到底是一个心智管理的问题，更确切地讲，是一个心智修炼的问题"[②]。

企业文化的纵深发展就是向更加文明的方向发展，而和谐是人类文明的共同指向要素之一。中国从古至今都不缺乏和谐文化资源，相关的思想、观点和著述可谓蔚为大观，但是却很难见到对和谐文化中微观的、心理层面的深入研究，更少见到实证研究。尽管我们从来都不怀疑和谐文化方向的正确性，但是也需要加强和谐文化研究的科学性。因此，有必要对和谐文化进行深入的实证研究。如前述，既然心智模式是企业文化的核心与基础，那么，实证研究和谐文化中的员工心智模式也就成为企业文化理论纵深发展的必然要求。

三、当前企业的管理实践与探索使心智模式管理呼之欲出

美国管理学家钱德勒指出："历史经验证明，除非受到最强大的压力，否则管理者很少改变他们日常的管理惯例和权力地位。"[③]而"日常的管理惯例和权力地位"在很大程度上属于心智模式的范畴或受到心智模式的直接驱动。在当今激烈变化的环境中，越来越多的企业感受到了这种"最强大的压力"，进而开始改变管理者和员工的心智模式。一个被人们广泛关注的案例是，壳牌石油按实力

---

① 参见王关义：《现代组织管理》，经济管理出版社2007年版，第322页；王慧：《现代管理心理学》，云南科技出版社2002年版，第5页。

② 杨谦：《心智修炼——超越自我的思维》，首都经济贸易大学出版社2000年版。

③ 钱德勒：《战略与结构：美国工商企业成长的若干篇章》，云南人民出版社2002年版。

在 1970 年只排到世界级石油公司行列的最末，被媒体比作世界石油姐妹花中的丑姑娘。而到了 1979 年，当年的"丑小鸭"变成了"白天鹅"，壳牌石油与艾克森石油公司并列第一。"丑小鸭"是怎样成功挑战老大的？彼得·圣吉等管理学家认为，其秘诀在于该企业改变了管理者和员工们的心智模式。① 其后，越来越多的企业在心智模式管理（或称心智管理）上取得引人注目的成就，其中就包括类似于塑造和谐心智模式的实践。这从美国通用电气公司（GE）前 CEO 韦尔奇的管理实践可见一斑。

一般认为，韦尔奇在 GE 的实践是运用心智模式管理的典型案例之一。韦尔奇上任时，GE 面临着巨大的风险和危机，在内部管理上，由于员工们被控制和指挥得太久了，他们"把思想停留在工厂的门口，然后再走进工厂的大门"去工作。韦尔奇认为，如果所有的主意都出自首席执行官，那么，"不到一个钟头通用这艘航空母舰就会沉没"，他说："一个主意的好坏与它的出处无关……好主意可以来自任何地方。我们必须四处寻找。""距离工作最近的人最了解工作……最好的思想通常来自于高级管理层以外。"② 于是，韦尔奇于 20 世纪 90 年代初展开了"通力合作"方案，几乎所有的 GE 员工都参与了这项活动。这些措施成效很多，其中最让管理学家们重视的是重新定义了管理的概念，"倾听员工的意见"成为管理工作的一部分，而员工的意见多是围绕 GE 经营理念和问题而提出的，并不是一些枝枝叶叶的小问题。到了 20 世纪 90 年代后期，"通力合作"渗入进了 GE 的企业文化之中。这种"消除了部门之间的界限，思想可以在公司内流动"的"协调的多样化"体现了韦尔奇的"无界限"管理思想。经过有效实践，GE 各级员工的心智模式得到重新塑造和提升，企业的核心竞争能力得到强有力的增强。韦尔奇在 GE 的实践中所推动的诸如"通力合作"、"协调的多样化"、"倾听员工的意见"和"无边界管理"等理念和思维模式进入到管理者和员工的心智模式之中。可以说，这也是一种与本研究主题高度相关的成功管理实践。

东方企业在和谐文化与心智模式开发与管理上走得似乎更加远一些。日本当代著名企业家稻盛和夫一直高度重视对人生意义的管理。他说："从创建 DDI 时起，我就一直向员工们灌输，'要为了国民大众使长途电话费用尽量便宜一些'，'人生只有一次，让它更有意义吧'，'我们现在面临着百年一遇的机会，我们要感谢有这样的机会，不要放过它'。"为此，DDI 全体员工在心智模式之中植入了"不是为了自己的利益，而是为国民作贡献"这一纯粹利他型的志向，从而自内

① 详见彼得·圣吉著，张成林译：《第五项修炼》，上海三联书店 1998 年版，第 177—184 页。
② 赵观中：《韦尔奇管理艺术——效率型组织》，中国时代出版社 2002 年版，第 122 页。

心里期望公司事业的成功，并全力以赴地投入工作。"看到 DDI 员工如此地执着，代理店也拼命支援他们，许多顾客也开始声援我们了。这样，以 DDI 的员工为中心，一群心地纯粹的人们聚集在一起，最后导致了事业的成功。""十七年前，任何人都认为处于劣势地位的 DDI，在新加入的通讯事业当中始终走在前列，通过合并建立了 KDDI，现已发展成了联合结算销售额达到 3 兆日元的大企业。要想解释其奥妙的话，恐怕只有上述的原因了。"稻盛和夫认为，DDI 的事例有力地证明了企业经营需要纯粹的愿望，即哲学，而其哲学又必须不是伪哲学这一事实。也就是说，所谓企业应具有的愿望、理念、哲学，如 DDI 要"为国民降低电话费用"那样的动机一样，要让员工和公众看起来都必须是正确的事情。这种不为自己私利而希望他人好的心愿，也可以说是"利他"之心。而有了这样仁慈之心和纯粹之心，正如京瓷和 DDI 的经营所显示的那样，一定会迎来好的结果。① 与之类似，我们还可以从李嘉诚、马云、王石等企业家的经营管理案例中看到，他们在开发与塑造员工心智模式方面已经进行了大量的有益探索，也取得了比较丰富的经验和成就。

四、新经济与心经济对"和谐之心"研究的呼唤

有学者指出，21 世纪最根本的变化就是人类需求的变化，它促使人类社会环境和文化也随之改变，其他大部分变化也因此而全面展开。一个自然的物质世界存在着，一个动物的世界存在着，一个心灵的世界生长着，并将主导这个世界。心时代开始了，并将标志着人类意义上的生活的真正开始。②

越来越多的专家指出，当前已经进入一个人们普遍追求心理和精神需求的"心经济"时代。"心"的需要已经成为人类的两大需要之一，满足这种需求的经济已经存在，而且规模已经相当大。

综合以上可见，企业管理实践提供了很多优秀的和谐文化与心智模式管理案例，现在到了对此进行理论总结与提炼的时候了。

第二节　本研究的心理学理论基础

本研究综合运用了心理学、管理学、哲学、社会学等学科的多种理论，以下就

---

① 稻盛和夫：《经营何以需要哲学》，《日本学论坛》2001 年第 4 期，第 2—11 页。
② 相关观点可参见曹世潮的系列文章《新经济：颠覆传统经营》，发表于《企业经营》（2002 年至 2003 年）。

与本研究最直接和最重要的相关理论进行阐述，为后续研究提供理论基础。本节简要介绍本研究的心理学理论基础，下一节介绍管理学基础。

众所周知，心理学被视为人类知识大厦的深层地基。目前，管理学研究越来越多地使用心理学的研究方法并以心理学理论为理论基础。作为从心理学中借用过来的专业术语，本研究的心智模式研究也必然地要以心理学理论与方法为基础。

一、认知心理学

一般认为，认知心理学（Cognitive Psychology）是研究人的信息经感觉输入的转换、加工、储存、提取和使用的过程，其核心是信息加工理论。认知心理学研究人的心智活动过程与机制，与其他关心或研究心智问题的学科，如人工智能、语言学、逻辑学、神经生理学等关系密切。认知心理学把人的心智活动过程与机制喻为类似于计算机的信息加工系统，或称"符号操作系统"。认知心理学家西蒙认为，符号是泛指代表、表示或意指他物的一切东西。所谓符号就是模式，任何一个模式只要它能和其他模式相区别，就是一个符号。这种符号（模式）具有双重属性：一是具有表征外部事物的功能；二是其自身具有物理或形式上的特征，可以进行信息加工的操作。符号操作系统把人类所具有的观念、能力以及脑内加工的过程看做是一系列的符号及其运作的事件。[①] 因此可知，包括心智模式在内的这种符号或模式系统同时具有静态（表征外部事物）和动态（进行信息加工）的功能与特征。

认知心理学中的"知识的建构与表征"理论是心智模式研究的基础性理论。人类知识的建构是刺激信息在人脑中存储与组织的过程。知识在人脑中的存储形式和呈现方式被称为知识的心理表征。信息加工理论认为，知识表征包括概念、命题、图式、脚本、表象等。其中，图式是心智模式研究的核心概念之一，这里稍作引述。认知心理学家认为，图式是人脑中有组织的知识结构，它涉及人对某一范畴的事物的典型特征及关系的抽象，是一种包含了客观环境和事件的一般信息的知识结构。图式是可变的，是由子图式构成的嵌套结构。认知心理学家们通过大量的实验表明，图式是人的认知结构中的心理实体，它检验并确认输入到大脑中的刺激信息为何物。当图式与输入的信息进行比较以后，再以最适合的图式对刺激信息作出解释。近年来，人工智能研究再次从理论上确认了图式模型。

---

① 参见梁宁建：《当代认知心理学》，上海教育出版社 2003 年版，第 19 页。

认知心理学家还对心智模式进行了深入的研究,我们对相关研究在下文进行专门评述。

二、社会心理学

社会心理学尽管源于并属于现代心理学体系,也研究个体心理现象,但主要研究社会人群中的心理现象。[①] 本书所研究的企业员工和谐心智模式也体现于社会人群的各种关系之中,因而必须借鉴社会心理学的研究成果。

近三十年来,社会心理学的一个显著特点是对社会问题与理论应用的关心与强调。而对社会现实问题的关注必然导致和谐或与和谐类似的价值诉求。从20世纪70年代末以来,越来越多的社会心理学者关注这类社会问题:个人健康、司法过程、工作环境、婚姻家庭、种族关系、政治与经济、教育、广告宣传等等。很多学者秉持社会心理学创始人勒温所主张的,"社会就是我的实验室",并把自己所从事的应用研究称作"行动研究",并声称"行动研究"的目的在于使社会变得更美好。例如,Mark Snyder认为,今日世界面临着许多严重问题,如环境的破坏、战争、犯罪、疾病、文盲、种族冲突等,这些问题的解决,只要依靠公民的参与就可实现。他补充说,大多数人看到了对他们参与行动的需要,但却并未付诸行动。他在一项调查中发现,尽管有三分之二的人同意"人们应该自愿花时间去帮助他人",从而使世界变得更美好,但实际上采取了助人行动的人仅有三分之一。因此,Mark Snyder认为,他的研究就是要试图理解这种无行动现象,同时还要找到克服这种现象的方式。[②] 近三十年来,很多创新性的社会心理学理论对将个体与社会结构连接起来的心理动力进行研究,包括比较动力(comparison dynamics),一致性、适应性和平衡性动力(consistency, congruity and balance dynamics)和归因动力(attribution dynamics)。[③]

和谐心智模式作为一套心理动力机制,也是旨在把个体与他人、环境融洽地连接起来的心理动力。社会心理学的上述研究为本书提供了有力的支持。

三、积极心理学与心理资本理论

积极心理学是20世纪末西方心理学界兴起的新的心理学研究思潮,它是致

[①] 沈德灿:《现代心理学与西方社会心理学》,《社会心理科学》1998年第2期,第1—6页。

[②] 转引自:刘毅:《当代西方社会心理学研究的三种倾向》,《西北师大学报(社会科学版)》1999年第5期,第82—86页。

[③] 黄雪娜、金盛华、盛瑞鑫:《近30年社会心理学理论现状与新进展》,《社会科学辑刊》2010年第3期,第54—59页。

力于研究普通人的活力与美德的科学。积极心理学主要关注三大主题:一是积极的情感体验,如幸福感、希望、谦虚等,并探究这些积极情感体验的机制与影响;二是积极的人格特质和品质,如自尊、宽恕、热情、善良、合作能力、感恩等,探讨其形成过程;三是积极的社会制度系统,如积极的工作制度怎样促进和谐的工作环境,积极的家庭关系怎样促进个人的成长等。[1] 可见,积极心理资源的开发是积极心理学关注的重点。构成和谐心智模式的各种要素如利他性、积极信念等与积极心理学十分吻合,心理资源也成为组织员工心智模式和工作绩效的理论研究与实践的重要概念。

如何获取、开发和利用员工的心理资源,提高个人和组织的竞争优势,已经成为企业文化管理和领导面临的新课题。美国心理学会前任主席 Seligman 教授在 2002 年首次提出"心理资本"(psychological capital)的概念,主张将那些导致个体积极行为的心理因素纳入资本的范畴。这一开创性研究引起了理论界的高度重视,出现了大量关于心理资本的探讨。[2] 美国组织行为学家 Luthans 从积极心理学和积极组织行为学的视角,提出了以强调人的积极心理力量为核心的"积极心理资本(positive psychological capital)"概念,以此区别人力资本和社会资本。[3] Luthans(2005)认为,心理资本是一个由多种因素构成的综合体。心理资本是一种核心的个人积极心理能力(positive psychological capacities),是个体在特定的情境下对待任务、绩效和成功的一种积极状态,对个体的认知过程、工作满意度和绩效都产生显著的影响。[4] Luthans 等人还指出,心理资本是基于积极组织行为学标准的积极心理状态,它不同于人力资本(即"你所知道的",如知识、技能、观点和能力)和社会资本(即"你认识谁",如信任、关系、彼此相连的工作关系网和朋友),组织可以通过影响个体关于"我是谁"以及"我将成为谁(如自信、希望、乐观和坚韧性)"的认知等措施有针对性地投入和开发来获取个体竞争优势。[5]

---

①   叶浩生:《当代心理学的困境与心理学的多元化趋向》,见:任俊:《积极心理学》,上海教育出版社 2006 年版,总序。

②   具体研究综述可参见:王雁飞、朱瑜:《心理资本理论与相关研究进展》,《外国经济与管理》2007 年第 5 期,第 32—39 页。

③   Lnthans F, Lutlians K W, Lnthans B C. Positive psychological capital: Beyond hunan and social capital, Bnsiness Horizons. 2004,47: 45—50.

④   Luthans F B, Avolio B J, Walumbwa F O, Li W. The psychological capital of Chinese workers: Exploring the relationship, Management and Organization Review,2005,1(2):249—271.

⑤   Lnthans F, Youssef C M, Avolio B J. Psychological capital: Developing the human competitive edge, Oxford, Uk:Oxford University Press, 2007:253—13.

通过以上对心理资本理论的简要梳理可知，和谐员工心智模式的因素大多与心理资本的因素相关，这为本研究理论模型的构建提供了可靠的理论依据。

四、中国本土心理学

Moghaddam(1987)依据对学科的影响力及创造力的不同，把社会心理学划分为三个世界。第一世界是作为主流的、处于学科影响中心的美国社会心理学，第二世界是以欧洲发达国家（包括苏联）为代表的社会心理学，包括中国在内的发展中国家的社会心理学则处在第三世界。[①] 而社会心理学的本土化运动则首先表现为欧洲社会心理学的"反叛"，其次是第三世界社会心理学本土化运动的意识觉醒与现实努力。[②] 在中国，随着西方心理学的不断引入、学习与应用，一些心理学家发现西方心理学不能准确地解释和预测中国人的心理和行为，甚至在解决中国实际问题时束手无策。最早注意这个问题的是杨国枢和文崇一等学者，他们在一篇发表于1982年的文章里评论道："在日常生活中我们是中国人，从事研究时我们却变成了西方人。"[③]他认为，只有研究者与被研究者具有相同的心理和行为模式，接受同样的社会、文化和历史因素的影响，才能更好地理解和研究被研究者，得出的结论才是准确的。杨国枢在1988年提出了"建立中国人之本土心理学"的口号。他从本土契合性的角度来界定本土心理学。"本土契合性"是指研究者的研究活动及研究成果与被研究者的心理与行为及其生态、经济、社会、文化、历史等方面的脉络密切或高度符合、吻合及调和的状态。[④] 本土心理学就是一种在本土性契合条件下所建立的心理学知识体系。[⑤] 他认为本土心理学研究所探讨的问题，所适用的概念、方法、工具，所获得的结果，以及所提出的有关结果的解释，都要与所研究的心理现象及其社会文化脉络密切或高度

---

① Moghaddam F M. Psychology in the Tnree World, American Psychologist 1987, 42：912－920.

② 方文：《社会心理学百年进程》，《社会科学战线》1997年第2期，第240－249页；方文：《社会心理学的演化：一种学科制度视角》，《中国社会科学》2001年第6期，第126－136页。

③ 引自杨国枢：《我们为什么要建立中国人的本土心理学》，载于杨国枢：《中国人的心理与行为：本土化研究》，中国人民大学出版社2004年版，第28、12页。

④ Yang K S. Towards an indigenous Chinese psychology：A selective review of methodlogical, theoretical, and empirical accomplishments, Chinese Journal of Psychology, 1999(4)：181－211；Yang K S. Monocultural and cross-cultural indigenous approaches：The royal tothe decelopment ofa balanced global psychology, Asian Journal of Social Psychology, 2000(3)：241－263.

⑤ 杨国枢：《中国人的心理与行为：本土化研究》，中国人民大学出版社2004年版，第28页。

配合、符合及调和,也就是要有足够的"本土契合性"。[①] 也可以说,中国的本土心理学就是针对中国人的心理和行为特点的全貌,对其进行真实的描述、分析、理解和预测,为中国社会建设和科学发展提供基础性服务。本土心理学的研究重点是将研究对象(如中庸、面子、关系等)放在其研究群体(中国人)的文化脉络中来探看问题及寻求解答。

中国的本土心理学首先于上世纪70年代末在港台发轫,取得了不少成果,影响较大的如杨国枢的社会取向理论。中国大陆的社会心理学家也从上世纪90年代开始,进行了这方面的探讨,例如金盛华做了有关中国人自我价值定向和精神信仰理论研究。

与本研究中的和谐主题相关性很高的是中国本土心理学对中庸的研究。中庸社会心理学研究是从1996年开始的。[②] 中庸思维的实证研究实际上也是对和谐的研究,是与本研究相关性很高的研究。这为本研究提供了研究的思路、方法和量表方面的借鉴。

国内学者也提出,社会心理学要为构建和谐社会服务,因此要推进社会心理学中国化研究[③],因此要探究在我国社会文化背景下,中国人的心理和行为的有关课题,特别是要探索建设和谐社会有关的心理学问题;要努力发展出能反映中国文化传统和现代化特点的人格与社会心理学概念和理论;还要设计出用来探索人格与社会心理学中国化课题的有效方法和策略。方法具有一定的通用性,但研究工具则不一定能通用,人格与社会行为的测量工具更是不能在中西方不同的情境下通用。在人格与社会行为上中国人与西方人有显著的差异,探讨中国人的人格与社会行为是不能生搬西方的测量工具的。

五、超个人心理学理论

尽管上述心理学理论能为本研究提供理论支撑、方法论指导与研究工具,但是要深入探究和谐心智模式问题,还必须深入到精神、意识与潜意识层面。尽管大多数心理学家也声称是在研究人类心灵深处的奥秘,但囿于方法论和视野的局限,但他们"得出的结论却常常是浅尝辄止"。[④] 萨蒂奇在1968年指出,超个

①　杨国枢:《心理学研究的本土契合性及其相关问题》,《本土心理学研究》1997年第8期,第75—120页。

②　杨中芳:《如何研究中国人》,《心理学研究本土化论文集》,重庆大学出版社2009年版,第10页。

③　黄希庭:《构建和谐社会呼唤中国化人格与社会心理学研究》,《心理科学进展》2007年第2期,第193—195页。

④　杨韶刚:《人性的彰显:人本主义心理学》,山东教育出版社2009年版,第263页。

人心理学对人类的终极能力和潜能问题感兴趣,但这种问题在行为主义、经典的精神分析和人本主义心理学那里,都没有得到系统的考察。[①] 超个人心理学致力于探索"意识之谜",取得了大量影响甚巨的成果,可为本主题研究提供理论基础。

英国心理学家米歇尔·丹尼尔斯总结目前超个人心理学家的主要研究主题包括:爱的体验、移情、创造性和灵感、打开通路、转换的意识状态、心身关系、精神的浮现与危机、沉思心理学、东西方宗教和奥秘传统的实践与经验、佛教心理学、生态学意识、自我与自我实现心理学、更高级自我、自我超越、心理治疗、咨询和教育中的超个人取向、意识的进化、超个人研究方法、知识的整合取向、长青哲学等。[②] 在对这些主题的研究中,超个人心理学"试图将世界精神传统的智慧整合到现代心理学的知识系统中",[③]它超越了东方智慧和西方科学的绝对界限,非常重视东方文化和宗教传统,从古代印度和中国哲学中获得了很多超个人的精神启迪。[④] 人的一生就是追求意义和价值的一生,人的任何活动,包括意识的和潜意识的,都是具有某种意义的。因此,和谐心智模式也是一种独特的意义结构,它从本质上是对个体的、局部的、物质的、短期的外在需求的超越,这就要求个体必须对世俗的或通常的意义结构进行"格式化"与重构。超个人心理学用更加开阔、积极的眼光看待生命和生活中的事件,给予人的心智活动以更加深厚、广阔的意义空间,其侧重点是如何超越自我、超越现实,在终极的精神世界中实现自己的价值。要做到这一点,一个人就必须正视"我是什么"这个具有终极归宿和意义的问题,而不是回答"我是谁"这个具有现实意义的客观问题。其实,对这个问题的探询本身就体现了超个人心理学试图超越世俗的现实境界,而去追求和宇宙、大自然融为一体的价值理念。这种精神的实质就是回归大自然,在和宇宙万物的普遍联系中体验人的永恒,追求精神的逍遥和超脱,这才是人的终极价值所在,也是和谐心智模式的最高境界。

和谐心智模式的可持续性存在有赖于和谐信念与价值观,而这种信念与价值观不能根据它自己之外的任何东西来进行界定,当然也不能以虚假的和谐本身来界定。这就需要对给予人新的精神与意义来对待生命自身、行为与环境及

---

① Sutich, A. Transpersonal psychology：An emerging force. Journal of Humanistic Psychology, 1968,8(1):77~78.

② 引自:杨韶刚:《人性的彰显:人本主义心理学》,山东教育出版社 2009 年版,第 260—261 页。

③ 郭永玉:《精神的追寻:超个人心理学及其治疗理论研究》,华中师范大学出版社 2002 年版,第 23 页。

④ 杨韶刚:《人性的彰显:人本主义心理学》,山东教育出版社 2009 年版,第 261—262 页。

其关系。超个人心理学的重要特点是其"精神性"。精神性是心灵与心智的"统帅"，真正的和谐心智模式必须超越自我，这是在精神性的支配下进行的高层次追求。超个人心理学的一个基本主张是通过对人自我意识的扩展，使之在广阔的精神领域中进行新的探索和体验，达到精神整合、人性与自然融为一体的目的。这种精神性是和谐心智模式的支撑框架。

　　在研究方法上，超个人心理学家虽然也使用实证科学的研究方法，但它同时也重视其他领域有用的研究手段，例如，哲学的深刻思考、宗教的体验、医学的探究、文学的隐喻和想象等，从而能够比较深刻地探索潜藏在人们的思想、情绪和感受背后的真实自我。这为本研究采取文本分析与文字学分析的方法来探究中国文化传统中的和谐认知图式提供了重要的借鉴。

第三节　本研究的管理学理论和隐性知识理论基础

　　除了组织文化理论、组织行为学和人力资源管理学等一般性管理理论之外，本研究所主要依据的管理学理论基础是和谐管理理论、道本管理理论和隐性知识理论，其中，后者主要指经济管理学视角的隐性知识理论。

(一)道本管理理论

　　基于对管理发展历史与管理实践的多学科、多角度考察，结合中国传统文化精华特别是老子的哲学思想，齐善鸿教授提出了道本管理理论。[①]　该理论着眼于破解传统管理所存在的根本性缺陷，即"管理与人心对抗从而降低了管理的效率和人的福祉"[②]。从管理哲学层面而言，"管理与人心对抗"无疑是管理中出现不和谐的根本性原因之一。道本管理是以道为本的管理，就是让管理者的主观意志让位于客观规律，从而最大限度地激发每一个人的劳动热情、工作积极性和责任感，进而提升劳动生产率，并且建设管理中的和谐而有活力的关系。道本管理理论以破解"管理与人心对抗"为起点，主张遵循人心规律，最大限度地实现员工的价值，进而实现企业、员工和社会的共赢，可见和谐乃是道本管理理论的一条主线。

　　道本管理理论认为，一般的管理模式没能解决管理与人心规律的对抗问题，

---

　　① 详见：齐善鸿：《道本管理：精神管理学说与操作模式》，中国经济出版社 2007 年版。
　　② 齐善鸿、吴思：《道本管理破解管理与人心的对抗》，《北大商业评论》2007 年第 12 期，第 65—74 页。

这种异化是管理演进历史与现实中最大的问题。[1] 从哲学层面来看，管理异化是指管理被人创造出来却成为奴役人的工具，它使得管理实践与人的主体价值发生了偏离甚至对立。如何化解这种冲突和对抗呢？道本管理理论的主张是，管理不能仅仅停留于尊重人的层面，而要进化到尊重人心规律层面。道本管理强调尊重人心之道，基本方略是"顺而治之"。人心的力量本就是追求发展的，管理只需引导这种力量，达到利人与利己、近期与远期、精神与物质的平衡。具体而言，管理者要承认人的巨大潜能和发展驱力；将现实中不满意的行为视为寻求帮助的另类表达；放弃违背人心规律的指责和挑剔；发现可以进行正面激发的关键点；通过正面激发，让人心能向着正面发展和膨胀，实现在心灵空间中对负面力量的挤压；通过正面发展的成果强化人们的行为，使之成为习惯。道本管理模式的任务就是帮助人们实现自我管理，提升每一个人管理自己的能力；其目标是服务于人的全面发展，服务于社会的全面发展，服务于自然的和谐，为人类和社会创造更多的财富。这种新的管理哲学是在充分尊重人性的基础上把人们内心的追求力量引发出来，指向正常而健康的新型人生模式；尊重并引导人的追求，而不是压抑人的发展欲望；通过造就文明人、文明管理而推动人类文明事业的进步。人在这种模式下是主体，也是目的，此时的管理只是一种服务，管理者更像是教练而不仅仅是裁判。管理者若能顺应人心之道，就能将自己从错误的管理循环中解放出来，从而使管理越做越轻松，最终达到"无为而治"和"无为而无不为"的境界。

员工的主体性是道本管理理论展开的人性论基础。该理论认为，所谓员工的主体性，一是人的行动的自主性，即人的自主意识决定自己的行动；二是意义赋予的自主性，表现为自我精神的独立性，任何信息都要经过人自身的分析而被赋予意义；三是个体的独立权力，这是其他任何人为力量都不能剥夺的。[2] 可见员工的心智模式是其进行决策和行为的直接心理驱动机制，是其主体性的直接体现。尽管人们常常对其主体性和心智模式习而不察，但它们却是人们对事物进行描述、解释和预测的过滤机制和驱动力量。拥有某种心智模式的员工往往弱化甚至不去顾及外部条件的影响而采取符合其心智模式的行为。拥有和谐心智模式的员工也能在不理想的外部环境中采取和谐的行为而达致顾客满意和人际和谐，这也是该类企业核心竞争力的重要基础，也是我们重视和谐心智模式乃

---

① 齐善鸿、曹振杰：《论企业的领袖气质——道本管理的视角》，《经济问题探索》2009 年第 10 期，第 83—86 页。

② 齐善鸿：《道本管理：精神管理学说与操作模式》，中国经济出版社 2007 年版，第 171—172 页。

至和谐心智管理的一个重要原因。

综上可见,道本管理从本质上是一种以和谐为目的的文明性的新探索。道本管理理论根据"道"的思想,结合现代理论的建构方法,探索管理的根源性思想逻辑,对构筑具有中国文化特色的新管理思想体系进行了探索。它传承了中国优秀文化传统,又与管理实践密切结合,还能契合和谐这一人类文明发展的历史趋势。道本管理理论对本研究具有深刻的指导意义。

(二)和谐管理理论

席西民教授对和谐的思考是从社会大量的不和谐现象开始的,[①]他所提出的和谐管理理论以系统论为理论基础,从企业组织结构的复杂性出发,研究管理的和谐问题。这一理论的基本思想[②]是:和谐是所有生命的基础,无论是有机体的生命还是组织的生命,和谐会产生一种令人吃惊的力量。它不仅可以保证系统组成最优,各部分协调运转,从而提高效率,减少损失,加大生产率;而且可以减少摩擦,避免冲突,缓解压力,激发热情,使人精神愉快。更重要的是能使系统具有较强的应变能力,保证系统动态和谐发展。一般和谐性较高的系统,都具有较强的自组织性、自适应性,都充满活力,具有较强的内聚力和吸引力,使系统总体功能得以发挥。如图 1-1 所示。

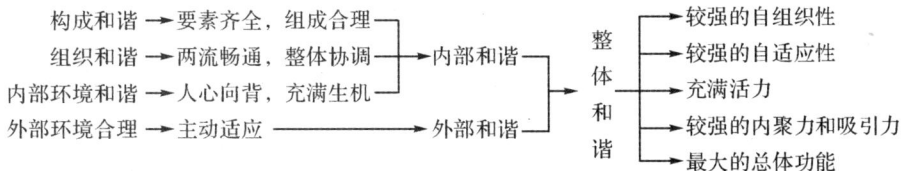

图 1-1 和谐及其作用

资料来源:席西民、尚玉钒:《和谐管理理论》,中国人民大学出版社 2002 年版,第 65 页。

对于企业而言,和谐是企业竞争优势的来源。席西民、尚玉钒在对企业竞争优势来源的分析中,认为"和谐是分析企业竞争优势来源应该关注的焦点"。理由是:对于企业所创造的价值的分析提供的是反馈前期活动状况的评估信息,所以不能通过价值分析来指导事前的管理工作,而企业价值的生成则一定蕴涵着企业普遍运行的和谐机理,即创造更多价值的企业,一定是其内部资源与外部市场存在更多"和谐"适应的企业,也即表现出更强系统整体与其所追求的主题协同,并与外部环境需要相适应的企业,反之亦然。鉴于企业价值与组织和谐、竞

① 参见:席西民、尚玉钒:《和谐管理理论》,中国人民大学出版社 2002 年版,序言。
② 主要参见:席西民、尚玉钒:《和谐管理理论》,中国人民大学出版社 2002 年版。

争优势的关系,组织和谐是可以捕捉竞争优势的一个重要的途径,所有对竞争优势来源的分析不可能脱离这一分析逻辑,自然,组织和谐就应成为企业竞争优势来源研究关注的焦点。[①]

如何实现系统和谐呢?和谐管理理论提出了旨在提高系统各种关系的匹配程度和内外部适应性的管理模式。其数学表达式为:

$$H=h[h_1(\{p_i\},c),h_2(e),h_3(u),h_4(a)]$$

其中,$h_1(\{p_i\},c)$是指构成和谐性,即系统要素及其构成的和谐性;$h_2(e)$指的是组织和谐性,是就系统组织管理而言的;$h_3(u)$是指内部环境和谐,是就系统内部政策、系统成员思想态度及生活、工作环境而言的;$h_4(a)$指的是外部和谐,是就系统与外部环境关系而言的,有外部环境本身的和谐性和系统与外部环境的和谐性两层含义;h是指总体和谐性,即系统要素及其组成和功能,物流和信息流,管理和控制,系统内部环境和外部环境的综合和谐。[②]

在上述理论分析基础上,和谐理论发展出了包括系统和谐度的度量、系统结构描述分析模型、系统现状和谐态诊断分析等在内的一套理论体系,统称之为"和谐理论",并编制了相应的计算机分析软件,还对企业、学校、城市等不同类型的实际系统进行了和谐性分析和实证研究。[③]

和谐管理理论有三个前提假定或理论体系赖以建立的逻辑起点:一是,管理活动总是为了解决特定问题或完成特定任务,而且一定的管理问题或任务总是受到目标、资源、成本、时效要求等内外部环境相关要素的约束;二是,组织中的人是有限理性的"智能体";三是,人不仅追求目的,而且遵循规则。其理论建构的基本设定(assumption)包括三个方面:设定 1:如果"战略和 EOL(环境、组织、领导,下同)一致",组织所选择的战略是正确的。设定 2:如果"和谐主题与战略(及 EOL)一致",则说明和谐主题选择是正确的,即组织在特定阶段的管理重心定位是准确的。设定 3:如果"和则、谐则与和谐主题一致",则说明该阶段管理系统比较完善,管理比较到位。由此,如果组织实现了三个设定的一致性,即"战略和 EOL 一致""和谐主题与战略(及 EOL)一致"、"和则、谐则与主题一致",则称组织管理是和谐的。

基于此,该理论提出两个基本假设(hypothesis)。假设 1:如果管理系统比较完善且管理比较到位,那么组织的和谐主题能够得到有效实现。这是和谐管

---

① 席酉民、尚玉钒:《和谐管理理论》,中国人民大学出版社 2002 年版,第 38—39 页。

② 参见:席酉民、尚玉钒:《和谐管理理论》,中国人民大学出版社 2002 年版,第 61—64 页。

③ 详见:席酉民等:《和谐理论与战略》,贵州人民出版社 1988 年版。

理理论的核心内容。假设 2：如果组织管理和谐，那么组织能够产生良好的绩效。

经过一系列的理论推演与建构，和谐管理理论的理论硬核可简单表述为：管理活动的目的是围绕组织目标解决问题或完成任务（和谐主题存在及意义）；一定的问题或任务总可以通过"优化设计"和"人的能动作用"双规则的互动耦合有效解决（和则、谐则存在及意义）。这一管理理论的适用范围是"通过人及其对物的利用的行为实现其目的的组织系统"，简而言之，即该理论适用于"有人参与的系统"。①

和谐管理理论已经完成了自身的基本概念和原则的构建："和"与"谐"的界定、和则与谐则的阐述、"优化设计""不确定性消减""互动耦合"路径的提出，从抽象的概念模型向实用的概念模型转换，如"EOL 与 ST、HT 以及 EOL 和 ST、HT 与 XP 和 HP 三个一致性的假定和判断"、"和谐主题的辨识模型"、"和则实现系统"、"谐则实现系统"、"和谐管理的耦合模型"以及"和谐管理案例研究流程"等，已经发明了自己的一种工作语言和一套元规则体系，在国内管理学界产生了较大影响。和谐管理理论关于组织和谐的意义、价值、内容和管理架构对本研究有非常大的借鉴意义，但是该理论侧重从系统性的角度来研究组织和谐问题，对人的心智层面关注不多。

(三)隐性知识理论

心智模式是隐性知识（Tacit Knowledge）的一种类型。② 隐性知识的研究成果与研究方法可为本研究提供支持与借鉴。

迈克尔·波兰尼（Michael Polanyi）1958 年从哲学领域提出隐性知识的概念。一些学者认为它是继笛卡儿、康德以后认识论发展史上的"第三次哥白尼革命"，它导致了全部认识论的"大翻转"。③ 波兰尼指出，人类有显性知识（Explicit Knowledge）和隐性知识两种知识，并认为："我们知道的要比我们能说出的多。（We know more than we can tell.）"④按照波兰尼的理解，隐性知识和显性知识相对，是指那种我们知道但难以言述的知识。1996 年，经济合作与发

① 关于和谐管理理论的理论硬核、基本假定、适用范围及理论发展，参见：席酉民、肖宏文、王洪涛：《和谐管理理论的提出及其原理的新发展》，《管理学报》2005 年第 2 卷第 1 期，第 23－31 页。

② Roy L. Tacit knowledge and knowledge management: The keys to sustainable competitive advantage, Organizational dynamics, 2001, 29(4): 164－178；王克胜等著，杨应崧等译：《知识管理导论：原理与实践》，高等教育出版社 2004 年版，第 38 页。

③ 闻曙明：《隐性知识显性化问题研究》，吉林人民出版社 2006 年版，第 3 页。

④ 转引自：闻曙明：《隐性知识显性化问题研究》，吉林人民出版社 2006 年版，第 75 页。

展组织(OECD)在年度报告《以知识为基础的经济》中对知识经济的特征作了比较权威性的阐述,该报告从新的角度对知识进行了分类,强调了隐性知识对于经济发展尤其是对于知识经济时代的企业具有特别重要的意义。隐性知识具有默会性、个体性、非理性、情境性、文化性、偶然性与随意性、相对性、稳定性、整体性等特征,极大地受到文化氛围与文化传统的影响,或言之,隐性知识从一定程度上而言是个体或组织所在文化传统的产物。和谐心智模式作为隐性知识的一种类型,也是如此。因此,我们要从文化传统对和谐心智模式的影响的角度深入研究。

隐性知识在人类认知方面具有优先性和支配性的作用。根据波兰尼的观点,隐性知识从本质上看是一种理解力(understanding),用以领会与重组经验,以期实现对它进行理智控制的能力。显性知识能否被我们真正获得,取决于我们对它的理解,而这种理解本质上就是一个隐性知识发挥作用的过程。就像波兰尼所讲的,"我们总是隐性地知道,我们认为我们的显性知识是真的"①。隐性知识的功能与能力在人类认识的各个层次上都起着主导性的作用。隐性知识是自足的,而显性知识则必须依赖于被默会地理解和应用。因此,所有知识不是隐性知识就是根植于隐性知识。

隐性知识是组织形成核心竞争力的基础和源泉。这是因为,显性知识编码方便,容易交流且易被竞争对手学习,难以使组织保持竞争优势;而隐性知识是隐含的且难以模仿,因此不易被复制或窃取。罗伊(Roy)认为企业隐性知识比显性知识更能为组织创造竞争优势。②莱昂纳德(Leonard)等也认为隐性知识是竞争优势的源泉,它对技术创新具有重要作用。③

对心智模式的测度是本研究的主要环节之一,关于隐性知识测度方法的研究可以为我们实证研究心智模式提供很好的借鉴和信心。隐性知识具有很高的不确定性,因此测量工作比较困难和复杂。斯滕博格认为,学业知识可以从智力测验及类似测验中进行测度,而隐性知识"只能从人的行动和言论中推及它的存在","但是它可以,有时也能诉诸形式而公之于众,尽管一般这很难做到,而且往往会遇到阻力"。斯滕博格是从智力研究的角度提出隐性知识的,他认为隐性

---

① Polanyi M. Study of Man, The University of Chicago Press, Chicago, 1958, p. 12.

② Roy L. Tacit knowledge and knowledge management: The keys to sustainable competitive advantage, Organizational dynamics, 2001, 29(4): 164—178.

③ Leonard D, Sensiper S. The role of tacit knowledge in group innovation, California Management Review, 1998, 40(3): 112—132.

知识对应于实践智力，是可以有效地加以测量的。[①]　因而，从心理角度看，隐性知识是一种具有实践性的认知能力，而且可以加以测量。

围绕隐性知识可以进行测量这一分析，国内外学者提出了许多方法。根据隐性知识的结构，Sternberg 和 Wagner(1987)为管理人员、销售人员和军事领导者设计开发了"管理人员隐性知识量表"(Tacit Knowledge Inventory for Managers，简称 TKIM)，用于测试个人隐性知识水平的高低。问卷主要通过呈现各个相关领域可能遇到的典型情景，让被试根据给定的 7 点量表对处理每个情景的一系列相关选项进行等级的评估。测试的得分主要通过比较"专家—新手"的差异给出。随后 Debbie Richards 和 Peter Busch(2000)基于 Sternberg 等人的研究，根据形式概念分析(Formal Concept Analysis)方法对被试在隐性知识测试中的差异进行建模分析和比较，把数据可视化，进而分析测量。[②]　一些国内学者如马伟群、夏德和程国平等对这一测评进行了进一步的、多维度的研究。[③]。

以上研究成果，极大地丰富和发展了对于隐性知识测度的研究，并为和谐心智模式测量研究提供了许多可以参考的方法与工具。此外，关于隐性知识对组织的积极作用的研究，如把隐性知识视为组织核心竞争力的基础和源泉的观点，也为本研究的现实价值与对管理理论的研究意义提供了较为坚实的理论基础。

①　参见 R.J.斯腾伯格著，吴国宏等译：《成功智力》，华东师范大学出版社 1999 年版。

②　转引自李作学：《个体隐性知识的结构分析与管理研究》，大连理工大学 2006 年博士学位论文。

③　参见：马伟群等《知识管理中个体知识能力的一种模糊测评方法》，《东北大学学报》(自然科学版)2004 年第 7 期，第 711—714 页；夏德、程国平：《隐性知识的产生、识别与传播》，《华东经济管理》2003 年第 6 期，第 47—49 页。

02 本研究的目标、内容与方法

　　作为一项具有多学科交叉研究特征的管理学探索,本研究尝试用当代主流研究方法来探究中国管理学中诸如"和谐""和谐文化""心智模式"这些根本性的问题,因其量化难度较大而深具挑战性。尽管研究难度较大,但是为了增加中国管理学根目录问题研究的科学性,我们还是要努力登上这座高山,为此要谨慎选择研究内容与相应的研究方法。

第一节　研究目标与内容

　　本书基于"中国管理学"视角,研究中国和谐文化传统下员工心智模式的内涵、结构及其影响因素,揭示这种心智模式及其与工作绩效的关系与作用机理,进而提出有针对性的管理策略,即这一研究目标包含"是什么"(基本概念)、"怎么样"(关系与作用机理)与"怎么办"(管理策略)三个层面。这是从微观的角度而言所要达到的基本研究目标,从宏观的角度而言,本研究的目标是立足于和谐文化传统和企业现实,探索为提升中国企业管理水准和竞争能力所需要的心智模式,这种心智模式既要能实现管理的效益目的又要符合当前社会发展的文明要求。

　　基于以上研究目标,本研究的主要内容是:

　　(1)深入挖掘中国文化传统中的和谐意旨与和谐认知图式要素。如果说"和谐"是全人类的共同追求,那么在以整体辩证思维为基础的中国传统文化中[①],和谐的地位更加凸显。"和谐"一直是中国文化传统的基本价值诉求,是中国管理思想的核心。目前中国致力于构建和

---

　　① 学界基本公认西方文化的传统思维方式是二元对立式的。基于不同思维方式的文化传统也有着很大的差异。详细的比较分析可参见铃木大拙与弗洛姆著,孟祥森译:《禅与心理分析》,中国民间文艺出版社1986年版。

谐社会的全国全党全民性努力,更是推动了关于和谐的研究与实践的发展。本研究对于中国企业员工和谐心智模式的研究无论如何都不能脱离文化传统的影响和相关的时代背景。这部分既是本研究的文化基础,也是现实基础。

(2)研究当前企业员工和谐心智模式的内涵、结构与要素。和谐文化存在于中国几千年的文化传统之中,也是其主流部分,但是在经过了近一百多年来的文化变革与社会变迁后,中国当前的企业是否还存在这种和谐文化呢?如果存在的话,这种和谐文化中的员工心智模式具有怎样的内涵与要素?这些要素是怎样组合与联系的?这部分内容是对和谐文化的现实检验,也要回答"是什么"这一基本研究问题。

(3)探究和谐心智模式与工作绩效之间的关系及其作用机理。是竞争促进绩效还是和谐促进绩效?这是很多学者和企业家的发问。事实上,很多人都担心和谐会牺牲绩效。本研究要对员工和谐心智模式与其工作绩效之间的关系进行深入研究,揭示二者的关系与内在的作用机理,这也是要回答研究目标中"怎么样"这一基本问题。

(4)提出对员工和谐心智模式的管理干预策略。无论如何,和谐是任何组织都要追求的基本管理目标之一,这也是被 21 世纪企业越来越重视的基本文明精神;无论如何,心智模式在和谐精神与和谐文化建构中都是至关重要的。基于此,我们要对员工和谐心智模式进行有针对性的、有效的管理。这是为了达到本研究"怎么办"这一基本研究目的而必然进行的研究内容,也是为了前面三大部分研究内容的现实应用与必然延伸。

第二节 关于研究方法的思考与选择

一、关于中国管理学研究方法的争论与反思

对于中国管理学研究方法的争论已经持续十几年了,其间,中国管理学主流研究方法在迅速地变换着,可谓"十年河东,十年河西"。郭菊娥、席西民曾根据对 2000 年以前中国管理研究文献的分析,认为"思辨研究多、实证研究少是我国管理科学研究的特色"[①]。然而,进入 21 世纪以来,实证研究方法迅速"一统江湖"。谭劲松教授说到的一段经历或许可以提供佐证:"2005 年我应邀参加了一

---

① 郭菊娥、席西民:《我国管理科学研究的回顾与发展展望》,《管理工程学报》2004 年第 3 期,第 51—54 页。

次 20 余家中国顶尖经济管理学术期刊编辑的恳谈会。有些期刊的编辑提出,为了促进中国管理学研究的规范化,学术期刊应该充分发挥引导作用,只发表'实证研究'。"他并不支持这种提法,认为"片面地、扭曲地理解了实证研究的内涵,就导致了对于实证研究的滥用,并扼杀科学研究的多样化,扼杀创新"①。实际上,目前关于研究方法的争论已经不再是规范与实证的简单的孰是孰非的争论,而是要深入得多了。这不但是国外相关争论的国内延续,还跟这种争论难以改变国内对实证研究的主流化局面有关。研究方法的选择,不能取决于研究时尚潮流,也不能顺从于某些利益需要,而是符合科学精神的要求。已有学者指出,"创建中国管理学,确立科学精神和运用正确的方法论是其最重要的前提"②,但是,这种精神和方法论在中国管理学者群体中的普遍性认可与建构还需一段时间,尽管这段时间不会很长。

由于中国现代学术研究的后发性和民族文化中理性与实证主义传统的缺失,我们在学术研究中对实证主义的态度基本呈现"不得不追随但时刻感到苦恼"的状态。在方法论问题上,不单管理学如此,其他学科如社会学、心理学、经济学等皆如此。再从西方学术思想史的沿革看,即便在西方,对实证主义的批评也一直在伴随着学术发展的每一个过程。因此,中国管理学者在方法论上的论争,实际上是"国际官司打到了国内"而已。不难看出,虽然部分学者反对片面的实证研究,但是并没有否定实证研究存在的必要性。或许,大家反对的有两点:一是反对实证主义的"霸权",但是在反对的同时,如何建构非实证的方法又是颇为头疼的事情。二是反对研究中的简单唯方法论,即把科学的方法当作发表文章的工具,而不是本着科学的态度,探寻对现象的理解与解释。

二、本书对研究方法的选择

目前关于"和谐"与"心智模式"的研究文献非常丰富,但其研究绝大多数没有采用实证方法。作为管理学领域的一项研究,本研究以实证方法为主,这是基于我们对目前本学科内研究方法的思考而进行的选择。

就像陈昭全和张志学所指出的,科学研究的主要目的是建立理论、对理论进行检验或者发展已有的理论,而一个理论的贡献一般体现在实证贡献和理论贡献两个方面,评价实证贡献的主要依据是理论被数据支持的程度;对于理论贡献

---

① 谭劲松:《关于管理研究及其理论和方法的讨论》,《管理科学学报》2008 年第 2 期,第 145—151 页。

② 王学秀:《"管理学在中国"研究:概念、问题与方向》,《管理学报》2008 年第 3 期,第 313—319 页。

则需要参考其他相关的理论来进行评价。[①] 组织管理研究者倾向于关注理论与数据之间的关系，即采用实证方法进行研究，这样会增加实证贡献；他们往往对理论与理论之间的联系关注得不够，导致理论贡献滞后。于是，随着西方主流管理学研究方法在国内的引进与普及，在目前的管理学研究中，实证研究方法成为主流，并有泛滥之势，很多研究者不去考察西方科学哲学的内涵及其变迁，仅仅是盲目跟从和模仿，形成"朴素的实证主义研究"，也被称为"没脑筋的经验主义"研究。[②] 因此，理论研究与建构也是中国管理学研究中要特别加以重视的，这样更能为中国管理学作出实质性贡献而立足于世界管理学之林。但是，这里所说的理论研究并不是二三十年前在我国理论期刊上常见的那种主观臆断、材料堆砌或简单思辨；同时，管理学的理论研究也不能等同于哲学思辨或哲学理论研究。

管理学的理论研究方法主要指的是质化研究方法。质化研究是一种"文化主位（emic）"的方式，它以丰富翔实的情境细节见长，建立在后实证主义、批判理论和建构主义基础上，提出研究探询的过程也是研究者与研究对象相互参与、互动的过程，研究者本人看问题的角度和方式、研究活动进行时的自然情境、研究者和被研究者之间的关系等都会影响到研究的进程和结果。对质化研究者来说，只有在自然情境下长期进行体验型的活动，对社会现象进行整体的、动态的、情境化的探究，才可能获得对现象及其意义的"真正"理解和领会。质化研究体现着"人文主义"的精神。

与质化研究不同，定量研究遵循着"科学主义"的路线，建立在实证主义的理论基础之上，是一种"文化客位（etic）"的方式。定量研究的重要前提是：研究对象不依赖于研究者而独立存在；事物本身具有其内在固定的、可以重复发生的规律；事物的量化维度可以用来考察事物的本质。因此，定量研究不考虑研究者对研究对象的影响，而对操作工具的科学性和规范性十分重视。定量研究注重数据收集的代表性和精确性，往往不信任质化研究的"直观描述"。

这两种研究方法的差异来自于它们背后的哲学基础、本体论、认识论和方法论方面的不同，但是"方法论具有排他性，方法却具有互补性，社会科学研究并不主张将质和量的方法对立起来，而是将它们作为一个连续的统一体，各有其优劣

---

① 陈昭全、张志学：《管理研究中的理论建构》，载陈晓萍等著：《组织与管理研究的实证方法》，北京大学出版社 2008 年版，第 60—81 页。

② 黄光国：《建构中国管理学理论的机会与挑战》，载陈晓萍等著：《组织与管理研究的实证方法》，北京大学出版社 2008 年版，第 85—101 页。

势,相互之间有很多相辅相成之处"①。因此,对于一些探索性管理学课题,有必要先从研究对象的内容描述着手,对它的文化根基、环境和与相关理论的联系进行深入全面的考察与分析,了解它自身的特点所在,建立基本的概念和理论模型;然后综合若干质化研究结果,设计定量研究来进一步考察研究结果是否具有社会价值。这两大类方法的有机结合有助于从研究对象详细全面及个性化的描述开始进而把握其整体发展态势。在这个研究过程中,研究者可以适当采用各种研究技巧,为具体的研究问题和情境服务。

总体上看,作为一项中国本土管理学研究,我们认同黄光国的主张:"本土社会科学要有真正的发展,必须作三个层次的突破:哲学的反思、理论的建构和实证研究。"②同时,我们也认同杨中芳所指出的:在本土化研究中,存在着过分依赖西方评定量表等方法和工具的现象,这"养成了我们的惰性,使我们忽略了在中国人自己的文化/社会/历史的脉络中去寻求研究问题……以致使研究结果对解决中国人自己的问题有'隔靴搔痒'之弊,浪费了许多人力及财力"③。因此,对于和谐心智模式这一主题的本土化研究,我们将结合使用质化研究和定量研究两种方法和技术。在通过实证研究保证其符合当前主流管理科学规范之前,从文化传统的角度进行分析,这就不但要进行哲学的反思,也要对现实中的和谐文化积淀进行深入挖掘。因而在具体研究过程中要用到问卷调查和扎根理论等方法,还有使用历史分析法甚至文字学分析法的必要。

三、本研究的技术路线

基于上述思考,将研究目的、研究内容和研究方法有机结合在一起,形成本研究如下技术路线:

第一步,采用文献分析法对相关的研究如社会心理学、本土心理学、心智模式理论、心理资本理论、文化传统研究、道本管理理论、和谐管理理论等进行文献梳理与分析,以初步得到关于和谐心智模式研究的理论基础和理论支撑。

---

① 吕晓俊:《组织中员工心智模式的理论与实证研究》,华东师范大学 2002 年基础心理学博士学位论文。

② 黄光国:《建构中国管理学理论的机会与挑战》,载陈晓萍等著:《组织与管理研究的实证方法》,北京大学出版社 2008 年版,第 85—101 页。Hwang K K. The epistemological goal of indigenous Psychology》, In Bernadette N. Setiadi, A. Supratilnya, Walter J. Lonner and Ype H. Poortinga(eds.) Ongoing Themes in Psychology and Culture, 2004, 169—186;Hwang K K. A philosophical reflection on the epistemology and methodology of indigenous psychologies》, Asian Journal of Social Psychology,2005, 8(1): 5—17.

③ 参见杨中芳:《如何研究中国人》,载《心理学研究本土化论文集》,重庆大学出版社 2009 年版。

　　第二步,按照历史分析法的基本思路,从管理的视角对中国文化传统中的和谐意旨与和谐认知图式进行分析,建立中国文化传统中的和谐认知图式理论框架。

　　第三步,通过现场研究和扎根理论方法对酒店餐饮企业员工和谐心智模式的要素与结构进行归纳,初步建构理论。然而,这一研究囿于样本的数量,并不能代表企业整体,自然也不能代表我国企业的整体状况,因此,本步研究所归纳出的仅仅是理论模型构想,还需要进行进一步的验证。

　　第四步,通过理论推演,建构和谐心智模式的理论模型,提出理论假设。这是进行实证分析的基础。

　　第五步,进行实证研究,按照心理学量表的开发要求与程序提炼测量指标,开发和谐心智模式调查问卷,通过对酒店餐饮企业的问卷调查获取一手数据,通过数据分析,对以上理论模型和假设进行验证,得到研究结论并进行讨论。

　　第六步,管理策略研究。这部分内容也是本研究结论在企业管理中的应用。

　　经过上述研究程序,对理论构想的来龙去脉从文化传统到企业现实,从个别到一般,从点到线再到面,层层推进,逐步逼近整体现实,力图用严谨的科学论证程序来建构和谐心智模式理论,得到研究结论,并提出这些结论对管理的借鉴意义和实践途径。

第三节　实证样本的选择

　　本书的实证研究需要进行两个样本抽样:一是用扎根理论方法和个案研究探查和谐文化中员工心智模式的基本特征与内涵,这需要选择具有和谐文化的典型企业做现场研究,用的是典型抽样技术;二是开发量表并应用问卷调查方法进行理论假设验证,这需要采用随机抽样技术进行大样本调查。以上两个层面的抽样都对样本企业的和谐文化特性有较高的要求。酒店餐饮企业作为一项特殊的服务产业,其业务和管理有自身鲜明的特点,这对员工心智模式的和谐性有着特殊的要求。因此,我们把样本范围聚焦于酒店餐饮企业。

一、酒店餐饮企业的和谐特点及其对员工心智模式的要求

　　首先,酒店餐饮企业与制造业相比,其服务产品具有"服务与消费的同时性",具有职业化、标准化、个性化特征,而对于高技术的依赖程度相对较低。服务产品质量取决于员工是否能够把自己的态度和情感变成服务的灵魂。因此,

对酒店餐饮企业成功而言，其决定性的因素永远是人的心智。[①] 例如，"金钥匙"服务理念就是"在客人的惊喜中，找到富有乐趣的人生"，员工要成为"一个在旅途中可以信赖的人，一个充满友谊的忠实朋友，一个解决麻烦问题的人，一个个性化服务的专家"。实际上这与酒店餐饮企业员工应该具备的"和谐心智模式"的内涵是完全一致的。

其次，酒店餐饮企业一个突出特点是对从业人员心理素质和行为质量有特别高的要求。例如，对饭店从业人员心理素质有特殊的要求：永远保持冷静的处事姿态、永远保持热情周到的服务、永远保持积极良好的心理状态、永远努力地为顾客着想、永远不以错对错，以"人间天使"的风貌化解顾客身体的疲劳和精神的疲惫，使饭店成为顾客身心休养的"世外桃源"。[②] 可见，没有和谐心智模式的员工很难满足这类要求。

最后，酒店餐饮企业自身的管理特点如期望管理[③]、走动式管理、冲突管理[④]、服务补救质量管理等均意味着其员工应具备"和谐信念""和谐思维方式"与"和谐型的行为方式"，使得企业的每一处、每一事都应具备和谐的特征，使来店消费的顾客受到一次和谐文化的熏陶，感受和谐的体验价值。

从以上分析可知，以酒店餐饮企业为例研究员工和谐心智模式更具有典型性和可行性。

二、以酒店餐饮企业为例研究员工和谐心智模式的必要性

酒店餐饮企业既是劳动密集型行业，也是服务性行业，它提供以服务为核心的产品组合，因此服务的质量至关重要，而员工是服务的提供者。另外，服务的无形性、差异性、不可储存性以及生产和消费的同时性等特点，决定了酒店餐饮企业员工在与顾客面对面服务过程中的重要性，即员工对顾客有着极大的影响力。马里奥特（Marriott）家族的经营哲学也指出：人最重要——他们的成长、忠诚、兴趣与协作精神是饭店成功的关键。[⑤] 因此，对于酒店餐饮业来说，员工不仅仅是为顾客提供优质服务的重要因素，更是该类企业构建核心能力的关键。

---

① 齐善鸿：《饭店管理创新理论与实践》，人民邮电出版社 2006 年版，第 12 页。
② 齐善鸿：《饭店管理创新理论与实践》，人民邮电出版社 2006 年版，第 16 页。
③ 具体参见：格罗鲁斯著，韩经纶译：《服务管理与营销》，电子工业出版社 2006 年版，第 66 页。
④ 具体参见：Kathleen M. Iverson 著，张文等译：《饭店业人力资源管理》，旅游教育出版社 2002 年版，第 48 页。
⑤ 转引自：黄燕玲：《现代饭店中的 ES 与 EL》，《桂林旅游高等专科学校学报》2000 年第 4 期，第 39—41 页。

但是，很多酒店餐饮业管理者长期秉持"酒店或餐饮企业没有高科技，不需要高端人才，也不需要在管理上特别投资"的理念，其整体管理水准并不适应时代的要求。这也是国内民族品牌的酒店餐饮品牌难以做大做强、难以与国际酒店餐饮品牌抗衡的一个原因。

从内部企业文化管理来看，现有酒店餐饮企业文化实践上大都局限于唱歌、跳舞、仪式等浅层次活动，尽管这些活动也能受到年轻员工们的喜欢，但是它们更多地被当成一种娱乐和放松活动，未能深入到员工深层的心理认知问题。如何从根本上，在心理层面对酒店业员工心智模式进行科学有效的管理和开发，并激发他们积极追求和谐团队与人生，这是提高酒店餐饮企业员工忠诚度，推动该类企业发展的关键问题。心智模式开发是企业文化的深层次环节，对于提高管理质量和服务品质具有独特的价值。巴尼（Barney）等为代表的战略管理资源学派认为，具有价值性、稀缺性、难以模仿、不可替代特征的战略资源是持续竞争优势的来源。[①] 而 Wright 就此提出，人力资源正因其具有"价值性、稀缺性、难以模仿、难以复制"四种特质而使企业具有持续竞争优势。[②] 人力资源的这四种特质归根结底受到人的认知模式的驱动和制约，因为人的行为是受心理认知模式支配的。

Pfeffer 认为未来人力资源管理的趋势应聚焦于对雇员心智模式的诊断和变革上。[③] 如何从社会心理层面揭示和重塑雇员、团队和组织的心智模式将是一个巨大的挑战，需要运用多种方法和技术。因此，人力资源管理最重要的任务就是"变革人的心智模式"（Changing Mental Models）。

综上，我国酒店餐饮企业对员工和谐心智模式的现实的、迫切的需要是本研究以该类企业为例研究和谐心智模式的重要原因。

三、选择工作绩效作为研究酒店餐饮企业员工和谐心智模式价值指标的必要性

酒店餐饮企业员工和谐心智模式的价值体现在很多方面，但对于酒店餐饮企业经营管理目标和员工个人福利而言，其最直接的价值体现乃是工作绩效。

① Barney J B. Firm resources and sustained competitive advantage, Journal of Management, 1991, 17: 99－120.

② Wright M. Theoretical perspective for strategic Human Resource Management, journal of Management 1992, 18, (2): 295－320.

③ Pfeffer. Changing mental models: HR's most important task, Human Resource Management. 2005, 44(2): 123－128.

这是我们研究和谐心智模式与工作绩效关系的直接原因。在现实中，很多具有和谐型心理或和谐行为方式的人往往被人看成"老好人"，而"老好人"不一定有很好的绩效表现。我们的研究目的之一就是澄清人们对和谐心智模式或者相关概念如和谐心理、和谐行为方式的误解，并探究这种心智模式的现实绩效价值到底如何。这一研究无疑具有很重要的现实意义。

接下来的一个问题是，影响酒店餐饮企业员工工作价值的因素很多，为什么要强调和谐心智模式对工作绩效的影响作用呢？

一般而言，人们普遍认为员工的工作绩效受到员工的激励、技能、环境和机会的影响，由此构成的工作绩效模型是：$P=f(S,O,M,E)$，如图 2-1 所示。

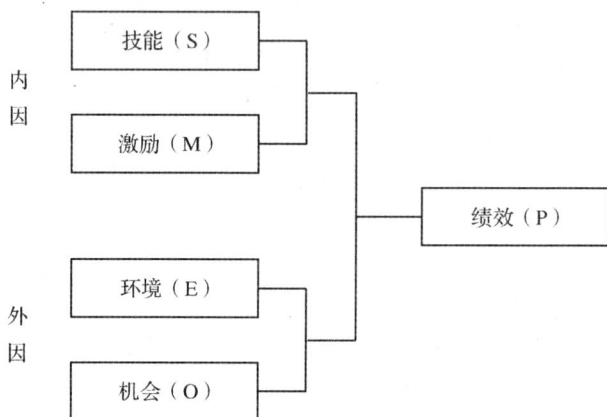

图 2-1　工作绩效模型

资料来源：根据人力资源管理教材整理，如：余凯成、程文文《人力资源管理》，大连理工大学出版社 1999 年版，第 170 页；潘晓云：《人力资源管理》，立信会计出版社 2005 年版，第 253 页。

在与此相关的理论研究中，很多学者提出了更加细致的影响因素模型，其中包括工作者自身要素、工作条件、工作环境、工作本身特征、工作回报、组织支持、工作群体特征等等因素。虽然也有学者提出人格、动机等心理因素，但对这些要素深层次影响因素的研究并不多。根据心智模式功能的研究，如 Rouse 和 Morris 认为，人们利用心智模式这个心理机制来描述系统目标和形式，解释系统功能，观察系统状态以及预测系统的未来状态。[1] 心智模式是驱动人们决策和行为的基本心理动力机制。又根据隐性知识理论，隐性知识在人类认知方面

---

[1]　Rouse W B, Morris N M. On looking into the black box: Prospects and limits in the search for mental models, Psychological Bulletin, 1986, 100: 349-363.

具有优先性和支配性的作用,罗伊(Roy)、莱昂纳德(Leonard)等学者通过大量实证研究认为企业隐性知识比显性知识更能为组织创造竞争优势,隐性知识是竞争优势的源泉。[①] 而心智模式作为隐性知识的一种主要类型,也对员工的个人绩效和组织绩效具有根本性的影响。

综上所述,心智模式是影响酒店餐饮企业员工工作绩效诸多要素的深层次因素,以酒店餐饮企业为例来研究员工的和谐心智模式及其对工作绩效的影响作用更具有实质上的典型性、必要性和可行性。

---

① Roy L. Tacit knowledge and knowledge management: The keys to sustainable competitive advantage, Organizational dynamics, 2001, 29(4): 164－178; Leonard D, Sensiper S. The role of tacit knowledge in group innovation, California Management Review, 1998, 40(3): 112－132.

03 心智模式理论与评价

　　据说怀特海(Alfred North Whitehead)在遍观科学发展史后感慨道：几乎所有的新观念在一开始发表的时候，都给人一种愚蠢的感觉。① 尽管"和谐"与"心智模式"早已成为很多学科的主流词汇而且人所共知，不过如果把这两个词结合在一起，构成"和谐心智模式"这一新的术语，还是不免给人陌生(也许还有怀特海所说的"愚蠢")之感。但是当我们深入考察心智模式理论与实践演进趋势，就不难发现，和谐心智模式概念并非横空出世，对这一主题的研究也是非常有必要的。

　　本章主要对心智模式的相关研究进行简要回顾和评价，为后续研究提供理论支撑和研究依据。

第一节　心智模式理论的来源与发展

　　诺贝尔经济学奖得主哈耶克说："当人沿着曾让他取得伟大成就之路继续前进时，他就会陷入最深的误区之中。"我们依然可以用这话来思考企业管理中的成败得失。在经营与管理中，人们的成功，无疑是由于他们在一定的情境之下采取了适当的决策与行为，而这些决策与行为又受到他们心智模式的重大影响和驱动。所以，以往的成功就会强化以前的心智模式，当情境变化，这种心智模式就可能会导致与新的管理情境不相适应的决策与行为，于是挫折失败就接踵而至。从这个意义上说，成也心智模式，败也心智模式。心智模式是当前管理学界广泛关注的话题。其实，自从心智模式概念被提出之后，很多研究领域都对心智模式进行了诸多有意义的探索。

---

　　① 转引自史蒂芬·阿若优著，胡茵梦译：《生命四元素》，云南人民出版社2008年版，第8页。

一、心智模式理论渊源

心智模式这一概念出现于学界已有 80 余年的历史。1927 年，Georges Henri Luquet 在《Children´s Drawings》一书中对心智模式理论进行了富有洞见性的阐述，但一直没有引起人们的注意和重视，[①]以至于后来的学者大多认为它最初是由心理学家肯尼思·克雷克（Kenneth Craik）提出的。但是肯尼思·克雷克关于心智模式的论述也没有很快得到学界的充分关注。直到 1983 年，Johnson-Laird 和 Gentner 分别撰述并出版了《心智模式》，心智模式才引起广泛关注。这一概念经 Johnson-Laird 以及马文·明斯基（Marvin Minsky）、西蒙·派珀特（Seymour Papert）等所采用后，逐渐成为职业经理人的惯用名词，特别是经过美国管理学家彼得·圣吉（Peter Senge）的出色研究与推广，心智模式在管理学界被广泛关注与使用。

在心理学领域，心智模式概念的提出源于人们对认知推理的探索。最早研究推理问题的是逻辑学，但科学实验结果表明人类自然推理结果与按标准逻辑推出来的结果存在许多偏差。这引发了学者们对人类是否具有理性的质疑和人类自然推理能否通过现代逻辑得到正确结论的反思。于是，寻求人类有限理性的边界，解释人类如何进行推理以及推理谬误为何产生，成为心理学推理研究的基本方向和任务。其中，心智逻辑理论（Mental logic Theory）和心智模式理论（Mental Model Theory）是有关推理认知的两个主流理论范式。这两个理论的研究目标一致，但对关于人类演绎推理机制的描述是不同的：前者认为人类是运用推理图式进行推理的，后者则认为人类通过构造心智模型进行推理。心智逻辑理论的基本观点是：假定有一种心智逻辑存在于人类的心智中，心智逻辑以推理图式的形式来表达，人类通过运用不同的推理图式构建从前提到结论的推理链条来实现推理。当前心智逻辑理论面临心智模型理论和跨文化研究的挑战。[②]

心智模型理论（在认知心理学中称之为心智模型理论[③]，而在经济学与管理学领域则称为心智模式理论），是在批判心智逻辑理论的基础上建立起来的，它

①　主要参考：葛卫芬：《企业家心智模式与自主创新的文献综述》，《贵州财经学院学报》2008 年第 5 期，第 63 页。

②　赵艺：《心智逻辑的理论与方法研究》，《华南师范大学学报（社会科学版）》2009 年第 11 期，第 43—48 页。

③　艾森克、基恩著，高定国等译：《认知心理学》，华东师范大学出版社 2002 年版，第 684 页。

认为后者面临一些难以解决的理论困难①：心智逻辑理论说明了人类的正确推理是怎样实现的，但是却不能解释人类为什么会在推理中出现系统性的偏差，也没有考虑到思维经济等问题。基于上述困难，心智模型理论抛弃了心智逻辑理论"存在心智逻辑"这一基本假定，试图建立一种不借助于心智逻辑来进行推理的新理论，其基本观点是：人类的演绎推理不求助于心智逻辑理论所描述的推理图式集和推理程序，而是根据前提信息的语义特征构建心智模型来实现的。人们建构心智模式以表征外部世界那些可能事物的状态，然后通过描述和证实这些模式来推导出有效结论。

心智模式的研究主要有以下两种思路：

一是以 Johnon-Laird 为代表的研究者，他们认为心智模式是在工作记忆中建构起来的，是知觉、言语理解或想象的结果。Johnon-Laird 经过实验研究，提出推理是通过心智模式的表征和操作来进行的。推理者首先建构关于前提的心理模型，然后试图形成一个关于所建构模式的简练描述，最后通过建构关于前提的其他模式来对这一结论进行证伪。如果他们不能建构其他的模式，就会把最初的结论当作正确的答案。如果他们能建构其他的模式，谨慎的推理者就会返回到第二阶段，试图发现是否在所有建构的心智模式中都有正确的结论，这样反复进行下去，以穷尽所有可能的心智模式。② 在这个过程中蕴涵着这样几个假设：(1)在一个推论中所需心智模式数越少、越简单，推论就越容易，越少发生错误。由于工作记忆容量的限制，多个心智模式超过了加工能力的负载，推论就不容易进行；再者，由于人们不能全面考虑前提性心智模式而容易产生一些错误。(2)心智模式呈现的是"正面表征原则"，即能首先明确地表征什么是真，而不表征什么是假。为此，易作出错觉推论。(3)推论的内容和背景知识能够调节推论。

值得我们关注的是，工作记忆的有限性使得心智模型表达具有不完整性，其直接结果是导致人们在执行推理任务时出现错觉推理现象。该预测得到实验证据的支持：推理错觉现象不是个别的偶然现象，而是一种系统性的错误。实验证

---

① Johnson-Laird P N. Mental models：Towards a cognitive science of language，inference and consciousness. Cambridge：Cambridge University Press，1983.

② 转引自：毕鸿燕等：《演绎推理中的心理模型理论及相关研究》，《心理科学》2001 年第 5 期，第 595—596 页。

据还支持这种错觉推理现象具有普遍性。[①] 这对企业管理中心智模式管理与开发具有重要的指导意义。

第二种研究思路是，以 Gentner 等人为代表的研究者，认为心智模式是指长时记忆中的知识表征。他们在知识丰富的领域中使用心智模式通过描述知识与过程特征来进行推论。长时记忆中心智模式研究的主要目的是要捕捉人类的知识，但不可避免也包括了不正确的观念，而且在相当多的情况下心智模式不能正确地表征客观世界。因而对不正确心智模式的研究具有重要意义：一是学习者所犯的错误能够帮助研究者揭示学习过程；二是对不正确的心智模式的研究揭示其发生的错误机制，能帮助人们建立正确的心智模式，减少认知错误。此外，心智模式还可用于解释人们从物理系统中作出的推论。

上述两种心智模式的研究思路，虽然在理解心智模式概念上有些差异，但无论是工作记忆还是长时记忆的心智模式，都认同心智模式的研究是关注理解关于世界的人类知识的表征。因此心理学家大多将心智模式定义为支持理解、推论、预测的某一领域或情景的心理表征。[②]

心智逻辑理论与心智模式理论展开了近 20 年的争论。在争论之中，两种理论明晰了各自的理论缺陷，也凸显了理论解释的互补性，二者越来越出现融合的趋向。[③] 越来越多的学者认为，后来出现的心智模式理论已包含了心智逻辑理论所说的"图式"的推理内涵，也就是说，心智模式理论和心智逻辑理论已融为一体了。[④] 在当代认知科学的发展中，基于"心理建模"的推理这一假说起到了统摄大量研究的框架作用。中国学术界对于心智模式的研究与关注大大超过了心智逻辑。[⑤] 心智模式理论是一个得到很好规范的理论，它可以解释很多条件推理现象。[⑥] 这为研究企业员工和谐心智模式提供了厚实的理论基础。

此外，对中国企业员工和谐心理机制进行本土化研究，更加适合应用心智模

---

① Yang Y, Johnson-Laird. Illusions in quantified reasoning: How to make impossible seem possible, and vice versa, Memory & Cognition, 2000a, 28(3):452—465;赵艺:《论心智逻辑理论与模型理论融合的可能途径》,《自然辩证法研究》2005 年第 6 期, 第 47—50 页。

② 转引自:杜伟宇:《心理模型及其探查技术的研究》,《心理科学》2004 年第 27 卷第 6 期, 第 1473—1476 页。

③ 赵艺:《论心智逻辑理论与模型理论融合的可能途径》,《自然辩证法研究》2005 年第 6 期, 第 47—50 页。

④ Bram V H. Using existential graphs to integrate mental logic theory and mental model theory. Journal of Experimental & Theoretical Artificial Intelligence,2006, 6(18):149—155。

⑤ 用与下述"心智模式"研究统计同样的检索方法,仅仅检索到关于"心智逻辑"的文献共 7 篇。

⑥ 艾森克、基恩著,高定国、肖晓云译:《认知心理学》华东师范大学出版社 2002 年版,第 713 页。

式理论。因为近些年来大量的跨文化研究表明，受历史、社会等因素的影响，不同文化背景的人，其认知模式存在显著差异。如 Nisbett 的系列实证研究表明，东方人依赖经验进行推理，西方人依赖形式逻辑规则进行推理。对经验的依赖，更加易于形成对自身环境和外部世界的系列假设、成见和印象，而这更加符合心智模式的基本概念。

二、国内外关于心智模式的研究概况

目前，心智模式这一概念已经出现于很多学科领域之中，如心理学、认知行为学、管理学、经济学、系统论、人类工效学、语言学、计算机科学、神经科学和人类学等。不同学科的学者从各自的视角出发，对心智模式的内涵与外延进行了不同的诠释与界定，但值得注意的是，到目前为止，尚未形成一个公认而普遍适用的理论架构。这是国外关于心智模式研究的基本情况。

自上世纪 90 年代末起，国内学者开始关注心智模式，其主要契机是引入和介绍 Peter Senge 的管理学名著《第五项修炼》。随着政府部门和企业界对建设学习型组织的热衷与相关实践的深入，理论界对心智模式的研究也在迅速发展，取得了大量的研究成果。

这可以在学术文献数据中得到证明。在目前研究人员常用的 CNKI 检索系统中，从 1979 年到 2010 年，在该系统的全部数据库（中国期刊全文数据库、中国学术期刊网络出版总库、中国期刊全文数据库〈世纪期刊〉、中国博士学位论文全文数据库、中国博士学位论文全文数据库〈新版〉、中国优秀硕士学位论文全文数据库、中国优秀硕士学位论文全文数据库〈新版〉、中国重要会议论文全文数据库和中国重要报纸全文数据库[①]）中，以心智模式（或心智模型）为关键词的文章，共有 1429 篇，其中，经济管理类的文献共 837 篇，占 58.57%；博士论文 14 篇；硕士论文 51 篇。在题名中直接包含心智模式（或心智模型）的 210 篇，其中，经济管理类的文献共 119 篇，占 56.67%；博士论文 3 篇；硕士论文 6 篇。详细统计数据见表 3-1。

---

① 在这九个数据库中，中国重要会议论文全文数据库和中国重要报纸全文数据库所收录的相关文献均不超过 10 篇，大部分文献收录在中国期刊全文数据库之中。

表 3-1　1979－2010 年间中国大陆心智模式研究相关文献统计表

检索方式	时间范围	数据库	查询范围	数量	博士论文	优秀硕士论文
以心智模式为题名	1979－2010	CNKI 所有数据库	所有学科	152	1	6
			经济与管理	93	1	1
以心智模式为关键词	1979－2010	CNKI 所有数据库	所有学科	1255	7	27
			经济与管理	765	5	17
以心智模型为题名	1979－2010	CNKI 所有数据库	所有学科	58	2	11
			经济与管理	26	2	5
以心智模型为关键词	1979－2010	CNKI 所有数据库	所有学科	174	7	24
			经济与管理	72	3	9

资料来源：作者根据 CNKI 数据查询整理。

以上数据表明，心智模式在国内受到了理论界特别是经济管理领域的广泛关注。而大部分文献出现于 1999 年之后，说明心智模式在近 10 余年内迅速成为主流研究对象。而越来越多的博士论文和硕士论文以心智模式为题，也说明心智模式正在被主流研究所接纳并成为经济管理理论研究的重要内容之一。在管理学领域，2002 年吕晓俊在导师俞文钊教授指导下用实证方法完成并发表了题名为"组织中员工心智模式的理论与实证研究"的博士学位论文，开发了员工心智模式的测评量表，被后来学者和研究人员广泛引用，成为国内学者用实证方法研究心智模式的开创性文献。2009 年，王鉴忠在此基础上，以"酒店管理人员成长型心智模式对职业生涯成功的影响实证研究"为题，采用实证方法完成并发表了博士学位论文。这两项研究分别开发出了不同类型心智模式的测量量表。而近十余年来在学术期刊上发表的大量论文中，采用实证方法研究不同类型心智模式也成为主流。这些研究为本研究奠定了理论与研究工具的基础。

第二节　心智模式的概念、功能与影响因素

心智模式这一概念出现在很多学科领域之中，像很多社会科学领域的术语一样，人们虽然在研究中经常使用，但对这一概念的内涵认识并不一致，几乎每个研究者都提出了各自的定义。下面对比较具有一般性的个体心智模式的概念与特征进行梳理。

一、非组织管理领域关于心智模式的概念研究

心智模式最先出现于心理学领域，后来逐渐被很多学科领域的学者所采用。下面对非组织管理领域中人们对心智模式概念的主要观点进行对比（见表 3-2），从中可以发现理论界对于心智模式概念认识的基本发展脉络。

表 3-2　非组织管理领域中关于心智模式概念的主要观点

学科	学者与时间	定义内容或主要观点	关键词
心理学	Norman(1983)	心智模式是有限的内在的图式、信息加工过程、装置。	图式，信息加工过程，装置
	Holyoak(1984)	心智模式是指环境与所期望的行为在心理的反映，是一种专业化的认知结构，这个认知结构介于概念与行为之间。	认知结构
	Wilson John 和 Rutherford Matthew(1989)	心智模型与图式以及内部表征关系密切。心智模型和图式的细微区别在于心智模型是图式的总和，它产生于图式，并能够激发图式产生作用。心智模型和内部表征的关系也很密切，甚至可以互换，但是心智模型更为具体一些。	图式，内部表征
	Jacob 和 Shaw (1998)	心智模式是个人建构的内在认知结构，清晰或不清晰地代表特定目标区域，包括一个事件、活动、物体、主题区。也就是说，心智模式是个人基于经验和正式知识而获得并形成的概念框架，以此使他们不仅预测行动的结果而且说明和理解他们周围的环境。	内在认知结构，概念框架
	Carrol 和 Olsen. (1998)	心智模式是我们从经验中获取的储存在脑中"陈述性和程序性知识"丰富而精致的结构，这种结构反映了个体如何理解、运行、加工外部信息。	知识，结构
	林振春(2000)	心智模式是一种根深蒂固于个体心中的思维方式，它决定我们如何观看世界、认识世界和了解世界，并且影响我们采取何种行动来面对世界。	思维方式，习惯思路
	Lynn(2006)	心智模式是源于人们的经验对感知进行加工并经相互作用而形成的一种理论的信息系统。心智模式包括关键成分及其相互关系、信息系统和加工过程中相互作用的技术。	信息系统，关键成分及其相互关系，加工过程中相互作用的技术

续表

学科	学者与时间	定义内容或主要观点	关键词
系统动力学	Veldhuyzen 和 Stassen (1976)	心智模式包括有关被控制的系统的知识,有关作用于系统的干扰性的知识,有关规模和策略的知识等。	知识
	Wickens(1984)	心智模式为一种"理论的结构",用来解释采样(sampling)、搜索(scanning)、计划(planning)等人类的行为。	理论的结构
	Rouse 和 Morris (1986)	心智模式是一种心理机制,人们利用这个心理机制可以描述系统目标和形式,解释系统功能,观察系统状态以及预测系统的未来状态。这里的描述、解释和预测三个词表达了心智模式的功能。	心理机制
	Doyle(2006)	心智模式是一种比较持久和可测量的,对外部系统的内在概念化表征。	内在概念化表征
	何自力(2008)	心智模式为包含智力因素(表现为众多的知识子系统)和非智力因素在内的、以分层的知识网络子系统为主要结构的自组织的大系统。其形成受到来自遗传、经历、教育等方面因素的深刻影响,主要执行描述外界环境、解释周围现象、预测未来可能性、选择行动策略的功能。	知识网络子系统,知识要素
经济学	Denzau 和 North(1994)	个人决策时的心理认知过程即为心智模式,这一概念用于解释环境的内部表征,它由人的认知系统为应对环境的不确定性而创立。	心理认知过程
	青木昌彦(2001)	心智模式也可称为心智程序,指个人程序化的决策或认知过程,它包含了一系列规则,并构成了人力资产。这一类心智模式包括认知与决策两种类型的规则。心智模式可分为个人型和背景导向型。	决策或认知过程,规则
	卿志琼,陈国富(2003)	心智模式主要是指人的"认知、思维和决策模式"。从有限理性假设出发,认知过程背后的内在机制即心智成本最小化原理。	认知、思维和决策模式

资料来源:本研究根据相关文献整理。

在上述诸多定义之中,Rouse 和 Morris 的定义是目前心理学界常用的心智模式定义，其中描述、解释和预测三个词概括了心智模式的基本功能。[①]

通过对上述观点的梳理与对比，我们发现，尽管学者们对于心智模式的解释不尽一致，但是大多数定义都提到心智模式的两大要素，一是认知结构，二是认知过程。其中认知过程这一重要要素也包括思维、信息加工过程等相似概念。这是我们正确认识心智模式概念的重要学术基础。

二、组织管理领域关于心智模式概念的研究

彼得·圣吉在《第五项修炼》一书中将改善心智模式作为一项新的管理技术进行了深入的研究和具有深远意义的推广，引起了管理界人士的高度重视。近年来，国内学者对心智模式也进行了研究，所提出的概念中具有代表性的如下表所示。

表 3-3 组织管理领域关于心智模式概念的主要观点

学者	概念界定	关键词
Fiske 和 Linville (1980)	心智模式是由某些特定场合的经验中提炼出来的先行知识，经过组织后形成的认知结构。	认知结构
彼得·圣吉 (1998)	心智模式是人们头脑中"简化了的假设"。人们脑子里装的并不是活生生完整事物的图像、景影，而是概念化了的假设、成见、印象，人们正是通过自己特定的心智模式去观察事物、采取行动的。	假设，成见，印象
许德祥(1998)	人们了解外部世界及采取行动时头脑中一些习以为常、认为理所当然的想法、假定、定义或图式就是"心智模式"。	想法，假定，定义，图式
芮明杰(1998)	心智模式指由过去的经历、习惯、知识素养、价值观等形成的基本固定的思维认识方式和行为习惯	思维认识方式，行为习惯
王庆宁(1999)	心智模式是由于个人经历、工作经验、知识素养、价值观念等形成的较为固定的思维认识方式和行为习惯。	思维认识方式，行为习惯
Mathieu, Heffner, Goodwin 等 (2000)	心智模式是成员所拥有的一种有组织的知识结构，能够帮助成员去描述、解释及预测所处情境之各种事件，并指引成员在所需的情境中与其他成员进行互动。	知识结构
张声雄(2001)	心智模式是指人们的思想方法、思维习惯、思维风格和心理素质的反映。	思维，心理素质

---

① Rouse W B, Morris N M. On looking into the black box: Prospects and limits in the search for mental models. Psychological Bulletin, 1986, 100: 349—363.

学者	概念界定	关键词
李东(2002)	心智模式作为主体长期实践所形成的对外部世界及自身的认识框架或认识图式,可包括概念、范式、信念、观点等。	图式,概念,范式,信念,观点
徐桂红(2002)	心智模式是根深蒂固于每个人或每个组织中的基本固定的思维认识方式和行为习惯,它可以通过后天的教育,通过知识的"内化",通过特定的生活与工作环境而形成。	思维认识方式,行为习惯
吕俊晓(2002)	心智模式是一个相对持久的动力系统,在对社会事件进行描述、归因和预测活动中体现出的有关社会事件的知识和信念,以此作为启发式行为的决策基础。	知识,信念
陈菲琼(2003)	心智模式作为主体长期实践所形成的对外部世界及自身的认识框架或认识图式,可包括概念、范式、立场、信念、观点等,心智模式是人们理解和认识世界的基本工具,在知识体系中是非常重要的。	认识框架,认识图式,概念,范式,立场,信念,观点
丹尼尔,赫伯特(2003)	认知指人们用来交流、整理、简化、感知复杂问题的心智模式或信念系统。专家们把这些心智模式表示为认知图式、认知文本、认知框架、认知模式。	信念,图式,认知,框架,文本
王凤彬(2006)	所谓的心智模式,也叫精神模式或认知模式、认知图式,是指根深蒂固于人们的心目中,影响人们了解这个世界以及如何采取行动的许多假设、成见,甚至图像、印象等。	认知图式,假设,成见,图像,印象
俞文钊,吕晓俊(2008)	心智模式是指那些深深固结于人们心中,影响人们如何认识周围世界,以及如何采取行动的许多假设、成见、思维方式和印象。	假设,成见,思维方式,印象
王鉴忠(2009)	将心智模式的内涵界定为,在特定环境下居于人的心理层面,处于稳定状态的人的一种动态的机能性认知模式,包含静态的"认知结构"和动态的"心理加工程序",人们借此进行认知推理。	认知结构,心理加工程序

资料来源:作者根据相关文献摘录整理。

从以上这些概念的对比可见,中外管理学者大多认为心智模式包含着静态的"认知结构"和动态的"心理加工程序"这两大类要素,而"图式"也被研究者纳入到心智模式的基本要素或维度中来,成为对于认知中的假设、成见、图像、印象、观念、概念等认识性要素的概括性术语。

值得特别说明的是，上述的图式与心智逻辑理论的核心概念——推理图式不同。从字面上看，推理图式仅仅是图式的一种类型。从心理学家们对认知推理的研究历史看，对"人类究竟是运用推理图式还是构建心智模式进行推理"的不同回答是心智逻辑理论和心智模式理论的主要区别所在。但是，如前所述，很多学者从心智模式理论和心智逻辑理论研究的发展趋势上看，心智模式理论已包含了心智逻辑理论所说的"图式"推理内涵，心智模式理论和心智逻辑理论已融为一体了。从这个角度而言，把图式作为心智模式的一个重要要素是符合学术研究规范的。

三、心智模式的特征与功能

由于人们对心智模式概念的认识不尽一致，所以对于心智模式的特征与功能也有不同的概括。对于后来的研究者来说，对于心智模式特征与功能的认识也有利于对心智模式概念的进一步理解与厘定。Norman 通过观察许多人从事不同作业时所持有的心智模式，归纳出心智模式的六个不互相独立的特质：不完整性（Incomplete），局限性（Limited），不稳定（Unstable），没有明确的边界（Boundaries），不科学（Unscientific），简约（Parsimonious）。[1] 圣吉所描述的心智模式有五个特征：普遍性、偏执性、不断的完善性、两重性和隐蔽性。国内学者也提出了一些大同小异的观点。蔡厚清认为个体心智模式具有双层性、稳固性、蒙蔽性、渐变性等特点。[2] 李建军认为心智模式具有根深蒂固、自我感觉良好、缺陷性、时效性等特点。[3]

关于心智模式的功能，前述 Rouse 和 Morris 的经典论述清晰地概括了心智模式的基本功能。Connor 和 Dermott 更加具体地提出心智模式的四个效应，这也是影响很广的观点：[4]

一是删减效应。每个人面对各种不同信息，因原有心智模式的知识信念体系和结构对外部信息进行取舍、筛选、整理，从而建构出对事情的看法。如果此种看法"习惯化"之后，就成为心智模式的重要组成部分。

二是建构效应。建构效应与删减效应相反，指的是个体对外部信息进行选

---

① Norman D. Some observations on mental models. In: D. Gentner and A. Stevens (eds), Mental Models Lawrence Earlbaum, Hill ale, NJ, 1983.

② 蔡厚清：《管理者心智的理想模式》，《中国人才》2000 年第 12 期，第 24 页。

③ 李建军：《个体心智模式及形成的团队心智模式》，《人力资源开发》2007 年第 3 期，第 91—92 页。

④ 引自：Joseph O'Connor. The Art of Systems Thinking: Essential Skills for Creativity and Problem Solving. Published by Thorsons, 1997.

择性信息加工,凭借自己的兴趣、世界观和价值观等主动汲取他所期望能够获取的信息,并进一步形成自己的心智模式。

三是曲解效应。不良的心智模式因自身的认知缺陷在考察外部事物时会根据个体的偏见删减信息、图像等,从而曲解对外界事物的认知。如同将"哈哈镜"中的影像误当成正常的图像一样。

四是一般化效应。用一项经验来代替整群不同的经验,即通称的"以偏概全"。

概括起来,心智模式影响人们的思想和对周围世界的认识,影响人们的决策,以及对工作、学习和生活的态度,以致影响人们的行为。同时,当某一观点或习惯一旦被人接受与内化成心智模式的组成部分,人们就会不断地选择能支持它们的信息和行为,使原来的心智模式变得越来越根深蒂固。因此,心智模式不但会影响人们看待问题的视角,而且是信息流的过滤器,影响人们对外界信息的获取。人总是处在一定的社会组织当中,不断与外界进行信息交流,组织也需要与外界进行信息交流及获取。这种交流是通过与周围人群、周围组织以及周围组织活动等过程来进行的。不同个体和组织间心智模式的差异会导致双方信息交流障碍。

关于心智模式对信息交流的影响,图 3-1 描述了三种情况:一种情况是双方心智模式差异过大,一方很难接受另一方的信息,因而信息无法通过组织边界;第二种情况是双方心智模式既有差异又有相似之处,双方有信息交流的需要,但这种交流是有限的,且由于心智的差异会导致信息发生改变;第三种是双方心智模式相容,具有类似的背景,信息通过边界,也未发生改变。这说明了心智模式对于个体和组织对外界信息获取的影响,只有信息交流双方有着类似的文化背景、价值观,即心智模式,双方的信息交流才能顺利进行。

四、心智模式形成的影响因素

根据皮亚杰·萨米诺夫[①]等心理学家的理论,个体发展取决于环境和遗传相互作用,环境影响了遗传特性起作用的方式、程度和途径,而遗传特性影响着环境中某些因素是否起作用以及作用的方式和程度,当然,在这一过程中,个体的自我调节和主动建构机制也是极其重要的一个方面。[②] 心智模式的形成也是

---

① 引自:Joseph O'Connor. The Art of Systems Thinking:Essential Skills for Creativity and Problem Solving. Published by Thorsons,1997。

② 转引自:彭聃龄:《普通心理学》,北京师范大学出版社 2004 年版,第 502 页。

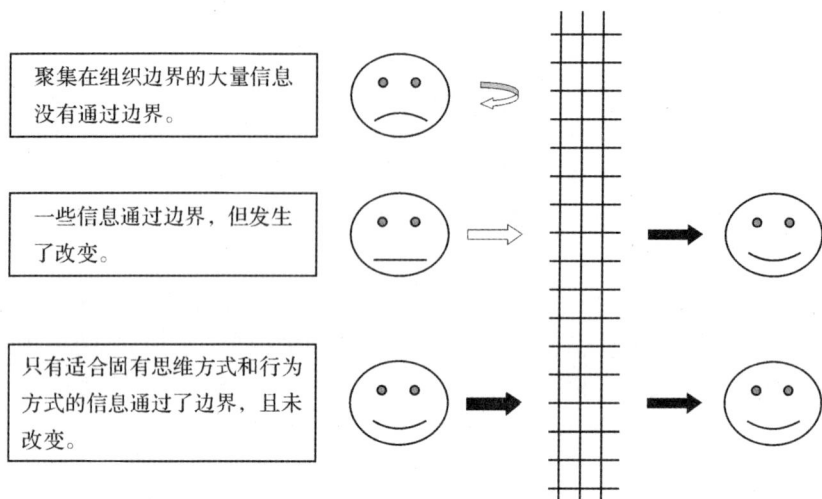

聚集在组织边界的大量信息没有通过边界。

一些信息通过边界，但发生了改变。

只有适合固有思维方式和行为方式的信息通过了边界，且未改变。

图 3-1　心智模式的过滤与选择功能

资料来源：http://www.algodonesassociates.com/planning/Menta%20models.Pdf；转引自周立军：《心智模式与知识创造——一个认知的视角》，《科技管理研究》2010 年第 12 期，第 228 页。为使图示更简洁而对原图稍微有修改。

这样，主要由遗传、环境因素和个体主动建构效应交互作用共同形成的结果。遗传因素是常量，环境因素、主动建构是变量。我们主要关注影响心智模式的可变因素：家庭、学校教育、个人经验、社会文化与主动建构效应等。下面对与本研究关系较密切的个人经验、社会文化与主动建构效应稍加阐释。

心理学研究表明，在人发展的某个关键期，"印刻"迅速发生，而且很难被修改，如婴儿会与那些对他的信号进行持续和适当反应的人形成依恋。[①] 人自身的成功和失败会戏剧性地塑造人们的世界观。个人的经历对人们如何看待生活或特定事件有着重大影响，从而对人的心智模式的形成产生影响，而这种影响中一个不可忽视的因素是文化氛围。

文化是国家或地区内的一群人所普遍认可的，一系列相对稳定的内在价值观、思维方式和审美趣味等。文化的核心是价值观念和信条，并依此对人的行为以及环境产生显著的导向、规范等影响。不同的文化呈现不同的观念，继而形成人的不同心智模式。霍夫斯泰德（Hofstede）在进行跨文化管理研究中，通过实证分析，将文化价值取向划分为五个维度。其中个人/集体主义、权力距离对人

① 张声雄：《第五项修炼导读》，上海三联书店 2001 年版，第 101 页。

的心智模式的形成影响最大。[①] 个人主义和集体主义以及权力距离所致的不同文化观念倾向使人产生不同的心智模式及其行为方式和行为目标。

以往关于心智模式概念的研究大大拓展了很多人文学科领域研究的理论深度。作为一个最先出现于心理学领域的术语，心智模式在管理学领域的广泛应用，表明管理学研究越来越深入到人类的心灵与精神层面，这对于从根本上认识和提升工作绩效以及组织的持续发展都有着巨大的积极意义。上述关于心智模式的文献梳理，为本研究从心智模式视角去研究饭店餐饮企业的心智模式管理提供了理论依据。

第三节　心智模式的类别、结构与测量

一、心智模式分类

人们从不同的视角对心智模式展开研究，也对心智模式依据不同的角度和标准进行了类型划分。学者们对心智模式的分类中有代表性的主要如下。

(一)按照适用范围分

俞文钊、吕晓俊认为，心智模式的类型是多元的，某类心智模式便于描述、解释、预测某一系列有限的事件组合。每种理论或每个系统都有自己的适用范围，几乎没有一类心智模式是普遍适用于任何对象的。[②] 当然，有些心智模式比另一些具有更强的适用性，尽管这样，它们仍有自己的适用范围。根据心智模式的适用范围，可分为现实型、分析型、实用型、理想型和综合型五种类型，见表3-4。

表3-4　按照适用范围划分的心智模式类型

类型	特征	优势	倾向性
现实型心智模式	整合观点 关注潜在的假设 寻找冲突与综合 对改变感兴趣 思考性强	关注抽象的概念 擅长于控制惯性思维 擅长于争议情境 提供建议和谋求创新	倾向于甄别出一致性 倾向于寻求冲突 倾向于寻求变化和革新 理论化

---

① Hofstede G. The business of international business in cultures[M], Cross-cultural Management, butterworth-Heinemann Ltd,1995.

② 俞文钊、吕晓俊:《学习型组织导论》,东北财经大学出版社 2008 年版,第 227 页。

续表

类型	特征	优势	倾向性
分析型 心智模式	整合观点 寻求理想的解决方法 指出价值与渴望 对价值观感兴趣 感受性强	关注过程与关系 擅长于明晰目标 擅长于价值负载的情境 提供宽泛的观点、目标和 标准	倾向于甄别确凿的数据 因过多选择而延迟决策 追求完美 过度关注细节 过度感伤
实用型 心智模式	折中主义的观点 寻求捷径 对创新感兴趣 适应性强	关注回报 指出策略和战术 擅长于识别冲击 擅长于复杂情境 提供实验和创新情境	倾向于甄别出长期效果 急于要求回报 好私利 过于妥协
理想型 心智模式	推论性观点 寻求一条最佳途径 对科学方法感兴趣 说明性强	关注方法和计划 指出数据和细节 擅长于模型创建和规划 擅长于结构性强的情境 提供稳定性和结构	倾向于甄别价值观 过度分析和过度计划 过于信赖可预测性 过于顽固和谨慎 视野不够开阔
综合型 心智模式	实证观点 寻求当前的解决方法 对具体结果感兴趣 矫正性强	关注事实和结果 指出现实和资源 擅长于简化 擅长于结构性强的情境 提供动力	倾向于甄别争执 急于简化问题 急于一致化 过于强调感知的事实 显示为结果倾向

资料来源:俞文钊、吕晓俊:《学习型组织导论》,东北财经大学出版社 2008 年版,第 228 页。为使表述更清晰,对个别文字稍有修改。

(二)按照与职业生涯成功的关系分类

王鉴忠和宋君卿基于职业生涯成功的研究背景和系统论的理论视角,认为心智模式可区分为"成长型和退化型"两种类型。成长型心智模式是一种处于开放状态、具有持续发展生命力的认知图式,它具有能动性、开放性、吸纳性和自我纠错机制,能不断由低级向高级发展进化。退化型心智模式则是一种处于封闭状态、缺乏生命力的认知图式。王鉴忠和宋君卿认为,拥有成长型心智模式的人才能积极获取组织资源和信息,才能拥有顽强的意志去克服职业倦怠、职业高原等问题,从而实现职业生涯成功。[①]

---

① 王鉴忠、宋君卿:《成长型心智模式与职业生涯成功研究》,《外国经济与管理》2008 年第 6 期,第 59—65 页。

　　这种分类为本研究提出和谐心智模式提供了可资借鉴的分类模式,并促进了管理学中心智模式研究向纵深发展。

(三)按组织中主体的层次划分

　　从组织层次维度,心智模式分为个体心智模式和团队(组织)共享心智模式两大类,也可以分为个人心智模式、团队心智模式和组织心智模式三种类型。

　　在个体心智模式研究中,人们主要把关注焦点放在组织领导者心智模式特别是企业家心智模式上。学者们普遍认为,企业家心智模式影响着企业家对战略的构想及管理行为的选择。其心智模式一旦形成,将使其自觉不自觉地以某种固定的思维方式去认识和思考问题,并按照他们习惯的方式去解决问题。[①]企业家心智模式一般具有根植性、缺陷性、时效性、双层性、蒙蔽性、渐变性等显明特点。[②]企业家心智模式一般由科学的思维方式、良好的心理品质、健全的知识结构、优秀的思想品德等要素组成,[③]并且是由智商、情商、意志商、性格商、信念商等"五商"共同构成的一个完整模式。[④]

　　共享心智模式是指为团队成员共同拥有的知识结构,团队成员能对团队作业形成正确的解释和预期,从而协调自己的行为适应团队作业和其他团队成员的要求。[⑤]

　　个人心智模式、团队心智模式和组织心智模式三者之间的关系如图 3-2 所示,其交集即为组织的共享心智模式。

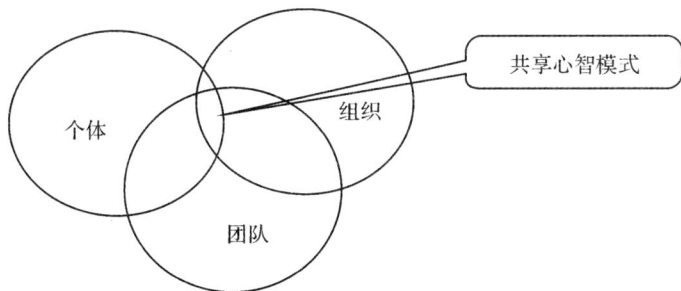

图 3-2　共享心智模式

资料来源:何贵兵、杨琼:《共享心理模型的测量》,《人类工效学》2006 年第 4 期,第 39—41 页。

---

①　黄文静:《企业家心智模式与企业集群成长的关联机理》,《经济论坛》2005 年第 4 期,第 37—39 页。
②　蔡厚清:《管理者心智的理想模式》,《中国人才》2000 年第 12 期,第 24 页。
③　王庆宁:《刍议企业家的心智模式与能力结构》,《经济论坛》1999 年第 5 期,第 29—30 页。
④　徐桂红:《试析企业家心智模式创新的途径》,《华东经济管理》2002 年第 5 期,第 65—67 页。
⑤　Salas E, Cannon-Bowers J A, et al. The influence of shared mental models on team process and performance. Journal of Applied Psychology, 2000,85(2):273—283.

　　共享心智模式包含三个层次的内容:一是团队成员模式,指成员对自己和其他成员的角色、责任、能力、知识所形成的表征;二是任务模式,指团队形成的关于团队任务知识的共享心理模式,涉及完成任务所需的知识概念、规则、策略等内容;三是团队过程模式,是关于团队如何开展工作的一些程序性知识,即团队工作的步骤、交流方式等。共享心智模式的测量维度主要有相似性、准确性和分布性。相似性是指团队各成员的心智模式之间的相似性程度,与团队绩效密切相关;准确性是指团队所形成的共享心智模式能正确表征团队工作所需知识的程度;分布性是指知识在团队中的分布状态。[①]

　　关于共享心智模式的研究是从企业或微观组织层面进行的。按照共享心智模式的概念和评价标准,有着共同文化传统的族群也有着类似的共享心智模式。本研究对中国文化传统中的一些共同认知因素进行分析,借鉴了上述的共享心智模式的研究思路。

(四)其他分类

　　还有学者从其他角度对心智模式进行了分类。这些分类无疑拓展了人们对心智模式研究的视野。齐义山根据我国企业知识型员工创新行为的现状,将知识型员工心智模式分为技术导向型、市场导向型和守成导向型三类。每种心智模式对于企业创新的影响大不相同,因而对企业经营有着不同的意义。[②] 该学者在同一项研究中,根据心智模式面对变化所产生调适能力的强弱,还把知识型员工创新行为的心智模式分为刚性创新导向型心智模式和柔性创新导向型心智模式两种类型。

　　此外,肖小勇和肖洪广将指导组建和管理人员多样化队伍的心智模式分为"公平与歧视心智模式""接近与嫡系心智模式"和"学习与效益心智模式"三种,并认为后者能够更好地阐明组织人员多样化的意义和更好地发挥多样化人员的作用。[③] 倪荣认为人的性格与心智模式相辅相成,不同的性格类型对应不同的心智模式,活泼型性格对应松弛型或模糊型心智模式,力量型性格对应紧张型心智模式,完美型性格对应抑制型心智模式,和平型性格对应抑制型或模糊型心智模式。[④]

---

① 何贵兵、杨琼:《共享心理模型的测量》,《人类工效学》2006 年第 4 期,第 39—41 页。
② 齐义山:《知识型员工创新行为的心智模式研究》,《中国科技论坛》2010 年第 1 期,第 122—127 页。
③ 肖小勇、肖洪广:《人员多样化组织管理的心智模式分析》,《怀化学院学报》2003 年第 6 期,第 109—111 页。
④ 倪荣:《心智模式与安全行为关联分析》,《煤炭经济研究》2005 年第 4 期,第 81—82 页。

二、心智模式结构

　　吕晓俊等学者认为,个体历年来所受的教育、经历的体验逐渐积淀,使个体拥有了组织化了的信息和知识结构,帮助个体在应对社会事件时缩短反应时间。另一方面,个体在对周围环境的直接经验和间接经验过程中,对信息和事物产生解释性的思想,经过一段时期形成了对外部世界的较为稳固的认知反应,这种认知反应是个体对待事件的信念。涵盖了这两方面内容的心智模式代表着个体的历史背景和在关键事件上的立场。该研究确立的心智模式的结构模型包含"信念、知识"两个维度,[①]如图 3-3。

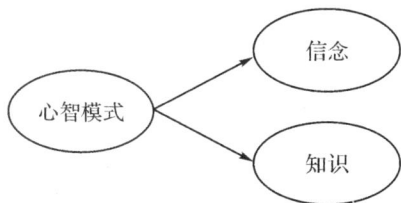

图 3-3　心智模式两个维度结构模型

资料来源:吕晓俊、俞文钊:《员工心智模式的实证研究》,《心理科学》2002 年第 6 期,第 736－737 页。

　　心智模式主要涉及三类关键活动:它能帮助个体对社会环境中事件发生的目的和现状进行描述;解释事件发生的原因;对事件未来的发展趋势进行预测。心智模式允许个体和周围环境发生频繁的互动,洞察和回忆环境中各因素之间的关系,对未来的事件发生构建期望。面对外界环境,通过心智模式对社会事件的三类活动(描述、归因和预测),个体将作出适应性的行为选择。其结果一方面检验了自身的心智模式;另一方面,结果所反馈的信息能充实和扩展原有的心智模式。从某种意义上说,个体终其一生都在不断地寻找验证心智模式的证据,并将完善心智模式作为最终的目标。[②]

　　王鉴忠(2009)通过理论推演和实证分析,认为成长型心智模式结构包括自我效能、职业价值观和思维方式三个要素,而职业价值观由社会责任使命观、成就发展观和职业道德观三个要素组成;思维方式由开放性、内控性和能动性三个要素构成。这样形成了成长型心智模式的三级结构,如图 3-4 所示:

---

　　① 吕晓俊、俞文钊:《员工心智模式的实证研究》,《心理科学》2002 年第 6 期,第 736－737 页。
　　② 引自:吕晓俊:《心智模型的阐释:结构过程与影响》,上海人民出版社 2007 年版,第 7 页。

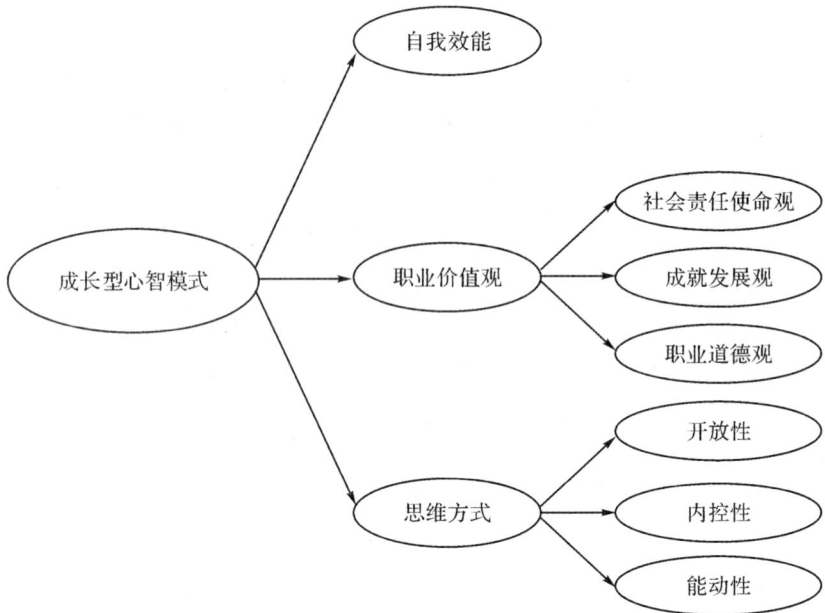

图 3-4　成长型心智模式概念模型

资料来源:王鉴忠:《酒店管理人员成长型心智模式对职业生涯成功的影响实证研究》,南开大学 2009 年管理学博士学位论文。

三、心智模式测量

随着学习型组织在管理学理论研究与实践中的兴起,心智模式越来越受到管理学主流研究的重视,对心智模式的测量成为实证研究的关键环节之一。已经有学者设计和开发了一些心智模式探测技术与方法,总结起来,这些探测技术主要通过三个方面的路径选择来进行:一是心智模式是处于人为设定的情境中,还是处于自然的情境中;二是所采用的方法是直接地依靠言语和图形描述出心智模式还是间接地依靠其他途径推论出心智模式;三是所采用的方法是结构化的,还是无结构的。其实要完全地探查到一个人的心智模式是相当困难的。测量心智模式的方法大体上可分为访谈法、观察法和问卷法,每种方法又各有一些具体技术。

心智模式具体的测量技术很多,总括起来主要有:路径搜寻(path finder;PF)、多维标度法(multidimensional scaling;MDS)、互动引发式认知地图(interactively elicited cognitive mapping)、基于背景分析的认知地图(text-based cognitive mapping)等四种较常用的技术(Susan,Richard,Joan,2000),以及格栅(repertory grid)、言语协议(verbal protocal)、卡片排序(card sorting)、聚类分析(cluster analysis)等。

在心智模式量表与调查问卷的开发方面,目前,已经有国内学者开发出了组织员工的心智模式量表。吕晓俊按照心理测量量表的开发程序自行开发了组织员工心智模式问卷,该问卷经信度和效度检验,达到可接受水平。[①] 王鉴忠则在前人实证研究的基础上,也开发出针对酒店管理人员的成长型心智模式的调查问卷。[②] 这为本研究开发和谐心智模式调查问卷提供了有益的经验、程序、方法方面的借鉴。

第四节　心智模式对工作绩效影响的相关研究

关于员工个体的工作绩效,相关的研究虽很丰富,但众说纷纭。鉴于工作绩效本身不是本研究的重点,下面在对工作绩效概念研究进行简要梳理的基础上,主要回顾心智模式与工作绩效关系的相关研究。

一、工作绩效概念、维度与测量研究回顾

早期的研究认为工作绩效是工作行为的结果,如伯纳丁(Bernardin)、克恩(Kane)等。[③] 这种基于"事后判断"的定义取向固然有理论研究上的清晰和企业实际操作上的便宜,但它会使评价主体只关注企业的短期行为和近期目标,而忽略了企业生存发展的长期战略和远景目标,因而在实践中有很大的弊端,这种观点并没有得到后续研究中大多数人的认同。坎贝尔(Campbell)等学者提出,绩效不是活动的结果,而是活动本身。"绩效不是行动的后果或结果,它本身就是行动……,绩效包括在个体控制之下的,与目标相关的动作,无论这些动作是认知的、驱动的、精神运动的还是人际间的。"[④]这一绩效界定从"事后判断"转到了基于当前事实的行为本身的判断,并且绩效行为涵盖的范围相当广泛。坎贝尔

---

① 吕晓俊:《组织中员工心智模式的理论与实证研究》,华东师范大学 2002 年基础心理学博士学位论文。

② 王鉴忠:《酒店管理人员成长型心智模式对职业生涯成功的影响实证研究》,南开大学 2009 年管理学博士学位论文。

③ 转引自:付亚和、许亚林:《绩效管理》,复旦大学出版社 2003 年版。

④ Campbell J P, McCloy R A, Oppler S H, Sager C E. A theory of performance. In N. Schmitt, W. C. 1993.

等人的观点影响深远,成为后来工作绩效研究的理论基点之一。然而,仅仅把绩效看做是行为本身也存在问题。因为,并不是所有的行为都是绩效;而且,这种基于当前事实的判断对一些职业和工作而言是可行的(如对学生),但是对企业特别是酒店餐饮企业员工而言,如果仅仅把绩效定义为行为本身就不充分。因为在体验经济时代,酒店餐饮企业员工的工作质量不但体现于直接工作行为上,更要看顾客的体验感知结果,而这些体验很难得以及时准确地评估。因而,我们同意吉尔伯特(1996)的观点,"要避免重行为、轻绩效的做法",他把这个问题称为行为崇拜(the cult of behavior)。[①]

在绩效的维度问题上,绩效的多维度建构已经成为一种普遍接受的观点。在众多对绩效维度的划分中,任务绩效(Task performance)与关系绩效(Contextual performance)的划分(Borman,Motowidlo,1993)是最为引人关注、最为流行的一种划分方式。该结构模型还得到了一些实证研究的支持(Motowidlo 和 Van Scotter,1994;Van Seotter 和 Motowidlo,1996;Conway,1996;1999)。Motowidlo 基于上述研究而开发的工作绩效量表也得到广泛的引用。此外,Motowidlo 和 Scotter(1994)还基于将工作绩效分为任务绩效、关系绩效和学习绩效三个维度而开发了量表。韩翼(2006)研究证实雇员工作绩效显著划分为任务绩效(技术核心)、关系绩效(公民气候)、学习绩效(学习过程)和创新绩效(创新行为)四个维度并独立开发了量表。[②]

概括起来,学者们开发的测量工作绩效的量表主要有:

任务绩效量表(Borman 和 Motowidlo,1992,1993;Campbell,1986,1987;温志毅,2005;韩翼和廖建桥,2007);

关联绩效量表(Borman 和 Motowidlo,1997,1993;温志毅,2005;韩翼和廖建桥,2007);

角色绩效量表(Williams 和 Anderson,1991);

人际促进量表(Scotter 和 Motowidlo,1996);

工作奉献量表(Scotter 和 Motowidlo,1996);

组织公民行为(Williams 和 Anderson,1991;Farh,Earley 和 Links,1997);

学习绩效量表(韩翼和廖建桥,2007);

创新绩效量表(Janssen 和 Van Yperen,2004;韩翼和廖建桥,2007);

---

① 转引自:阿吉里斯:《组织学习》,中国人民大学出版社 2004 年版,第 89—92 页。
② 上述外文文献具体不引,另可参见韩翼:《雇员工作绩效结构模型构建与实证研究》,华中科技大学 2006 年博士学位论文。

适应绩效量表(Pulakos,2000;温志毅,2005);

努力绩效量表(温志毅,2005)等。①。

整体来看,关于工作绩效的维度划分及其相应的量表虽然很丰富,但任务绩效和人际绩效(关系绩效)及其量表是最常见的。对于酒店餐饮企业而言,这两个方面的绩效也是最具基础性的。这些研究为本书的工作绩效测量提供了成熟的维度研究和测量研究基础。

二、影响工作绩效的因素研究回顾

个体的工作绩效差异受多种因素的影响,呈现出多因性的特点,这种观点已经被学界普遍接受。在对影响工作绩效因素的研究中,人们以往更多地关注员工工作外部因素和员工技能、态度等因素,而从 20 世纪末以来,对心理认知因素影响的关注逐渐增多了。如坎贝尔认为,因为个体的差异不能完全控制绩效,所以它只能有三个决定因素:陈述性知识(关于事实的知识)、程序性知识(自动化的技能)以及动机。这些决定因素受到一定范围内个体和情境的经历的影响。个体经历包括人格、能力以及动机和自我效能等个体的差异因素。其中,人格对工作绩效中的周边绩效产生直接的影响,或者通过与周边绩效的交互作用对工作绩效整体产生影响。这一研究为从心理认知角度探究工作绩效影响因素开辟了空间。

心智模式与工作绩效的关系已经引起管理学者的关注。彼得·圣吉从组织绩效的角度对心智模式进行了探索性研究,他以底特律汽车公司、壳牌石油公司、BP 公司、汉诺瓦公司和哈雷-戴维森公司为例,揭示了心智模式对于学习型组织建设乃至企业绩效的重要作用。这就如胡君辰和潘晓云在研究中所指出的:"个体的心智模式是个体绩效差异的主要因素。"②

目前尚没有发现专门针对员工心智模式与工作绩效之间关系的实证研究。与这一主题最接近的是,吕晓俊采用质化研究和实证研究相结合的方法,对组织中员工的心智模式与个人和组织因素的关系进行的研究。该研究的主要对象是企业员工关于组织关键事件的心智模式,同时还考察了与之相关的个人因素、组织因素、组织关键行为(包括人际冲突、工作满意感、组织承诺、工作投入等)。研

---

① 这些量表相关文献具体不列。重要的中文文献:韩翼、廖建桥:《雇员工作绩效结构模型构建与实证研究》,《管理科学学报》2007 年第 5 期,第 63—75 页;温志毅:《工作绩效的四因素结构模型》,《首都师范大学学报》(社会科学版)2005 年第 5 期,第 105—111 页。

② 参见胡君辰、潘晓云:《心智管理导论》,复旦大学出版社 2008 年版,前言第 2 页。

究发现，员工心智模式的部分因素对实际的人际互动和技术更新情境应对有预测能力；组织分享性心智模式和工作满意感、组织承诺和工作投入之间存在显著相关；心智模式和工作满意感、组织承诺、工作投入有相关关系。[①]。吕晓俊的这项研究增强了本研究的信心，其研究思路、研究方法与工具都对本研究有很大的借鉴价值。

三、和谐心智模式与工作绩效关系的相关研究回顾

企业员工和谐心智模式与工作绩效之间的关系，到目前为止还是个崭新的课题。尽管没有直接的研究文献可查，但是有很多相关的文献可作为本研究的基础。

首先，我们应该将理论视野放得更宽阔和久远一些。在宏观和文化传统的层面上，以和谐为基本诉求并以心性为基础的中国传统文化到底会不会对组织绩效和员工绩效有正面的积极意义呢？这已经引起过广泛而持久的争论了。持否定意见的可以追溯到马克斯·韦伯的著名观点，他以基督教伦理的现实绩效价值为参照，来否定儒家的价值。韦伯认为，基督教清教徒的禁欲主义能为发挥资本主义精神带来积极动力，有助于激发自觉的劳动精神，而儒家重礼仪、讲和谐的过分的"理性化精神"不能激发自由竞争意识和冒险精神。他认为，儒家谨小慎微的自我控制，出自要保持他的外部形态和仪式的尊严这一欲望即他的"面子"；儒家君子专注于自己的外表，对别人掩饰自己，也认为别人在掩饰他们自己，这种普遍的不信任，就妨碍了所有的信用和所有的企业活动。韦伯的这些观点加上之前的伏尔泰、黑格尔的否定儒家思想的论断，在 20 世纪前期、中期几乎影响了整个西方世界，而且这种影响直到目前也未获得根本性的转变。而在中国大陆，20 世纪 60 年代开展的轰轰烈烈的批孔运动也在一定程度上扭曲了国人对儒学的正确认识。其实否定了以儒学为代表的中国传统文化，也就使中国人的和谐心智模式成了没有文化根基的浮萍。幸运的是，众所周知，在近三四十年，中国文化传统已经在回归了。这是我们从文化传统或本土化的视角来研究和谐心智模式的现实基础。

此外，西方学界也在重视和谐、助人、乐观这些积极心理因素对工作绩效的影响研究，例如关于"心理资本与工作绩效的关系""情绪智力与工作绩效的关系"等实证研究。目前关于心理资本与组织绩效和工作绩效的关系研究已经成

---

① 吕晓俊：《组织中员工心智模式的理论与实证研究》，华东师范大学 2002 年基础心理学博士学位论文。

为理论热点之一。Luthans 曾经为此作出过奠基性的理论贡献。中国学者采用或借鉴 Luthans 的理论模型和开发的量表在中国情境下进行了大量的研究,如用问卷调查的方法实证研究了我国企业员工心理资本对工作绩效的影响。[①]

第五节 对心智模式研究的总体评价

通过上述对心智模式研究的理论回顾可知,心智模式的概念内涵仍然处于一个不断探索、发展和深化的阶段。

一、心智模式研究的主要贡献

从现有的研究来看,关于心智模式的研究取得了很多重要成果,主要贡献如下:

首先,关于心智模式概念内涵的多角度研究深化了人们对心智模式的认识,为进一步的理论研究奠定了概念基础。从现有的研究来看,到目前为止,学术界尚未有一个公认的心智模式定义,但可以预见,今后也不可能会有这样的统一定义。可贵的是,关于心智模式已经有了主导性的内涵界定,这是进行相关研究的坚实基础。心智模式的概念内涵的主导性定义来自于认知心理学。学者们基本上都认可心智模式是一种推理的认知结构和方式,是关于外部世界的内部心理表征,是有限的内在的图式,具有"描述"、"解释"、"预测"等基本功能。综合各个领域对心智模式内涵和外延的研究,心智模式至少可以包括如下要素:认知方式,认知过程或思维过程,相对持久的动力系统,知识,信念,图式,假设,成见,景影,行为方式或习惯,认知结构,心理表征,等等。虽然这些概念有些是对相同或相似事物的不同称谓,但是都从不同角度深化了人们对心智模式的认识。

其次,学者们对心智模式应用于管理领域的研究,为管理学理论研究向人心规律和心理机制的深入拓展作出了积极贡献。心智模式在组织管理学、企业文化学和人力资源管理与开发等领域的应用,表明了心智模式在管理理论与实践中具有重要的作用。其中,有关心智模式类型与功能的研究文献回顾与梳理,为本研究从和谐心智模式视角去研究员工的和谐状态和工作绩效提供了理论依据。

第三,通过对心智模式形成的影响因素的理论回顾,使我们认识到,心智模

---

① 张宏如:《心理资本对工作绩效影响的实证研究》,《江西社会科学》2010 年第 12 期,第 228-232 页。

式主要由遗传、文化、环境和个体主体作用因素交互作用而共同形成的。这为本研究从文化传统的角度对和谐心智模式进行本土化研究提供了理论基础。此外,也对和谐型心智开发与管理指出了可操作的路径。

第四,通过对心智模式与工作绩效关系相关研究的回顾,我们了解到,虽然目前没有专门的针对和谐心智模式与工作绩效关系的研究,但是相关的研究如情绪智力、心理资本等与工作绩效关系的研究已经很丰富。我们在这些研究基础上提出和谐心智模式这一新的概念并通过检验它与工作绩效的关系而探究其现实价值,还是符合科学传统的。

二、心智模式研究中的不足

心智模式的研究固然取得了诸多成果,但从总体上看,仍存在一些局限。

首先,对中国情境下的心智模式研究不足。目前关于心智模式的研究绝大多数是沿用国外的概念、方法,在中国进行简单的重复和延伸,缺少有针对性的本土化研究。中国在特定的文化传统积淀影响下,在经历了近现代重大的历史性事件之后,特别是在近 30 多年来的市场经济转型之中,中国人的总体或共享心智模式有其比较独特的内涵和结构,这是值得我们关注和重视的。

其次,心智模式的质化研究不足。目前的研究,仍局限在心智模式的内涵、定义、作用机制及其定量和应用方面,但未能就心智模式的优劣、层次、文化生成性特征给予关注。我们只有更深入地把握心智模式的文化生成性特征,扎根于现实,对历史和现实材料进行科学提炼、总结和抽象,才能提出更符合中国情境和管理文明趋势的理论。

第三,对组织中员工的心智模式及其价值的研究不足。以往关于企业中心智模式的研究,集中在共享心智模式和领导者(企业家)心智模式的研究上,对于员工的心智模式研究很少,而对员工的某一种类型的心智模式展开有针对性的研究则非常罕见。企业员工心智模式的价值主要体现在其工作绩效上,而这方面的研究也是很少见的。

心智模式研究中的不足也是本研究所要努力深入研究而加以解决的问题。

04 中国文化传统源头中的和谐意旨

　　"和谐"虽不为中国文化所独有,但一直是中国文化所凸显的主题,是中国文化人文精神的精髓和首要价值,甚至有学者称其为民族精神的灵魂①。由于中华文明一直没有像其他一些古老的文明那样中断过,所以从中华文化传统的源头来探究和谐的基本意旨是十分必要的,因为文化传统源头的和谐意旨不但是中华和谐文化的 DNA,也是中华民族集体无意识乃至共享心智模式的一部分。

第一节　文化传统及其对和谐心智模式的影响

　　美国人类学会前主席克莱德·克鲁克洪教授曾指出:"文化是无所不在的。"他举例说:"打喷嚏乍看像是纯属生物学的现象,但其中却发展出一些小小的习俗,诸如说一句'对不起'或'多多保重'。不同文化的人们,或者同一社会不同阶层的人们,都不会以严格相同的方式打喷嚏。打喷嚏是在某种文化网络里结成的生物行为。要指出哪一件活动不是文化的产物是很困难的。"②要分析文化对心智模式的影响,首先要对文化这一动态的、历史的、宽泛的概念进行分析。

　　众所周知,从历史的视角看,历史不能被割断,传统无法被抛弃,空间难以被隔离。近几十年来,人类社会正处在一个大变动的时代,世界各地的思想界和理论界不约而同地出现了对人类历史进行寻根探源。我们也要更加重视对中国古代思想智慧的温习与发掘,回顾我们文化发展的源头。德国哲学家雅斯贝尔斯曾指出,在公元前 500 年前后这

---

　　①　沈素珍:《和:中华民族的民族精神》,《新华文摘》2010 年第 6 期,第 162 页。
　　②　转引自[英]I.G.吉尼斯著,张云燕译:《心灵学——现代西方超心理学》,辽宁人民出版社 1988 年版,前言。

一"轴心时代"，在古希腊、以色列、印度、中国、古波斯都出现了伟大的思想家，形成了不同的文化传统。这些文化起初并没有互相影响，但经过 2000 多年的发展，在相互影响中已成为人类文明的共同精神财富。雅斯贝尔斯说："人类一直靠轴心时代所产生的思考和创造的一切而生存，每一次新的飞跃都回顾这一时期，并被它重新燃起火焰。自此以后，情况就是这样。轴心期潜力的苏醒和对轴心期潜力的回忆或曰复兴，总是提供了精神力量。对这一开端的复归是中国、印度和西方不断发生的事情。"①汤一介指出："欧洲的文艺复兴就是把其目光投向其文化的源头古希腊，而使欧洲文明重新燃起新的光辉，而对世界产生重大影响。中国的宋明理学（新儒学）在印度佛教文化的冲击后，充分吸收和消化了佛教文化，'出入佛老，而反求之六经'，再次回归先秦孔孟而把中国儒学提高到一个新的水平，并对朝鲜半岛、日本、越南的文化发生过重大影响。"②基于此，我们有必要从历史文化角度来探究民族性和谐心智模式，并把它作为后面实证研究的前提性研究步骤。

这里有必要对文化传统和传统文化的概念进行简要的辨析。③ 文化传统和传统文化是紧密联系、有所不同而又经常被人们混用的两个概念。传统文化作为古老的文化形态，它可能埋没于历史的风尘之中了（如古埃及的文化），也可能仍然绵延至今（如中国的传统文化）。但即使风韵犹存的古老文化，也必然随着时空变迁而有所改变与发展。哈耶克指出："在文化演进的过程中，特定时代特征的文化被理论家以文字的形式记载了下来，从而形成了文化文本，文本中所承载的文化内容也被称为传统文化。……传统文化在本质上是过去的，以过去的文化为体。文化传统中虽然有传统文化的因素，但它在本质上是现在时的。"④中国学者也对此进行了大量的研究，尽管诸说有异，但几家观点颇具代表性，我们采用朱维铮（1987）的观点："文化传统属于现状，它是历代相传、至今不绝的某种根本性东西。"从以上分析可知，文化进化的产物即体现为文化传统。但是，文化传统对当今社会和人的影响却是深远而广泛的。

那么，文化传统到底是什么？哈耶克的观点是，文化传统是特定的人群受特定文化类型价值体系的制约，因现实的需求而吸收异质文化，进而形成大多数人认同的思想和行为方式。庞朴也指出，文化传统是各种文化类型中的基本核心、

①　转引自：汤一介：《论儒学的复兴》，《新华文摘》2010 年第 1 期，第 38 页。
②　汤一介：《论儒学的复兴》，《新华文摘》2010 年第 1 期，第 38 页。
③　这方面的研究已经很丰富，可参见庞朴、李慎之、王学秀等学者的著述。
④　转引自：戴传江：《哈耶克的文化进化思想及其对中国传统文化复兴的启示》，《江西社会科学》2010 年第 12 期，第 62—64 页。

核心精神，或者指民族的、支配千百万人的一种观念和力量。① 王学秀（2007）对此进行了细致的比较研究后提出："文化传统是一个国家、民族在历史发展过程中，曾经被先辈们认可和实践的、具有代表性的文化意识与历史遗存，这些遗存体现为一个群体世代代所认可的最佳经验，如道德、伦理、思维方式、行为模式特征、社会意识等。这些要素在现实社会依然影响或者支配着人们的主观意识和客观行为，是仍然'活'在现实中的'传统文化'。"②

通过上述分析可知，既然文化传统是"大多数人认同的思想和行为方式"，"在现实社会依然影响或者支配着人们的主观意识和客观行为"，那么，这种文化传统对企业员工心智模式的影响是显而易见的。根据吕晓俊的研究，有关群体中的人们通过某种方式的分享、交易、互补认知优势来保持信息的观点由来已久，一些与文化传统关联密切的术语如群体心智、集体无意识、群体隐喻等在心理学和社会学中也有相当的研究者和支持者。③ 越来越多的研究认为心智模式这种认知模式是一种社会现象，也就是说，仅从个体层面研究认知模式与心智模式不足以充分地揭示其所有内容与变化。所以不足为奇的是在文献中各种共享认知与共享心智模式这类概念大量涌现。此外，专家已认为共享认知是社会认知研究中一个颇有前景的研究方向，而共享心智模式也是心智模式研究中的热点。如果把组织中共享心智模式展开来，从更大的文化层面来分析，一个族群的文化传统可以作为这个族群共享心智模式的近义词。

从企业文化的视角分析，作为一种微观层面的亚文化，企业文化的构建和运行不能脱离所处时空内的具体社会文化背景，尤其在中国这个文化积淀极为厚重的古老国度，其文化传统无疑是企业文化得以存在和进化的重要基础，或言之，文化传统是企业文化这棵大树的根。企业文化再繁茂，没有了根，就像浮萍，难以长大。这是企业文化要遵循的根本规律之一。和谐心智模式研究作为一项有中国特色的企业文化理论研究，更是要注重挖掘民族的文化传统母质。④

---

① 庞朴：《文化的民族性与时代性》，中国和平出版社1996年版，第121页。

② 王学秀：《文化传统与中国企业管理价值观》，中国经济出版社2007年版，第40—42页。

③ 吕晓俊：《组织中员工心智模式的理论与实证研究》，华东师范大学2002年基础心理学博士学位论文。

④ 按照业已形成的学术传统，研究文化与管理的关系问题，就应该从文化传统而不是传统文化的角度切入，这样也能避免文化或传统文化概念的不规范性和不确定性对管理研究的不利影响。（王学秀，2007）

第二节 "和谐"的文字学解读与和谐意旨

关于和谐与和谐社会的研究已经非常丰富，但"和谐"本身的含义是什么，特别是中国文化背景下和谐的概念与特征是什么，从管理学角度如何看待和有效实现和谐，对这些问题仍需要进行深入分析和探讨。这也是本研究首先要明确的问题。汉字是汉文化最基本的细胞，作为一种独特的表意文字系统，已经成为中国文化的特殊载体及重要传播媒介。① 中华民族的世界观、哲学观念、道德伦理规范、思维方式等，在一定程度上就蕴含在汉字以及文言经典之中。著名的法国汉学家汪德迈指出："从中国的世界观看来，由汉字所载乃为事物的深层意义，随汉字而完全渗进四邻民族精神中去的正是这种意义。"②也可以说，汉字所承载着的中国文化传统，已经构成中华民族以及周边汉字文化圈民族③的心智模式的深层结构了。

下面对"和谐"一词作文字学解读，以加深我们对中国文化传统下"和谐"概念的认识和理解。已经有一些学者做过这类工作，如王登峰和黄希庭对"和"字作了考证，④黄囒莉对和谐从词汇集合和民俗学角度进行了分析。⑤ 本研究在此基础上进行较为全面的分析。

一、"和"字的文字学解读

从字面和发音上看，"和"与"谐"是两个不同的中文字，但其含义却有很多共同之处。首先分析"和"字。"和"字在中国文化中比"谐"字使用得频繁，含义也更加丰富。下面我们通过对"和"的文字学研究来尝试着深入挖掘"和谐"的意旨与精神。

在中国汉字历史上，"和"字出现得较早，在 3000 多年前的甲骨文和金文中就有了"和"字。《尚书》出现"和"字共 42 次，《老子》一书出现了 5 次，《论语》出

① 刘宗贤、蔡德贵：《当代东方儒学》，人民出版社 2003 年版，第 109 页。
② 汪德迈：《新汉文化圈》，江西人民出版社 1993 年版，第 98 页。
③ 汪德迈指出："汉文化圈的同一即'汉字'（符号）的同一。""这一地区的共同文化根基源自于中国而通用于四邻的汉字。"刘宗贤、蔡德贵等学者亦持此观点。参见：汪德迈：《新汉文化圈》，江西人民出版社 1993 年版，第 98 页；刘宗贤、蔡德贵：《当代东方儒学》，人民出版社 2003 年版，第 116 页。
④ 王登峰、黄希庭：《自我和谐与社会和谐——构建和谐社会的心理学解读》，《西南大学学报》（人文社会科学版）2007 年第 1 期，第 1—7 页。
⑤ 黄囒莉：《华人人际和谐与冲突：本土化的理论与研究》，重庆大学出版社 2007 年版。

现 8 次。这说明,"和"在中国传统文化中占据着非常重要的位置。在先秦,"和"字主要有"和""盉""龢"三种写法。其字形很多,其中包括如图 4-1 所示的六种。

| 甲骨文 | 金文(1) | 金文(2) | 小篆(1) | 小篆(2) | 篆体 |

图 4-1 "和"字的几种典型字形

资料来源:王宏源:《字里乾坤:汉字形体源流》,华语出版社 2000 年 7 月版,第 295 页;王登峰、黄希庭:《自我和谐与社会和谐——构建和谐社会的心理学解读》,《西南大学学报》(人文社会科学版)2007 年第 1 期,第 1—7 页。

关于"和",《说文·口部·和》说:"相应也,从口,禾声。"在先民看来,谷物成熟了,谷穗低垂,也是收割入口的时候了。谷物与人体相比,是不同的东西,但是二者相互应和,谷物利人,而人侍弄谷物,各尽其用,谁也离不开谁,达到一种和谐的状态。

"盉"是古代酒器,是商代后期与西周初期调和酒水浓淡的器皿,为三角青铜器,口形圆,腹深。"盉"借指调味,如《说文·皿部·盉》说:"调味也。从皿,禾声。"中华先民把不同种类、口味的粮食和调味品放在器皿之中,加以适当的调配,形成可口的美酒。后来,"盉"字进一步借指为"调和不同的东西"。

"龢"字的本义也是这样一种分工配合的状态。《说文·龠部·龢》说:"调也。从龠,和声。""龠"是一种古乐器。在甲骨文的字形中,"龢"字右上部是连结在一起的竹管之形,下部的"口"把能吹响的竹管汇集在一起,像笙的形状;左上部的"禾"表读音。金文的形体由甲骨文演化而来,小篆的繁体字(龢)和简体字仍有很强的象形功能,但已经不及前两种字形。楷书的"和"把"口"移到了右边。[1] 因此,"龢"或"和"的本义指不同高度的笙管合鸣,虽然同时发出不同的声音但却显得很和谐。[2] "龢"便指声音相应,音韵和谐,协调、适中、恰到好处的状态。

"和"在汉语言体系中含义十分丰富,《康熙字典》《辞源》《辞海》《说文解字》以及《现代汉语词典》对它都有比较庞杂的注释。综合起来看,"和"字主要的意

① 左民安:《细说汉字——1 000 个汉字的起源与演变》,九州出版社 2005 年版,第 381 页。
② 王登峰、黄希庭:《自我和谐与社会和谐——构建和谐社会的心理学解读》,《西南大学学报》(人文社会科学版)2007 年第 1 期,第 1—7 页。

义有:

一是和谐,协调。如,"保合太和"(《易乾卦》);"发而皆中节谓之和"(《中庸》);"协和万邦"(《书·尧典》)。

二是和顺,平和,不刚不柔。如,"顺也,谐也,不坚不柔也"(《广韵》)。

三是温和,谦和,和悦。如,"和风细雨";"和颜悦色"。

四是互相呼应,应和。如,"声相应"(《广韵》);"鸣鹤在阴,其子和之"(《易·中孚》)。

五是调和。如,《礼运》说:"五味六和十二食还相为质也。"《国语》中有"和六律以聪耳"之说,含有相反相成之意。

六是和解,结束纷争甚至战争。如,《战国策》:"与秦交和而舍。"

七是和合,和一,同心合力之义。如,《书》:"其难其慎,惟和惟一。"《礼·三年问》:"人之所以群居,和一之理尽矣。"

总的来说,就像杨树达在《论语注疏》中将"和"的上述意义解释为:"乐调谓之龢,味调谓之盉,事之调适者谓之和,其意一也。"

二、"谐"字的文字学解读

"谐"字,《尔雅》道:"谐,和也。"《新华字典》和《现代汉语词典》也以"和"来解释"谐"字。谐字的本义是什么呢? 我们主要分析"谐"字的三种古典含义。

一是"乐之和"。《说文·言部》道:"谐,詥也。"又说:"詥,谐也。"可见"谐"与"詥"是两个互训的字。段玉裁在《说文解字注》中讲道:"此(詥)与龠部龤异用。龤专谓乐和。"又,《玉篇》:"合也,调也。"《舜典》:"八音克谐。"《左传·襄十一年》:"如乐之和,无所不谐。"可见,谐的本义与音乐中不同声音的协和状态有关。有学者认为,"谐"与"詥"都从"言","表示着百人同腔、千口一词、万众同声的意味",还以"八音克谐,无相夺伦"(《书·舜典》)为例证。[1] 这种理解显然不符合谐的本义,而"八音克谐,无相夺伦"恰恰说明"谐"的本义不是众口一声,而是不同的声音互相呼应。而《辞海》中,"谐"的首义为"调和",也说明了"谐"字的本义与孔子的"和而不同"是一致的。

二是"配合得当"。《广雅》对"谐"训为"耦也"。耦的基本字义是"两个人在一起耕地"(《汉语大词典》),也同"偶"。如同音乐一样,完全相同的音调不会形成美好的乐曲,二个人在耕种之中也是互有分工、互相协作,而配偶更是不同性

---

① 参见:谭金土:《"和谐"一词的文字学解读》,凤凰网论坛,http://bbs.ifeng.com/viewthread. php? tid=2680269##,2007 年 7 月 30 日 10:30。

别的人之间而形成的协调而稳定的关系。

三是"办妥事情或圆满"。例如:"克谐以孝"(《书·尧典》);"如其克谐,天下可定也"(《资治通鉴·赤壁之战》)。

所以,从谐字的文字学解读中,我们看到,在中国文化传统的开始,就把不同事物之间的分工、协调而达成某一目的的这种状态或过程称之为"谐"。

三、文化传统中的"和谐"意旨

对于和谐,我们都能感受到其中的一些意义,但是又很难确切界定出它的概念。可以说,每个人都有自己的和谐定义。

从上文分析可知,"和"与"谐"都含有对音乐基本规律的体认,那就是,人的听觉天然地不喜欢单一的声音,一定要听几种不同而协调起来的声音才舒服。这就像《吕氏春秋》里所讲的"正六律,和五声,达八音,养耳道也"。其实这也是人类音乐听觉的基本常识,建于其上的是音乐的基本规律,也如古希腊哲人讲过的:"音乐之和谐,乃五声七音之辅济,而非单调同声之专一。"[①]也可以说,"谐"是一种"和"的境界,是在多种声音一起发出时才产生的"和"。

孔子说:"人而不仁,如乐何。"包咸注:"言人而不仁,必不能行礼乐。"《礼记·儒行篇》说:"礼节者仁之貌也,歌乐者仁之和也。"可见,"和谐"在儒家文化中成为一种人与人关系的音乐比喻。人与人之间合乎道德(即"仁")的关系就是礼,乐须八音克谐,礼则讲谦让敬人,二者是内在一致的。

按《现代汉语词典》中的解释,和谐即配合得适当和匀称,如:音调和谐;这张画的颜色很和谐。《辞海》则把和谐与协调并称。可见,把和谐从音乐、调味、耕作等生活生产范畴扩展到人情世事,其基本含义是一以贯之的。特别是《论语》中"君子和而不同"充分表达了和谐的基本意蕴,这已经成为代表中国文化精神和民族品格的名言之一。

综合以上分析,"和谐"是由两个含义十分接近的字连接而成的词,其基本含义是指存在差别的个体(或成分)相互协调地联系在一起,实现单独个体难以实现的目标。这一概念中所蕴含的和谐意旨可以初步概括为:

一是对人的价值与尊严的充分认可。这直接体现在中华先民所创造的"和谐"二字、一词之中,也是孔子等先贤的核心思想之一。和谐的关键在于组织中的个体把各种声音都发出来并实现其自我价值。让不同的人都能不受压制地公开参与,才有可能让他们在有序交流中由"和"而"谐"。或言之,组织的和谐不是

---

① 转引自:安立志:《论"和谐"》,《南方日报》2006年11月6日。

同声一腔，而是公开地"讲道理"和"有道理"。

二是对差异的包容和对冲突的化解。差异和冲突是客观存在的，对差异和冲突正确处理是达致和谐的基础。

三是对人心规律的体认与遵循。没有对不同乐器的规律性认识和运用，就没有和谐的音乐；没有对人心规律的体认与遵循，也无所谓和谐的组织。一种声音加一片沉默，那是独声，不是和谐。和谐是一种关系，是不同声音的共同存在与组合，是多元存在凭借公共舞台的一种合作性展现。每一类乐器的表演成分可以有重有轻，有主有次，有大有小，但没有任何一类乐器表演应该独尊排它，也没有任何种类的乐器应该受压制或被轻辱。因此，和谐又是一种相互尊重、相互平等的伦理要求和道德原则。

从以上对于和谐的概念与意旨的分析可知，在中国文化传统中，"和谐"自然地与"管理"相通。因为尽管管理的定义很多，但其经典的定义之一被经常引用："管理就是设计和保持一种良好环境，使人在群体里高效率地完成既定目标。"①比较这两个看起来很不同的术语，尽管现代管理有其特定的、比较成熟的技术系统，如计划、组织、协调、沟通、激励、核算等等，但是二者都是为达到一定目的而对有差异的个人所组成的群体所进行的协调活动，而且从本质上都是基于人心规律而进行的，尽管对于人心规律的体认和遵循的程度在不同的条件下有所不同。从历史源头上看，二者原本是同一的，就像道本管理理论所指出的，在人类的原始组织形态中，人们在追求生产效率提高和人的和谐关系方面，处在最为原始的和谐状态，这也是管理的本源状态。②

下面我们从管理的视角对中国文化传统中和谐意旨的进一步延伸与细化——和谐认知图式进行分析。

---

① 这是孔茨对管理所下的经典定义(引自哈罗德·孔茨和海因茨·韦里克：《管理学》，经济科学出版社 1998 年版，第 2 页)。类似的定义很多，如："管理就是由一个人或更多的人来协调他人活动，以便收到个人单独活动所不能收到的效果而进行的各种活动。"(小詹姆斯·唐纳利、詹姆斯·吉布森、约翰·伊凡：《管理学基础：职能，行为，模型》，中国人民大学出版社 1982 年版，第 18 页。

② 齐善鸿：《道本管理：精神管理学说与操作模式》，中国经济出版社 2007 年版，第 152—153 页。

05 中国文化传统中的和谐认知图式

　　中国文字中蕴含着的文化意旨反映了中华先民的思想意识,这些思想随着历史的发展而发展着,文化传统源头的和谐意旨在四五千年的历史中发展成为和谐文化。在人类历史的长河中,尽管四五千年的时间只是短短的几个瞬间,但就在这段时间,中华民族对和谐的认知非常丰富,形成了比较独特的和谐文化。能够反映中国和谐文化的资料可谓多矣,但基本的和谐文化精神可从儒释道三家有代表性的文献中进行梳理和挖掘。

第一节　文化传统中和谐认知图式的矩阵结构

　　认知图式是指人们对自身、世界以及二者关系的心理认知或知识体系。中国文化传统中对人与世界的认知图式的叙述非常丰富,其总体特征可以用"和谐"二字来概括,本研究称之为和谐认知图式。

一、文化传统中和谐认知的二维矩阵结构

　　从和谐意旨出发,可以发现,中国文化传统的和谐认知图式至少包括两个方面,一是对和谐所包含的各种关系的认知图式,即和谐世界观图式;二是关于处理这些和谐关系的方法的认知图式,即和谐方法论图式。这就构成了和谐认知图式的两个维度。和谐世界观维度是对人与自身、人与人、人与社会、人与自然(天)等之间的关系的认知,具体可分为身心和谐、人际和谐、家国和谐以及人天和谐等几个方面。和谐方法论维度则包括和谐认知图式中的信念、思维方式以及行为方式等方面。这两个维度互相交叉,互相影响,形成了和谐认知图式的矩阵式结构,如图5-1所示。其中,和谐世界观维度体现了文化传统中的"内圣外王"这一核心理念,而和谐方法论维度则体现了"智圆行方"这一理念。

下面分别对这两个维度进行分析。

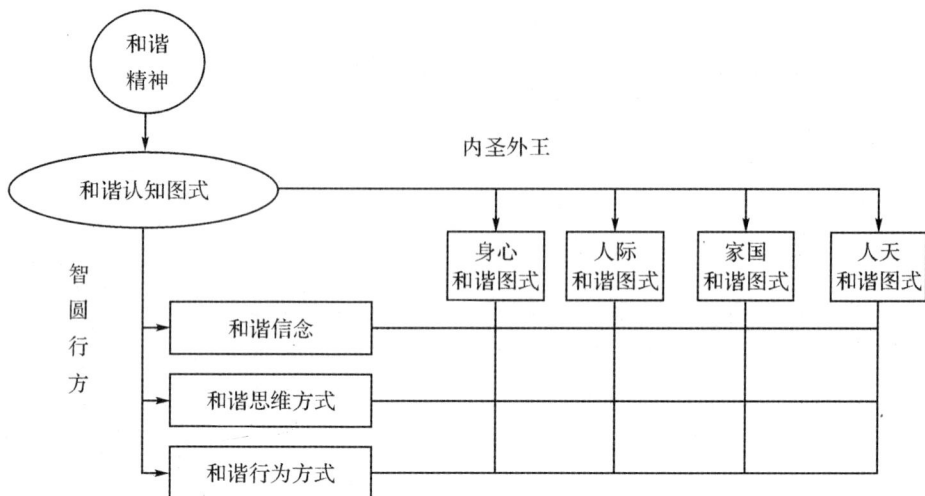

图 5-1 中国文化传统中和谐认知图的矩阵结构式

资料来源:作者根据文化传统的和谐逻辑整理。

(一)和谐世界观维度

和谐世界观维度各内容的总特征可以用"内圣外王"一词加以概括。"内圣外王"最早出现于《庄子·天下篇》:"圣有所生,王有所成,皆原于一。"这里所讲的"一"即"道"。庄子的这一思想也就是"内圣外王"之道。其中,"内圣"是人格理想,表现为:"不离于宗,谓之天人;不离于精,谓之神人;不离于真,谓之至人;以天为宗,以德为本,以道为门,兆于变化,谓之圣人;以仁为恩,以义为理,以礼为行,以乐为和,熏然慈仁,谓之君子。"可见,中国先贤从文化源头上就规定了内圣的道德意蕴,而道德只能体现在人对外界事物的关系处理上。"外王"则指政治或管理理想:"以法为分,以名为表,以参为验,以稽为决,其数一二三四是也,百官以此相齿;以事为常,以衣食为主,蕃息畜藏,老弱孤寡为意,皆有以养,民之理也。"由此可以看出,庄子所谓的"内圣外王"之道是儒道法三家修身思想和管理思想相结合的产物。概括地讲,"内圣"就是修道、养德、治心与修身,要求人遵道蓄德;"外王"就是齐家、治国、平天下。"内圣"与"外王"本身的和谐统一后来成为儒家学者们追求的最高境界,也是中国管理思想的集中体现。

儒家学说充分体现了"内圣外王"。在"内圣"方面,孔子主张,"为仁由己","我欲仁,斯仁至矣",即一个人能不能成为品德高尚的仁人,关键在于自己。在"外王"方面,儒家以"格物致知"为起点,经"修身""齐家""治国",而以"平天下"

为终点,即"修己以敬"、"修己以安人"、"修己以安百姓"。内圣和外王是相互统一的,前者是基础,后者是目的。只有不断修养心性,才能成为"仁人"、"君子"甚至"圣人",才能达到内圣;也只有在内圣的基础之上,才能够安邦治国,达到外王的目的。同样,"内圣"通常要达到"外王"这一目的才更有意义,外王实现了,内圣才最终完成。① 比如孔子讲:"夫仁者,己欲立而立人,己欲达而达人。"在自己成人的同时,也要使他人成人,两者都满足了,才是一个真正的"仁者",也才能真正做到"内圣外王之道"。这里,立己、达己是基础;立人、达人是归宿。

中国的大乘佛教也充分地体现了这一精神,只不过是用了另外一套语言和逻辑来进行阐述而已。大乘佛教特别提倡济世度人,其内涵着的基本精神就是度己与度人的统一,与内圣外王非常一致。例如,很多大乘佛教徒讥讽小乘佛教徒是"自了汉",并认为"自了汉"其实并不是真正的"了",其最高成就是"阿罗汉"果位,而大乘佛教则能循着类似于内圣外王的路径成就"菩萨"甚至"佛"的果位。

通过以上分析可知,"内圣外王"思想虽然包含方法论因素,但是它更集中体现着和谐世界观,即回答了"和谐是什么"的问题。和谐世界观也是和谐中各种关系的展开,从表面看它是按照"心→身→人→组织(生活的组织→工作的组织)→国→天下→自然"这一系列"关系"次第展开的,而实际上这些"关系"也是同时并存、彼此交叉的。为便于进行学术研究,我们把内圣外王这一和谐世界观维度的和谐认知图式具体分为"身心和谐图式""人际和谐图式""家国和谐图式"以及"人天和谐图式"等。其中,每一图式都蕴含并体现着中国文化传统的和谐方法论,这是和谐认知图式呈矩阵式结构的基本特征。

(二)和谐方法论维度

和谐方法论维度的各内容的总特征可以用"智圆行方"一词加以概括。"智圆行方"是中国文化传统中和谐认知图式的方法论总称。"智圆行方"之说也源于道家而广布于中国文化传统。该说最早出自《文子·微明》:"老子曰:凡人之道,心欲小,志欲大;智欲圆,行欲方。……智圆者,无不知也;行方者,有不为也。"后来西汉刘安的《淮南子》与唐代孙思邈亦先后有"心欲小而志欲大,智欲圆而行欲方"、"胆欲大而心欲小,智欲圆而行欲方"之说。明代张居正在《襄毅杨公墓志铭》有"维公之德,智圆行方,忠不近名,言不泥常"之句。"智圆行方"被古人当作境界极高的人生智慧。"智圆"是智慧圆通,灵活机变;"行方"是处事要坚持原则,有所为而有所不为。二者不但不矛盾,还相辅相成,缺一不可。做人处

---

① 如果只求提升自己的修身而不造福于外界,尽管个人可能在修养和修炼方面取得了一定成就,但这并不符合内圣中关于道德性的内在规定。

事，应当方圆并用，有机结合；而且方与圆要各守其界，恰到好处，这样才能方圆得宜，刚柔相济，取得成功。这就像《管子》里关于方圆的论述："圆者运，运者通，通则和。方者执，执者固，固则信。"总之，"智圆行方"既体现了理念与战略的坚定性，又体现了方法与策略的灵活性；既重客观事实，又充分发挥自己的主观能动性。(郝云，2001)这与另一句体现中国特色方法论的名言"内方外圆"在本质上是一致的。

"智圆行方"充分体现了和谐的方法论，其具体内容可分为和谐信念、和谐思维方式与和谐行为方式等几个方面。

二、世界观维度的和谐认知图式

下面对文化传统中和谐认知图式的世界观维度的内容进行简要分析，然后着重论述方法论维度的内容。

(一)身心和谐图式

中国传统文化发展出身心和谐的认知图式，这是儒道释三家对于生命的基本认知图式，也是进行自我管理的认知图式。尽管具体的内容不完全相同，但三家都重视人的心理平衡，主张通过修行而成为一个身心和谐、心理健康的人。

在道家思想体系中，老子的"道法自然"、"贵身"、"知人自知"、"无为无不为"、"柔弱不争"、"致虚守静"、"少私寡欲"、"居善地心善渊"以及"功成身退天之道"等重要思想主张，贯穿二千多年时空，融合为中华民族的文化思想精髓，帮助无数的中国人(典型的例子如李沁、曾国藩等)以独特的智慧应对复杂矛盾，面对各种顺逆环境，缓解身心压力，从根本上保持自我心理平衡与身心和谐。诚如刘怀元所指出的："老子的和谐文化思想是指导人们驱除烦恼、洞察世事的人生真谛，超脱世俗功名利禄羁绊，使迷失的本来、障迷的自性获得真知真觉的大智慧。"[1]

儒家认为人性本善，即人天然就存在仁义礼智四种善性，"恻隐之心，仁之端也；羞恶之心，义之端也；辞让之心，礼之端也；是非之心，智之端也。凡有四端于我者，知皆扩而充之矣，若火之始然，宗之始达"(《孟子·公孙丑上》)。而"仁义礼智，非由外铄我也，我固有之也"(《孟子·告子上》)。意即，这种善性是天赋的德性，而这种德性可以推而广之，使人成为身心合一的人，进而成为符合人伦关系的人。荀子对于身心和谐关系的论述影响颇深："若夫目好色，耳好声，口好味，心好利，骨体肤理好愉佚，是皆生于人之性情者也；感而自然，不待事而后生

---

① 刘怀元：《圣人不积不争之德——〈道德经〉与和谐文化》，《中国道教》2007年第3期，第42页。

之者也。"(《荀子·性恶》)荀子的这一思想明显地有道家的影响,在他看来,人的生理本能是好舒适的,而心理本能则附加在生理本能之上,是趋利避害的。从这种最基本的层面来看,人的身心关系是一致的。但是人的心理不单单是生理需求的简单反射,还有其他的高级活动与需求,而这是由人的群体性和灵性决定的。在群体中,人要"上安于主而下调于民",就要对自己的欲望进行管理,从而在群体内形成有序的关系,即"明分使群",这是"群居和一之道"。在中国传统文化中,与管理这一现代术语最接近的是"礼"。关于礼,荀子论道:"礼起于何也?曰:人生而有欲,欲而不得,则不能无求,求而无度量分界,则不能不争。争则乱,乱则穷。先王恶其乱也,故创礼义以分之,以养人之欲,给人之求。使欲必不穷乎物,物必不屈于欲,两者相持而长,是礼所起也。"(《荀子·礼论》)朱熹发展了这一思想,认为身心关系就是理与欲的关系。他用"性同气异"来论证,认为人性即理,是善的,人所秉承的"性"或"理"都具有相同性质,天理的善性和气质的恶性同时集于人身,人可以复明天理,其关键是对人欲的克制。如果从朱熹的这些思想的本意来分析,"克制人欲而明天理"并不是很多现代人所批评的消极论断,而是颇具自我管理、自我开发的意味。

中国大乘佛教如禅宗也特别重视心性修炼,希望藉此达到身心关系的和谐。慧能认为,人的本性是清净的,是善的,但是现实生活的各种染污使人们执着痴迷,迷失了本性。"世人性净,犹如青天,惠如日,智如月,智惠常明。于外著境,妄念浮云盖覆,自性不能明。"(《坛经》)禅宗修行就是让本性显现,"自性迷,佛即众生;自性悟,众生即佛","前念迷即凡,后念悟即佛"。(《坛经》)因此,觉与净是禅宗关于自我和谐图式的中心点。

(二)人际和谐图式

文化传统中的人际和谐认知图式深受儒家思想的影响。儒家对人际和谐的认知图式即为"五伦"关系图式,即夫妇、父子、兄弟、君臣、朋友五大类的人际关系。

夫妻关系是五伦关系中的起点。夫妻关系融洽与否是家庭和谐的关键,家和万事兴,社会才能兴盛。在父子关系上,孔子提出:"为人子,止于孝;为人父,止于慈。"(《大学章句》)此即父慈子孝的父子观。对兄弟关系,孔子认为兄弟间要有友爱之情,"兄友弟恭"。君臣关系的和谐处理则是"君使臣以礼,臣事君以忠"。(《论语·八佾》)君要做到"君君",即修己正身,"修己以安人","修己以安百姓"。(《论语·宪问》)这里特别强调作为领导要起到表率作用。同时还有"臣臣",即"臣事君以忠",即臣对君不欺骗,敢于谏争,恪尽职守,"居处恭,执事敬,与人忠"(《论语·子路》),还要每天自省"为人谋而不忠乎"(《论语·学而》)。在先秦儒家看来，"君君臣臣"指的是君臣之间各尽其分、相互尊重的和谐状态，而不是只强调下对上的忠孝。关于朋友间的交往，孔子认为朋友相处要"言而有信"，曾子则主张每日自省"与朋友交而不信乎？"（《论语·学而》）

儒家的这种和谐人际图式是管理中国社会与群体的基本原则，经过两千多年的熏陶，也成为中国人的共同心智因素了。

（三）家国和谐图式

家国和谐体现在"家国同构"的文化传统之上。"家国同构"作为一种主流文化至少可追溯到西周之初。《周易》中的"家人卦"有由家及国的思想，《诗经》中也出现了"家邦"一词。直接催生这一观念的是儒家学说。儒家历来主张以己推人，由近及远，将血缘关系推广到社会关系之中，就像孟子所讲："老吾老以及人之老，幼吾幼以及人之幼。"（《孟子·梁惠王上》）作为儒家管理思想集中体现的《孝经》则明确指出："资于事父以事母而爱同，资于事父以事君而敬同。故母取其爱而君取其敬，兼之者父也。"由此形成如《大学》所说的家国同构之说："古之人明明德于天下者，先治其国，欲治于其国，先齐其家。"也就是：家是缩小的国，国则是放大的家。家国和谐关系的核心是孝忠合一，这也是"家国同构"观念的本质内涵。《礼记·祭统》说："忠臣以事君，孝子以事其亲，其本也。"《论语》讲："孝慈则忠。"《孝经》直接移忠于孝："君子之事亲孝，故忠可移于君。"这样，家国和谐与前文所提到的孟子提出的"五伦"说所蕴含的人际和谐就紧密联系到一起了。

（四）天人和谐图式

中国先哲认为，天道与人道相通，人作为大自然的一部分也秉承了"天"的本性。包括人和其他一切事物在内的大自然的"天"是一个不可分割的整体，与此相关的论述很多，如"盈天地之间者唯万物"（《周易·序卦传》），"万物并育而不相害，道并行而不相悖，小德川流，大德敦化，此天地之所以为大也"（《中庸》），"乐者，天地之和也。礼者，天地之序也。和故百物皆化，序故群物皆别"（《乐记》）。理想的人生图式如《易传》中所说："与天地合其德，与日月合其明，与四时合其序，与鬼神合其吉凶，先天而天弗违，后天而奉天时。天且弗违，而况于人乎？况于鬼神乎？"这是说人要与天有相同的道德品行，以天与人互不违背为理想，天不违人，人不违天，主张天人合一，万物一体，各得其所，共生共荣。因此，尽管人应当发挥自己的主观能动性，"赞天地之化育"，但前提和归宿仍然是知性、知天。《周易》曰："乾道变化，各正性命，保和太和，乃利贞。"意思是说，天道的大化流行，万物各得其正，保持完满的和谐，万物就能顺利发展。另外，儒、释、道、兵、法诸家对于天人合一都有各自的思想与行为体现，这里不再赘述。可见，在这样一种和谐的宇宙人生图式里,中国传统文化认为,人与自然是和谐的,而人的本真状态和客观规律(道)也是和谐的。天人和谐图式涵蕴着丰富而深刻的生态学思想。从上述分析不难看出,中国古代智者眼中的和谐已经包含了现代人所讲的"生态"了。

第二节　中国文化传统中的和谐信念

前文已经论及,对和谐的不懈追求是中国文化传统的基本精神,这在几千年的历史时期中熏陶着中华民族的心灵,积淀在民族的心理之中,形成了中国人特有的和谐信念或和谐价值观。构成中国古代思想文化的主干是儒道释三家,这三家思想的核心价值观其实都可以归结为和谐。由于三家思想各有侧重,对和谐的价值认知和诉求方式亦有不同,对人们的心智模式影响也不同。学者们基本上认同这样的观点,"和谐一直是各家思想的核心观念……儒家占据主导地位,'和谐'就成了中国传统文化的最高价值原则……追求和谐的意识形态一直独占鳌头,倨居领导地位"[①]。这也如张立文教授所指出的:"和合是最佳化的文化方式的选择和最优化的价值导向。"可以说,和谐一直是中国文化传统中不懈的价值追求,这种和谐信念体现在如下几个方面。

一、对个体价值的尊重

从对和谐的文字学解读可知,在中国文化传统的起点上,就非常重视对个体价值的尊重,同时又重视群体功能的实现,二者不是对立和割裂的关系,而是以非常美好的状态,像音乐中的每个音符,每种声音互相依存,互为条件,共同实现或达成一种个体难以独自达到的目标与境界。如果站在人类文明的高度来看,这种"对个体价值的尊重"乃是和谐的最重要的意旨,也是我们要继承和发扬的基本文化精神。

孔子关于"君子和而不同,小人同而不和"(《论语·子路第十三》)的著名论断集中地体现了"和谐"的上述意旨。君子之间各抒己见,互相启发,取长补短,既不盲从附和,也讲究表达的方式,以示对别人的尊重,使一切都做到恰到好处("发而皆中节谓之和")。与此相反,小人盲从附和,不肯表达自己的不同意见,不能做到真正的和谐。李泽厚指出,"和而不同"与"君子群而不党""周而不化"等同义,即保持个体的特殊性和独立性才有社会和人际的和谐,要求君子在坚守

---

① 黄曬莉:《华人人际和谐与冲突:本土化的理论与研究》,重庆大学出版社2007年版,第15页。

自己道德原则的前提下与别人团结相处。①

目前,很多人对和谐有误解,认为和谐就是一致,就是对个体差异、个体价值以及主体性的抹杀。例如有一种影响很大的观点就是,"以和为贵"是为了达到集体的和谐而不惜牺牲"个体差异"和个人利益,造成"压缩型的人格",这种意识形态一向是中国文化的深层建构。② 也许,在经过长期的封建社会的扭曲之后,和谐本来所蕴含的精神和原则被淡化了,但是我们应该看到:一者,在中国文化源头中和谐所蕴含的对个体差异和个体价值的尊重精神是十分突出的。如,《尚书·秦誓》讲:"惟人,万物之灵。"《孝经》也讲:"天地之性,人为贵。"道家则讲:"道大,天大,地大,人亦大。域中有四大,而人居其一焉。"(《老子·二十五章》)佛家不但对人的生命极为珍惜,就是对动物乃至植物的生命都爱护有加。至于所谓的天命观,与上帝说也有本质不同,因为中国文化传统中的天,本质上是客观规律("天何言哉?四时行焉,百物生焉,天何言哉?""天不言,以行与事示之而已矣。"),而人当然是要服从客观规律的。

二者,即使到了封建社会的后期,中国社会和中国文化对于外来文化的包容也是不可忽视的事实。一个不容小觑的事实是,在世界上,唯有中国才使多种宗教和文化(如释、道、儒等)各得其是并皆得发展。在古代,中国文化融合了佛教,在近代和现代虽然历经激烈冲突,但也接受和融合了西学,并建立了以来自西方的马克思主义为主体框架的现代新文化模式。这一历史演化是与中华民族尊重个体价值、崇尚和谐的价值取向分不开的。顺应历史发展,融合百家之长,不断自强不息,也是中华文化传统不间断,持续到现代的原因。

三者,文革等特殊历史时期的种种牺牲个体的情形恰恰是对和谐精神的反动,某些短暂的局部的"同而不和"的历史现象并不是中国文化传统的主流。

所以,"尊重个体差异""成就个体价值"是中国文化传统的重要价值取向和基本精神。

二、对和谐规律的重视

对个体价值的尊重是建立在对事物发展的客观规律的正确认识和重视基础之上的。早在西周末年,周幽王的太史伯阳父(史伯)在议论周朝兴亡这一重大政治问题时,提出了"和实生物"的著名论断,他说:"和实生物,同则不继。以他平他谓之和,故能丰长而万物归之。若以同裨同,尽乃弃矣。"(《国语·郑语》)韦

① 李泽厚:《论语今读》,上海三联书店 2004 年版,第 369—370 页。
② 孙隆基:《中国文化的深层结构》,香港壹山图书 1983 年版。

昭《国语注》说："和实生物,同则不继"是指"和,谓可否相济。同,谓同欲"。在这里,"和"的基本含义是指各个不同的个体(包括对立面)相互配合、统一而达到的平衡状态。所谓"同"的基本含义是指只有某一面的自我同一。其后的晏子也论述过这一思想,他说:"若以水济水,谁能食之? 若琴瑟之专一,谁能听之?"(《左传·昭公二十年》)晏子将"和""同"观念运用于君臣关系,认为君臣之"和",则政治清平;君臣之"同",则政治衰落。他主张以和为本,求和弃同。道家关于"一阴一阳之谓道"的论断高度总结了上述的事物发展所必须遵循的客观规律,而"人法地,地法天,天法道"则集中表达了中国文化传统中对这种客观规律的推崇。

总之,文化传统主张在"不同"的多样化和谐中求稳定、求发展,断言单一性的"同"无助于事物的发展,只有多样化和谐才是事物生生不息、蓬勃发展的源泉。这是中国文化传统中和谐信念的内涵之一。

三、对和谐发展的不懈追求

中国文化传统中对和谐的价值认同和追求在各家学派中都有所体现,但集中体现在儒家所提出的"和为贵"(《论语·学而》)思想上,而且这一思想的影响深远而且广泛,构成了中国文化传统的基本精神诉求。《礼记·礼运》篇中关于"大同社会"的描述把"和为贵"提到了最高价值追求的高度:"大道之行也,天下为公,选贤与能,讲信修睦。故人不独亲其亲,不独子其子。使老有所终,壮有所用,幼有所长,鳏寡孤独废疾者皆有所养。男有分,女有归。货恶其弃于地也,不必藏于己;力恶其不出于身也,不必为己。是故谋闭而不兴,盗窃乱贼而不作,故外户而不闭,是谓大同。"这是中国人几千年来所憧憬的最和谐的人际与社会状态。与之相比等而下之的是"小康社会":"今大道既隐,天下为家。各亲其亲,各子其子,货力为己。大人世及以为礼,城郭沟池以为固,礼义以为纪,以正君臣,以笃父子,以睦兄弟,以和夫妇,以设制度,以立田里。以贤勇知,以功为己。固谋用是非,而兵由此起,禹、汤、文、武、成王、周公,由此其选也。此六君子者,未有不谨于礼者也,以著其义,以考其信,著有过,刑仁讲让,示民有常。如有不由此者,在执者去,众以为殃,是为小康。"(《礼记·礼运》)虽然,小康社会的"天下为家"不及"大同社会"的"天下为公",但小康社会也体现了儒家所强调的"礼之用,和为贵",即是用"礼"来调节,达到"和"的状态,才堪称"斯为美"。不论大同,还是小康,最关注的都是人伦关系的和谐与社会和谐。宋儒的"为天地立心,为生民立命,为往圣继绝学,为万世开太平",也是秉着这一思想而生发的终极抱负。

老子对和谐的追求与儒家有所不同。老子这样描绘："小国寡民，使有什伯之器而不用，使民重死而不远徙。虽有舟舆，无所乘之；虽有甲兵，无所陈之；使人复结绳而用之。甘其食，美其服，安其居，乐其俗。邻国相望，鸡犬之声相闻，民至老死不相往来。"（《老子》第八十章）老子"小国寡民"的社会理想与儒家不同的地方在于，其所向往的和谐与稳定的秩序是以顺应自然为根据的。在老子看来，现实社会与人生中存在的种种病态与冲突，都是源于人类的"有为"，"民之饥，以其上食税之多，是以饥；民之难治，以其上之'有为'，是以难治"（《老子》第七十五章）。因此，要想使社会和谐有序，就必须用"自然无为"来化解人类各种"有为"的欲望和举动。

中国禅宗的核心思想是心灵的觉悟，而觉悟必然体现为和谐。因此和谐的根本问题不是外在的，而是内在的，是对于人自身的佛性也就是自性的发现。《坛经》说："世人性净，犹如青天，惠如日，智如月，智惠常明。于外著境，妄念浮云盖覆，自性不能明。故遇善知识开法，吹却迷妄，内外明彻。"它描述了这样一个过程：首先人的本性是清净的，其次妄念遮蔽了人的本性，导致内心的不和谐，最后通过去蔽顿悟成佛。与禅宗主张稍有不同的是，净土宗强调通过现实的修行如持戒、摄心（如专念佛号等）、处众（如"六和敬"）等方式来追求来世圆满、和谐的境界。其实，中国佛家各宗各派都主张实行"六和敬"（即身和同住、口和无诤、意和同悦、戒和同修、见和同解、利和同均）（慧曼，2007）和四摄法（布施、爱语、利行和同事①）。由此可见，佛家不但强调人内心的和谐，还重视通过切实的行动达成现世的和谐。

在儒家、道家和佛家之外，中国文化传统中还存在诸多关于对和谐价值的认同，即使在中国近现代文化中也始终没有放弃对于和谐的价值追求这个基本的维度。这也引导着中华民族把和谐作为自己不懈追求的理想目标。

四、对伦理道德的推崇

"遵道贵德"原本是道家生命哲学的核心主张，如《老子》中讲："道生之，德蓄之，物形之，势成之。是以万物莫不遵道而贵德。道之尊，德之贵，夫莫之命而常自然。"这在儒家则成了修身与管理的道德本位或伦理本位主义了。儒家经典的《大学》开篇即强调"大学之道，在明明德，在亲民，在止于至善。"《中庸》中说："君

---

① 布施是通过奉献而使社会贫富得到适当的调节；爱语是用和悦的态度与人谈话；利行是对团体公益的谋求和促进，是为社会服务；同事是将自己融入他所处的社会，将自己变成社会所公有的人，随着社会的需要而改变自己，变成社会所需要的一个人。

子尊德性而道问学,致广大而尽精微,极高明而道中庸,温故而知新,敦厚以崇礼。"孟子更是把道德置于人的生命之上:"生亦我所欲也,义亦我所欲也;二者不可得兼,舍生而取义也。"(《孟子·告子章句上》)儒家把"道德"作为人生的核心,也是全部认识活动的总前提。中国传统的人生取向模式,第一是立德,其次是立功,再次是立言。人生如此,治国安邦也同样。孔子的主张影响深远:"为政以德,譬如北辰居其所而众星共之。""道之以政,齐之以刑,民免而无耻;道之以德,齐之以礼,有耻且格。"(《论语·为政》)这都表明道德取向指导着整个社会的运作。

基于此,中国文化传统中把道德教育放到首位。《大学》:"自天子以至庶人,壹是皆以修身为本。""建国君民,教学为先。"(《礼记·学记》)此处的教学指的是德育。孟子主张:"善政不如善教之得民也。善政民畏之,善教民爱之;善政得民财,善教得民心。"(《孟子·尽心上》)"设为庠序学校以教之……皆所以明人伦也。"(《孟子·滕文公上》)这种德育和西方先哲亚里士多德所称教育的最高目标是培养人的理智的说法有明显的不同。但是,这种德育有着明显的和谐价值取向。

中国社会重和谐,也重伦理道德,二者之间存在着内在的关系:中国传统伦理道德乃是实现和谐的基本途径。中国文化传统中,虽然也有法制,但"维系和谐统一的纽带主要是伦理",进而认为"中国文化传统在本质上是一种一元—和谐—伦理的结构体系"。[①]

第三节　中国文化传统中的和谐思维方式

近几年来,和谐思维成为学术界关注的热点之一。[②] 一般认为,和谐思维方式是在中国传统文化中起主宰作用的基本思维方式,是中国和谐文化的内核,[③]也是"奠基于中国古代深厚传统之上的一种独具特色的辩证思维"[④]。所谓和谐思维方式,是指从和谐的视域出发,以和谐为基本原则和价值取向,强调统一性、均衡性、协调性、有序性、互补性在事物发展中的作用,以追求事物和谐发展为目

---

①　吴云:《关于文化传统、文化变迁及文化建设的思考》,《社会科学战线》1997年第3期,第102—108页。

②　左亚文:《论和谐思维、矛盾思维与辩证思维的关系》,《哲学研究》2009年第5期,第36—42页。

③　封来贵:《略论儒家文化中的和谐思维》,《武汉科技大学学报(社会科学版)》2010年第1期,第27—30页。

④　左亚文:《论和谐思维、矛盾思维与辩证思维的关系》,《哲学研究》2009年第5期,第36—42页。

的的思维方式。① 根据中华文化经典思想和当今学者的相关研究,和谐思维方式体现出以下特征。

一、以"道"为思维的起点和依据

老子在《道德经》中指出:"道生一,一生二,二生三,三生万物。万物负阴而抱阳,冲气以为和。"这句话把思维的原点指向了"道"。"道"是各家思想所围绕着的一个共同的内核,它在中华文化中的地位最为突出,是中华文化的"全息基因"。② 金岳霖曾说:"每一文化区有它底中坚思想,每一中坚思想有它最崇高的概念,最基本的原动力。……中国思想中最崇高的概念似乎是道。所谓行道、修道、得道,都是以道为最终的目标。"③ 南怀瑾也指出:"在秦汉以前,现在所谓的'道家'与孔孟之学的所谓'儒家',原本没有分开的,统统是一个'道'字,而这一个'道'字,代表了中国的宗教观,也代表了中国的哲学——包括人生哲学、政治哲学、军事哲学、经济哲学,乃至一切种种哲学,都涵在此一'道'字中。""道"字在约两万字的《论语》中出现了 72 次,在约五千字的《老子》中出现了 73 次。老子认为"道"是宇宙万物的根源,万物因"道"而成自然本性之"德",德根从于道。儒家以"人"为本位,重视人的生命意义与价值,④ 也重视道,"君子务本,本立而道生"(《论语·学而》),"朝闻道夕死可也"。可以说,道成为了中华民族思想文化的核心,成为了社会各个阶层内心追求的最高境界,也成了中国文化传统中思维的起点和依据。

道有着显著的"文明"与"和谐"的特征。无论是《易经》中的"保合太和",道家的"天之道利而不害",还是儒家思想的"仁义礼智信",乃至兵家的"不战而屈人之兵",都展示了传统文化中"道"的文明性与和谐特征。⑤ 道是包容的、和谐的系统。道的抽象体系可表示为"阴阳互动,阴阳互根,阴阳一体"的和谐运转体系。老子的"水善利万物而不争,处众人之所恶,故几于道",儒家的"道不远人""己所不欲勿施于人",佛学的"众生皆有佛性",兵家的"全胜"思想,等等,都是在不同角度和领域内应用"道"来思维而形成的和谐、博大的体系。

中道思维是中国文化中的核心思维方式。孔子认为,在认识上不懂得"道"

① 这个界定综合了韩美群(2007)、左亚文(2009)、王荣发(2010)等学者的观点。
② 司马云杰:《绵延论——关于中国文化绵延之理的研究》,陕西人民出版社 2003 年版。
③ 金岳霖:《中国现代学术经典·金岳霖卷·论道》,河北教育出版社 1996 年版。
④ 李家珉:《儒道佛人生论异同及现实意义》,《上海电力学院学报》2004 年第 3 期,第 52 页。
⑤ 齐善鸿、曹振杰:《道本管理论:中西方管理哲学融合的视角》,《管理学报》2009 年第 10 期,第 1179—1184 页。

的适用范围和时空限度，在行动上就会出现"过"与"不及"，左右摇摆。因此，关键是要懂得道的度量界线，才能"执其两端而用中"（《中庸》第六章）。如何把握道的这种"度量"界线呢？孔子提出了"扣其两端而竭焉"的研讨方法。所谓"扣其两端"，就是将问题的正反两个方面反复推敲、比较，以把握其本质，认清两个极端的界线，这样才能真正做到"执两用中"。孔子谈到的"勇敢""直率"就有个"度量"界线的问题。以勇敢为例，如果在一端"过"了勇敢的度量线，就成了鲁莽；如果在另一端"不及"勇敢的度量线，就是懦弱。

中道既是佛家的根本立场，也是其基本思维方式。在古印度各宗派中，有执着于世间欲乐的快乐派，也有以极端自虐的修行法为解脱之道的苦行派。释迦牟尼则主张修八正道以远离"边邪"："有二边行，诸为道者所不当学，（中略）舍此二边，有取中道，成眼成智、成就于定而得自在，趣智、趣觉、趣于涅槃，谓八正道。"（《中阿含经》卷五十六）佛灭度后六百年间，印度有龙树菩萨弘扬中道的般若教义，他讲道："不生亦不灭，不断亦不常，不一亦不异，不来亦不去。能说是因缘，善灭诸戏论，我稽首礼佛，诸说中第一。"（《中论》中的首段皈敬颂）这与"不著空、不执有"的"不二法门"一样，都体现的是中道思维。脱离了这种思维，就会发生偏执和障碍。佛家推崇和谐人生与和谐社会的主张也是其中道思维的产物。

二、以系统辩证为基本思维方法

中国和谐思维既蕴含对立和谐，又包容系统和谐，是对立和谐与系统和谐的统一。"和"是多样性的统一和异质要素的有机结合，它与"专同""均同"是相对立的。差异和对立是和谐赖以存在的基础和前提，没有差异和对立，就没有和谐。"以他平他谓之和，故能丰长而物归之。"（《国语·郑语》）万物皆然，无物不然。观天下之物，无物不是一两、一多的和合统一。孤阴不生，独阳不长，"若以同裨同，尽乃弃矣"（同上）。诚然，异质要素的和合不是无原则的"混合"，亦不是强制性的"专同"，而是差异和对立要素通过相克而相生、互补而互济。对立与调和作为事物内部的两种基本力量，都必须为事物的和谐发展服务。据此，反映事物本质规律的和谐思维要求我们在分析和处理问题时，必须以宽容、宽广的胸襟主动接纳与己相异乃至对立的要素，摒弃独断式思维，自觉地在差异中把握和谐，在和谐中把握差异，运用正确的方法化解矛盾、整合力量，从而推动事物和谐发展。

系统辩证思维方法集中地体现在"反成思维方式"上。《老子》曰："反者道之动。""将欲取之，必先与之"。相反相成，对立统一，这是道家和辩证法的基本主张。反成思维的重要特点是，看到事物的反面、对立面的存在和作用，并通过反面（对立面）以达到肯定正面的作用（如"无为而无不为"的命题即是如此），如"以反求正""先舍后得"，具体的表现包括：以退为进，反败为胜；以柔为刚，以屈为伸；以废为兴，以愚为智；以辱为荣，以讷为辩；无为则无不为。这种思维包括三层含义：

其一，肯定的东西要以否定的东西（即自己的对立面）为基础、为根本、为开端，从而才能成就其自己。如高、贵、多，要以下、贱、少为其基础，为其根本。如《老子》说："故贵以贱为本，高以下为基。"（《道德经》第三十九章）"九层之台，起于垒土；千里之行，始于足下。"（《道德经》第六十四章）"曲则全，枉则直，洼则盈，敝则新，少则得，多则惑。"（《道德经》第二十二章）"重为轻根，静为躁君。"（《道德经》第二十六章）这即是说，贵的、高的、大的、盈的、多的、新的等，皆要以它的对立面贱的、下的、小的、洼的、少的敝的等，为自己存在的基础或根本或开端。这是说，肯定的东西要以自己的对立面作为自己的基础和根本。或者说，肯定的东西是在自己对立面的基础上存在和发展的。

其二，肯定的东西要依赖于否定的东西，才能发挥自己的作用。老子说："三十辐共一毂，当其无，有车之用。埏埴以为器，当其无，有器之用。凿户牖以为室，当其无，有室之用。故有之以为利，无之以为用。"（《道德经》第十一章）人们一般只会看到实体"有"的作用（"有之以为利"），而往往很少去考虑"有"之所以能发挥作用还得依靠"无"才能起作用的情况。在此，如果不懂得辩证（以否定达到肯定）的原理，是很难把握到这一点的。

其三，对立面的转化。老子讲："反者，道之动"。事物向自己的相反方面的转化是"道"运动的结果。不仅"道"的运动是这样，万物亦然，皆存在着向对立面转化的法则。《老子》说："祸兮福之所倚，福兮祸之所伏。孰知其极，共无正，正复为奇，善复为妖。"（《道德经》第五十八章）祸福是可转化的，正可转化为奇，善可转化为妖，可见，向对立面转化是事物运动的普遍法则。为此，老子主张人们应当利用这一原则达到自己的目的。老子说："将欲歙之，必固张之；将欲弱之，必固强之；将欲废之，必固兴之；将欲夺之，必固与之。是谓微明，柔弱胜刚强。"（《道德经》第三十六章）天之道损有余而补不足。

这种思维方式被许抗生概括为辩证否定式思维[①]，而我们认为将其命名为反成思维更为恰当。如果将"反"比为劣势，处于弱势，向外给予，将"正"比为胜势、优势、获取的话，那么，反成思维的学理为：处于劣势、弱势状态，向外给予，就

---

① 许抗生：《谈谈老子的辩证否定式思维方法》，载《自然·和谐·发展：老子文化研讨会论文集》，2006 年 3 月，第 9 页。

会弱化以至于消除对方以及环境的敌意和戒备,不仅如此,还会激发各方的反哺,那么自己就成为吸收能量的洼地或者黑洞,自己的力量就会不断地积聚,只要方法对头,不懈努力,就可以反败为胜。

反成思维也是"价值化思维",即对于所遇一切都能够看到其正面功能和价值。用这种思维去处理各种管理,其结果必然是和谐。

三、对冲突与差异的包容与化解

从中国文化传统的基本思维方式来看,中国文化强调从事物的对立统一关系中把握自身和客体,达到和谐。中国传统文化重视建构整体宇宙图式,但它不是一个囫囵的无差别的整体,这一整体是以内部各要素之间的差别对立与统一为前提的。阴阳互生与消长、五行相生与相克就体现了事物之间的差别、对立与转化的和谐状态。《老子》思想中,无对不成物,大小、前后、高下、智愚、刚柔、有无、阴阳、雌雄、贵贱、吉凶、善恶、苦乐、古今等等,皆是相反相对而存在的,这是事物存在与发展的根本规律。《老子》认为,事物矛盾的双方处在对立统一之中,"有无相生,难易相成,长短相形,高下相倾",对立的事物具有互相联系和转化的同一性。这种"相反相成"观念是典型的辩证思维,也是典型和谐思维。其他思想家,除了孔子之外,韩非的"矛盾",刘禹锡的"天人交相胜",邵雍的"一分为二",张载的"一物两体",王夫之的"分一为二""合二为一",无不是这种思维方式的结晶。他们以阴阳五行、一两、动静、分合、常变等范畴来把握宇宙人生,把宇宙人生看作矛盾的有机整体,有机整体内部各个部分各个要素之间相互联系、相互作用,并在一定条件下相互转化,这就是中国传统思维的基本内涵。这是由中国人对道的本质认识所决定的。中国古代哲学家认为道的基本特征是"反者道之动""物极必反""否极泰来",用现代语言就是对立统一、否定之否定。由于中国古代哲学家非常早地、非常深刻地认识到道的这种特征,就必然发展出辩证思维这种比较高级的思维方式。尽管中国辩证思维与当前西方所谓的辩证法也有不同之处,但是这种从对立统一中去认识对象的思维正是辩证思维的根本特征。①

正是这种辩证思维,很好地处理了和谐与冲突、差异、矛盾的关系,并且把冲突、差异和矛盾这些在西方文化中与和谐相对立的概念纳入到和谐之中。

太极图充分体现了中国文化传统对和谐与冲突的辩证认识。二者的关系就

---

① 边凤花:《论中国古代的辩证思维及其基本特征》,《时代文学(理论学术版)》2007 年第 5 期,第 188—190 页。

是阴与阳的关系，虽然"没有冲突，就无所谓和谐"，但是中国文化传统着眼点在和谐，在方法论上强调以和谐来化解冲突与危机。二者之间的界限不是一条直线，而是曲线。曲线表示动态变化，也表示界限的模糊性。参见图5-2。

这种卓越的思想直到19世纪末齐美尔等西方思想家才有所论及，并在20世纪60年代之后进入主流冲突理论的视野，而这些思想一直作为中国传统思维而长远、广泛地存在着。因而，不能不说这是中国文化的伟大之处。从这个角度上说中华民族自古以来就是一个爱好和平、崇尚和谐的民族是毫不为过的。

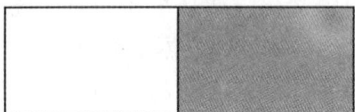

图(1)　和谐与冲突的对立　　　　图(2)　和谐与冲突的消长

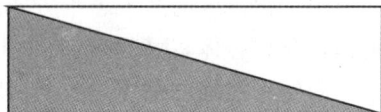

图(3)　和谐与冲突的辩证关系：消长、依存、互生、互容、互含

图5-2　和谐与冲突的关系

资料来源：本研究整理。

四、以通权达变为思维的基本特征

中国文化传统重视做人做事的操守和对信念的坚持。所谓"富贵不能淫，贫贱不能移，威武不能屈"（《孟子·滕文公下》），"三军可以夺帅，匹夫不可夺志"（《论语·子罕》）的"大丈夫"人格与精神，两千五百多年来不知激励了多少中华儿女堂堂正正挺立在人世间，度过了无数的顺逆境遇，也成了中华民族威武不屈的民族精神之一。然而，传统文化的智慧同时体现在，坚持操守的同时也要讲求方法的变通。或者说，对信念与目的的坚持和对具体方式方法的权变处理乃是文化传统的精髓所在，二者不可偏执。

世间万物都是在不断变化的，因此，必须根据环境的变化作出相应的决策。《易经》已经阐释出这个意义重大的道理。《易经》专取变易之义，八卦各个卦象之间都有着千丝万缕的联系,而对这些联系的体察是权衡利弊的前提。只有权衡利弊,才能处理好各方面的关系;也只有处理好各方面的关系,才能得到发展的机会;也只有适应了这个变易的世道,才能达到"与天地合"的境界。必须明确,"权衡利弊"并非是无原则的功利取向,而是带着对信念和道义的终极坚守来讲求更符合现实的方式方法。孔子教导他的弟子:"可以同他一道学习的人,未必可以同他一道获得真知;可以同他一道获得真知的人,未必可以同他一道坚持真理而不轻言放弃;可以同他一道坚持真理的人,未必可以同他一道通权达变。"①孔子本人就是这样践行的。就如他的弟子所说的,孔子早已杜绝了所谓主观臆测、绝对肯定、固执己见以及唯我独是这些到现在人们也很难摆脱的不良品质。② 坚持自己的理想并没有错,但是在人与事的复杂性和环境的多变性面前,应该讲求实现理想的方法,要做全面的权衡,根据时间、条件的变化而灵活处理,以求做到既守中庸之道,不执一端,又恰到好处。人们对"中庸之道"颇多误解,其实,中庸之道绝不是没有立场的妥协,它恰恰主张随着时间、地点和具体条件的变化,在运动变化中把握矛盾,处理问题,这其实是中国文化传统的理想境界,将道德和行为达到有机的统一,行事不温不火,恰到好处,也是历代人们追求的一种处世典范。

当然偏执地理解和固守中庸,也是有问题的。春秋战国时期,杨朱主张极端的个人主义"为我",墨子主张兼爱,莫子主张"执中"。杨朱和墨子是两个极端,莫子虽然执中,但他不懂通权达变,不能根据时间、地点、条件的不同,分别轻重缓急,采取适当的方法,结果偏执一端,就"举一而废多"了。孟子评价他说:"子莫执中。执中为近之,执中无权,犹执一也,所恶执一者,为其贼道也,举一而废百也。"(《孟子·尽心上》)僵化的中庸即为"贼道",也没有真正理解中庸的本意。

这种文化传统在毛泽东、周恩来等中国共产党领导人那里得到了充分的继承和发扬。"原则性与灵活性相结合"是中国共产党进行政治斗争和其他工作的正确策略和方法。周恩来是运用这一方法的典范。在无数局势险恶、复杂多变的环境中,周恩来审时度势,通权达变,适时调整斗争策略,根据不同情况,用各种方式应付和处理各种错综复杂的问题,取得了一个又一个胜利。熟悉周恩来的王炳南大使说:"他坚持原则,从没有丝毫的动摇,却又讲究灵活性,有理、有利、有节。"③

---

① 语出《论语·子罕》:"可与共学,未可与适道;可与适道,未可与立;可与立,未可与权。"
② 语出《论语·子罕篇第九》:"子绝四:毋意,毋必,毋固,毋我。"
③ 转引自:孙进:《周恩来的决策思想与实践研究》,南京师范大学 2005 年硕士学位论文,第 31 页。

第四节　中国文化传统中的和谐行为方式

在中国文化传统中，儒家的"仁爱"、道家的"慈"、佛家的"慈悲"以及墨家的"兼爱"等语言表述大同小异，而其基本精神也是基本相同的，这就是利他性，也是和谐行为方式的核心特征和原则。

利他精神和利他行为一直受到中国文化传统的提倡。利他取向成为中国人人际和谐的基础。直接推崇并体现这一取向的是儒家。"仁"是儒学的核心，是自古以来中国人共同尊奉的道德信念。"仁"的本义就是友爱、互助、同情，即爱人、利人。"仁"的基本含义有：一是家族成员间的亲善互助关系。"孝悌也者，其为仁之本与。"孔子认为这是"仁"的出发点，因为一个连父母兄弟都不爱的人是不可能爱其他人的。二是"泛爱众""仁者爱人""仁者无不爱"，要用对待家庭成员间的友善态度来对待一切人。三是"父慈君仁"，表现在统治者身上就是要有爱民之心，实施仁政和德政，为老百姓谋利益，与民同忧，与民同乐，"乐以天下，忧以天下"，把百姓的利益与痛苦放在心中，百姓所要求的，设法满足他们；不想要的，不要强制他们接受，就如孟子所讲，"得其心有道：所欲与之聚之，所恶勿施尔也"（《孟子·离娄上》）。这些对人们友善、慈爱，设身处地为他人着想的基本立场，尽管有其管理的目的，但经过无数人的身体力行，已经成为中国人基本的行为价值原则或价值取向。

据《孟子·梁惠王》记载，孟子曾经告诫统治者："推恩足以保四海，不推恩无以保妻子。""推恩"就是更多地惠及他人。孟子认为，只要帝王"推恩"，使国家形成"老吾老以及人之老，幼吾幼以及人之幼"的社会风气，则"天下可运于掌"。相反，如果"上下交征利"，即从上到下，人人贪图"利己"，争名逐利，那就不仅"后必有灾"，并且"而国危矣"。儒家正是通过强调仁爱互助，再把这种行为对象由亲人推及到整个社会，由家庭推及到国家，来获得社会的稳定和谐。所以儒家理想中的和谐社会不但在微观层面上父慈子孝、夫唱妻随、兄友弟恭，而且在社会上人与人之间、各个阶层与阶层之间皆相亲相爱、有礼有节。

道家也把利他作为基本的行为取向。老子对"利他—利己"的关系从哲学的高度和深度予以阐述，而且显然比儒家、墨家等各派高明。他认为：不想"利己"方能"利己"，欲"利己"必须先"利他"；"利己"与"利他"并不是对立割裂的，而是统一互容的。《老子》第七章指出："天地之所以能长且久者，以其不自生也，故能长生。是以圣人退其身而身先，外其身而身存。不以其无私邪？故能成其私。"这些论述阐明了"不利己才是最好的利己，利他才能利己"的辩证法。在这个基础上,《老子》第八章阐述了以"利他"为出发点的交际原则:"上善若水。水善利万物而不争,处众人之所恶,故几于道。居善地,心善渊,与善仁,言善信,政善治,事善能,动善时。夫唯不争,故无尤。"其中"善利万物而不争"与"全心全意为人民服务"有着异曲同工之意旨。而且,通过这种利他而得到人们的拥戴,达致事功,但功成而弗居,功成而身退,再次把成功让给别人。这种利他并不是违拗人的本性,而是顺从人心规律和自然规律,同于大道的自然人格的外化,人在利他之中得到了升华。这里,老子深邃地洞察到"利己"和"利他"是生命与社会和谐存在的两个最要紧的前提。因而《老子》以强调"利他精神"而总结全篇:"圣人无积。既以为人,己愈有;既以与人,己愈多。故天之道,利而不害;人之道,为而弗争。"(《老子》第八十一章)

"慈悲利他"是中国佛教的基本精神和行为取向。在大乘佛教看来,慈悲也就是利他,即如《大智度论》云:"大慈与一切众生乐,大悲拔一切众生苦。大慈以喜乐因缘与众生,大悲以离苦因缘与众生。……大慈大悲名为一切佛法之根本。"佛教常讲的"无缘大慈,同体大悲",就是对与自己无缘的人也要帮助,不分亲疏,无条件地帮助他人;自己与众生是一体的,众生的痛苦就是自己的痛苦。"四无量心"是大乘佛教积极倡导的为使众生离苦得乐所应具有之四种精神和情怀:一是慈无量心,指以无量慈爱之心化度无量众生,令众生得到欢乐;二是悲无量心,指以无量悲愍之心救助无量众生,令众生脱离苦难;三是喜无量心,为无量众生能离苦得乐,而内心充满无量喜悦;四是舍无量心,指能以平等之心舍一切而普度一切众生。佛教的慈悲观不仅包括要对自己之外的他人慈悲,而且也包括对一切有生命之物慈悲。这种慈悲利他通过一系列的戒律仪轨(五戒、十善、四摄、六度等)而被佛教徒落实到日常生活之中。佛教的慈悲利他思想有助于打破以自我为中心的狭隘心态,消除对自我的执着及对所有的人事物的贪欲,有助于帮助人们净化心灵,恢复人之为人的本真状态,养成高尚的人格,提升道德修养境界,实现心灵世界的和谐。人自身的心理和谐了,自然也能外化于人际、社会和自然,实现人与人的和谐、人与社会的和谐乃至于国家与国家间的和谐。

总之,在中国文化传统的长河之中,儒、道、释等各家思想在"利他"取向上不仅没有本质差异,相反竟是出乎意料的一致。经过了两千多年的传承,我们不能否认"利他"精神已经积淀在中华民族精神的底层,已经变为一种自律性的集体无意识,成为不言而喻和共同遵守的"游戏规则"。换言之,也成为全民族共享的心智模式的重要组成部分。

下面对本章的研究内容进行总结与讨论。

在中国情境下研究和谐心智模式，必然要首先探究它的本土文化因素。但是中国本土文化是非常丰富和复杂的。近 100 多年来，人们对中国传统文化和文化传统作了大量的反思与批判，本章对此并未作深入分析和过多引用，因为我们是从管理的视角来研究其中的和谐心智问题。

通过以上分析可知，本章所讨论的内容与和谐心智模式研究有着密切的联系。我们看到，中国传统文化和传统哲学为和谐心智模式研究提供了极为丰富的营养和深刻的启示，但是在研究方法方面，却没有为本书的实证研究（现代管理学主流研究方法）提供很多借鉴。当然，我们决不能在研究方法上去苛求诸先贤，因为，毕竟中国与西方有着不同的文化传统和思维方式。本研究要进一步做的就是用现代主流研究方法来进一步研究中国文化传统对管理的影响。就像瑞士著名心理学家荣格（Carl Gustav Jung）在对东西方文化进行了比较研究之后所指出的，"我们对于认识不清的事物，很容易低估它们的价值"，而"若要彻底理解某一事物，还必须借用欧洲的方式才行"。荣格所讲的欧洲的方式指的是主流科学研究方法。他接着又论及东方文化认知方式与西方科学认知方式的区别，"人有时凭借心情理解的成分越多，等到要找出足以与有待理解的内容配合，并能加以适切表现出来的理智的形式时，才发现困难重重。相反的，也有专凭头脑理解事物的，科学思考的方式最能凸显此点，在这种情况下，通常无视心情的存在"。其实，东西方认知（研究）方式的差别已经得到学界的普遍认同。那么，在对具有中国文化特色的和谐心智模式的研究中，比较全面而妥当的研究方法，就像荣格所主张的，"对我们而言，先采取第一种重心情的方式，再采取第二种重理智的方式"①。

本章基本上采用中国传统的思辨方法对和谐心智模式进行了探讨，接下来就要采用管理学主流研究方法加以研究了。这样，通过多角度、多方法的研究，会对和谐心智模式有更加清晰而全面的认识。

① 上述引文参见荣格，梁凤雁编译：《荣格谈心灵之路》，中国工人出版社 2009 年版，第 269 页。

06 企业员工和谐心智模式结构的扎根理论研究

通过前文对心智模式研究文献的回顾和对中国文化传统下和谐意旨与和谐精神的发掘，可以分析出文化传统的和谐认知图式的要素框架，而这一认知图式与和谐心智模式有着本质上的一致性。但是，这些要素是否仍然存在于当今的中国企业，或者还存在哪些这类文化要素，这是值得进一步探索的问题。特别是在中国大陆，经过了"五四"新文化运动、"打倒孔家店"、批孔运动、"文化大革命"等一系列重大历史事件之后，在许多学者认为大陆已经存在文化断层现象[①]的今天，企业（尤其是酒店餐饮企业）员工的心智模式之中，那些基于文化传统的和谐认知图式要素到底处于什么状态，这是需要进行实际探查的重要课题。

为了明确当今中国大陆企业员工和谐心智模式的具体内容和要素结构，本研究以酒店餐饮企业为例，进行了现场研究，采用以扎根理论为主的方法进行数据处理和理论建构。

第一节　扎根理论方法应用设计

一、应用扎根理论方法的目的

扎根理论研究方法首先由 Glasor 和 strauss 于 1967 年提出，该方法论提出后随即在社会学等研究领域产生了极大的影响，其基本原则也成为质化研究的一般指导性原则，得到了越来越广泛的应用。扎根

---

① 关于"中国传统文化断层"的讨论一直是近 40 年来中外学者们关注的话题。本书对此不加详细介绍，可参见：申小龙：《文化断层与中国现代语言学之变迁》，《复旦学报（社会科学版）》1987 年第 3 期，第 45—52 页；《中国传统文化断层》（http://lishi.cnxi.gov.cn/）。

理论研究方法是一种探索现象的归纳性研究，而非逻辑演绎性研究，它使用一套系统性应用的方法去形成一个关于某一实质领域的归纳性理论，其目的是帮助研究者"由资料中发现理论"，而非"验证既存理论"。① 扎根理论对于成熟的研究领域不能产生新的理论概念和模式，因为这些理论领域通常已经饱和了，但它对于我们所在的这个复杂社会某种过程或层面中理论的可能缺失能够进行更好的理论的、概念化的说明。和谐心智模式就其已有研究——心智模式——来说是个成熟的研究领域，但是仍然有很多亟待进一步认识的问题，而扎根理论可以对和谐文化中企业员工心智模式的要素与结构作出更好的概念说明。

与实证研究通常选取那些导向明确、内涵精确的研究问题不同，扎根理论通常选取那些研究者十分想探讨的，学术界尚存争议的，不成熟、不精确的，也是很有意义的问题。和谐文化中员工心智模式正是这样的不精确、不成熟而又有意义和价值的科学问题，适合采用扎根理论的方法进行质化研究，以归纳出概念化的理论，进而为下一步的实证研究提供明确的导向和基础。

二、设计与方法

本部分研究思路参考了黄曬莉（2007）、魏钧（2008）、徐建平（2009）等学者基于扎根理论的个案研究。② 他们对采集的个案数据主要运用扎根理论进行分析，进而提炼、概括出某个理论命题。

我们首先选取目标个案，进行一定深度与广度的资料收集，建立扎根理论研究的扎根资料与案例研究数据库。为了对个案进行深入研究和多案例比较研究，本研究选取了 A、B、C、D、E 五家公司为研究对象，以 A 公司为主，用近一年的时间收集到了大量的实地观察与访谈资料，保证了数据的正确性与完整性。经过对上述资料的整理，形成编码摘记。然后进入编码程序。按照扎根理论的数据分析程序要求，经过开放性编码、主轴编码和选择性编码的三重编码程序，同时对每一层编码过程中所建立的典范模型进行资料验证，通过发展证据链，进行三角鉴定，从而得出扎根于资料的理论，即识别出和谐心智模式的要素与结构。

扎根理论的研究设计不仅要考虑研究问题的选取与表述、研究对象的选择

---

① Parry K. W. ,"Grounded theory and soeial Proeess：A new direetion for leadership research," The Leadership Quarterly, Vol. 9,No. 1,1998, pp. 85－105.

② 限于篇幅,具体内容不赘述,可分别参见：黄曬莉：《华人人际和谐与冲突：本土化的理论与研究》,重庆大学出版社 2007 年版；魏钧：《组织契合与认同研究：中国传统文化对现代化的影响》,北京大学出版社 2008 年版；徐建平：《组织惯例的演化机制与效能研究》,浙江大学 2009 年管理学博士学位论文。

以及如何进入现场等问题,还要考虑研究者的个人因素以及环境等因素对研究的影响。这一研究设计仅仅是个初步设想,具体研究要根据实际情况随时调整与改进自己的研究设计。

三、样本选择策略

在如何选择研究对象上,与通常采取随机抽样方法的实证研究不同,扎根理论选取研究对象一般采取目的性抽样的方式,即按照研究的目的抽取能够为所研究的问题提供最大信息量的研究对象。研究样本所得到的发现并不能推论到总体中,研究者不太在意研究结果的推广问题。[①] 与已往追求大样本的实证研究不同,扎根理论为了能够对研究对象有比较深入细致的理解,所选取的研究对象的数目一般比较少。虽然扎根理论研究对象的选取在理论上是按照目的性抽样原则选取有最丰富信息的研究对象,但是"最丰富信息者"是一个不确定的标准,在实际操作过程中很难把握。因此,在扎根理论研究过程中,不仅要把研究的目的看作是一个形成过程中的产物,还要把研究对象的选取看作是一个动态的变化过程,在研究过程中不断地调整自己的研究目的,选取更加合适的研究对象。基于此,本研究将扎根理论的信息获取分成两个阶段,首先选取一家典型企业进行深入细致的现场调查,运用现场观察、深入访谈的方式获取信息;然后根据现场研究所获得的信息与分析结果,重新设计信息获取方法与访谈提纲,再选取四家典型企业,以开放性访谈为主来获取信息。

扎根理论要求研究者在进入现场之前要尽量联系对现场情况比较熟悉、态度比较明确、乐于助人的"局内人",从局内人那里了解研究现场,获得一些有关研究问题的文化主位的观点与信息。为此,2009 年 3—8 月,本书作者在苏南一家餐饮酒店集团公司进行了现场调研。由于这家企业总裁为人低调,不愿在本书中公开名字,这里用"A 公司"来指称。本书作者经自己的博士生导师介绍,获得了 A 公司总裁 W 先生的信任。经 W 先生的引荐,又到南京另一家公司进行了先后共达 50 天的现场调研。在以上调研基础上,我们还先后对位于江苏、河北、天津的三家企业进行了短期调研,访谈对象达 50 人。

本书选择 A 公司作为主要研究对象,主要原因如下:

1.该公司具有典型的中国企业特色。该公司自 1998 年成立至今,一直是典型的民营企业,并且以餐饮为主,也有酒店和运动场馆等服务业务。创始人 W 先生一直担任公司最高领导,但是由于没有经历过高学历教育,一直在摸索中前

---

① 赛卡瑞克著,祝道松等译:《企业研究方法》,清华大学出版社 2005 年版,第 203 页。

进,使用中国人特有的思维方式进行管理。公司从一个小饭店发展成餐饮集团,集聚了 2500 余名员工,在附近地区成为餐饮业第一品牌,并且位于苏南这个经济比较发达、信息集散特征明显的地方,是中国当代餐饮与酒店企业经营的一个典型。而且,近五年来,W 先生一直在学习国学管理课程(非学历教育),并努力将传统文化的管理思想运用于该企业之中,这使该企业的中国文化特色更加明显。

2. 该公司在运营和管理上具有和谐的特征。该公司的员工来自全国各地,但大多数员工在该公司工作多年,这在餐饮酒店企业是不多见的。也许,公司内部的管理规范和"科学"化程度并不高,但是却很和谐。虽然地处苏南,但企业同时经营苏菜(本帮菜)、川菜和特色龙虾三大类的菜品,团结了三大帮派的厨师和研发人员①,经营得十分成功,这也是很难做到的。企业的和谐氛围与各级管理者、员工的和谐心智模式构建是密切相关的。

3. 该公司成长过程与经验具有较高的普遍性。企业实际运营会经历诸多的挫折与失败,和谐色彩明显的企业也不例外。因为酒店餐饮企业人员流动性较高,会经常面临人员流失和人际冲突等问题。在本案例中,A 公司在其发展中有一败涂地甚至濒临破产的境遇,也有十分卓越的业绩,其成长过程可谓一波三折,最终成长为和谐特色比较明显、运营比较稳健的成熟餐饮酒店集团。选择这样的个案对于从本土化视角研究员工和谐心智模式问题更具有普遍和一般的意义。这也是本书选其作为案例研究对象的主要原因。

4. 数据采集较具完整性与准确性。我们已与该公司建立了联系,并进行了实地参观、考察、访谈,可以获得大量的一手资料。同时,该公司的顾客遍及周边地区,我们能很方便地从顾客处得到很多信息。再者,该公司与多家企事业单位有合作关系,我们能通过像商会、大学、供应商等合作伙伴间接获得大量的公开资料。多重证据来源的建立,将确保数据的正确性与完整性。

之所以还对另外四个企业进行调研,是出于不同管理风格的企业个案多重验证的研究需要。A 公司进行了四年多的传统文化的学习与落实,在和谐管理上取得了比较大的经验与成效。但是这可能在企业群体中并不具有代表性。因此需要其他企业样本的多重比较和证实。

四、数据收集

在 A 公司,本书作者主要通过访谈法与观察法来收集资料。访谈法是一种

---

① 我国餐饮业在烹调技术传承上仍然有很突出的师徒帮派特色。

研究性的交谈,是研究者通过口头谈话的方式,从研究对象那里获取第一手资料的一种研究方法。通过访谈法可以达到以下目的:首先,通过访谈才得以理解人们的信念、动机、判断、价值、态度和情绪;[①]其次,研究者通过访谈了解研究对象的生活经历以及他们对于这些事件的意义解释,对研究对象有一个整体性的广阔视野;最后,研究者借助访谈法可以与研究对象建立良好的人际关系,取得研究对象的信任。在现场研究的初始阶段,我们主要使用开放型访谈方法,即没有固定的访谈问题,鼓励研究对象自由发表对于和谐的看法与意见,这样了解研究对象自己认为重要的和谐主题,以此来了解研究对象所关心的问题和思维方式。随着研究的深入,在对酒店餐饮企业员工的和谐心智模式有了一定的认识之后,逐渐转向半开放型访谈,以便对前面开放型访谈中存在的问题进行追问。此阶段所采用的访谈提纲如表 6-1 所示。

表 6-1　半开放式访谈提纲

1. 您是怎么理解"和谐"的?
2. 员工们的心理和谐是否重要? 如何体现?
3. 您如何处理人际关系?
4. 您如何处理自己利益与别人利益?
5. 您如何处理工作任务压力与自己的需求?
6. 您如何处理公司利益与客户利益的关系?
7. 在思维方式方面,和谐如何体现?
8. 和谐在价值追求方面是否重要? 有何体现?
9. 您所在公司的员工是否在和谐方面与别的公司不同? 有何体现?
10. 您如何保持自己的心理和谐?
11. 有和谐心理特征的员工能不能促进工作绩效?

资料来源:作者根据调查研究需要整理。

　　在访谈过程的开始阶段,我们积极寻找"局内人",最终找到了两位:一位是集团公司下属某饭店的店长,另一位是某饭店的前厅经理。我们通过与这两位"局内人"的接触,取得了他们的信任,获得了很多内部信息,这是了解现场的关键。为了取得研究对象的信任,我们积极了解研究对象的文化与语言,理解研究对象的行为方式,并采取适当的方式向研究对象说明研究的目的与意义,以及保密等原则,以此让研究对象接纳自己,融入到他们的情感世界中。在访谈过程中,我们积极进行共情倾听,尊重与宽容研究对象,给予研究对象积极的人文关怀,力求在无条件的倾听中与研究对象达到情感上的共鸣。在整个研究过程中,

---

① 袁根国:《教育研究方法》,高等教育出版社 2000 年版,第 196 页。

我们对于每次访谈都进行详细记录,尽量记下所有的事情,还注意访谈中研究对象的各种非言语行为。

其间,我们还采用了参与式观察的方法。由于心智模式隐藏于员工的内心,甚至员工自己也很难用明确的语言来表述,因此研究者参与到被研究者的活动中去,如参与饭店的管理,参与员工的活动(如合唱、游戏、聊天等)和实际工作(如岗位实习等),以便观察和记录他们的行为,再结合访谈的方法来探究和明确其心理活动。在参与式观察中,我们既是研究者也是参与者,允许研究者根据研究问题的情境,灵活地调整观察的目标内容与范围。① 我们住到 A 公司员工宿舍,与几位主要访谈员工曾经吃住在一起,在这种现实环境中尽可能不引起被观察者注意地进行行为观察。这样,我们能够观察到一些访谈法和非参与式观察法不容易了解到的行为,获得一些靠其他方法难以或无法获得的信息。

在现场研究的最后阶段,访谈的问题、访谈的对象、记录的方式都已经标准化,为了得到访谈对象更多的确认,我们采用封闭式访谈法,以保证现场研究的效率,获得更准确的信息。

通过上述现场观察与访谈,我们一共收集到 2.5 万字的文本数据。有关这些数据的示范性材料如附录 A 所示。

五、资料分析策略

在扎根理论研究中,通过对资料的编码和归纳分类来实现对资料的分析。扎根理论的编码是指通过对事件与概念的不断比较,从而促成更多的范畴、特征的形成以及对数据资料的概念化。编码过程分为开放性编码、主轴编码和选择性编码三个主要步骤。

开放性编码是界定资料分析中所发现的概念及其属性、范畴的过程。主轴编码是围绕某一范畴的轴线来进行分析,从而发现和建立主范畴(category)与副范畴(subcategory)之间的联系的过程。选择性编码是对已分析的概念范畴经过再次系统分析,选择一个核心范畴,将分析集中到那些与该核心范畴有关的编码上面,这也是整合、精炼与建构理论的过程。

这三级编码是整理、分析、提炼数据资料的过程。在原始资料收集中,既开始了撰写编码摘记,也开始了编码。扎根理论的资料并非一次性收集完毕,而是在整理分析资料的过程中,根据研究需要随时进行追踪调研和更加深入的调研。我们在研究过程中不断地审查数据资料的丰裕度,以填补数据的空隙。

第二节　开放性编码分析

开放性编码属于资料分析的前期阶段。通过开放性编码,将大量的现场调查所得资料记录加以逐级缩编,用概念和范畴来正确反映资料内容,并把资料记录以及抽象出来的概念打破、揉碎并重新综合。开放性编码的目的在于指认现象、界定概念、发现范畴,即处理聚敛问题。开放性编码阶段最关键的是数据分析者一开始没有任何事先设定而以完全开放的态度进行编码。开放性编码的程序为定义现象(概念化),挖掘范畴,为范畴命名,发掘范畴的性质和性质的维度,其中对范畴的性质和性质的维度进行界定是为了确保从概念到范畴的提炼操作尽量科学贴切。

在这一编码过程中,我们秉持如下原则:资料登录详尽,不漏掉任何重要信息;寻找当事人(被访者)所使用的词汇,优先将他们的原话作为码号;对资料进行逐行分析时,对有关的词语、短语、句子、行动、意义和事件等进行具体的探询;迅速对与资料有关的概念维度进行分析,并注意寻找与其有关的比较案例(通过就 5 个企业个案资料进行对比编码);注意罗列编码范式中的有关条目。

在实际编码过程中,我们还就概念化和范畴化诸多问题与从事旅游与饭店管理、国学与管理学的研究同行进行了深入的交流和探讨,通过资料、概念和范畴之间反复、认真的分析讨论,最后从原始资料中抽取了 269 个概念。

为便于多重个案比较验证,我们对每个公司个案的原始资料打碎编码的同时,保持了原始资料的个案归属。但在概念化和范畴化阶段则不再进行这种个案归属。

下面主要以表格形式体现开放性编码分析的主要内容。

一、A 公司原始资料开放性编码的概念化分析

A 公司是本研究的主要样本,收集了大量的原始资料,对这些资料的开放性编码中的概念化分析如表 6-2 所示。

表 6-2　A 公司原始资料的开放性编码的概念化分析

A 公司原始资料记录	概念化
来到我们公司的领导和同事都互相称呼为家人,领导们叫大家"兄弟姐妹"a_1。我感到无比的亲切和温暖,在这里我感受到了家的温暖 a_2。	a_1 称呼亲切 a_2 家庭化氛围营造

续表

A 公司原始资料记录	概念化
每天早会 8:30 全体前厅员工诵读国学经典 a_3,各级主管都会参加 a_4。这已经成了不成文的制度 a_5。这是景经理提出并倡导的 a_6。	a_3 集体学习 a_4 以身作则 a_5 学习共识 a_6 领导倡导
每天上午 10 点吃完早饭,前厅员工有 1 个小时的空闲时间,以往都是听摇滚歌曲、跳现代舞和店舞,也很有青春朝气并鼓动士气的 a_7。从 5 月 6 日起,开始增加一首孝亲和善歌曲,开始是《生命之河》a_8。大家现在都会唱了嘛,并能够边唱边做手势动作,然后再跳一段店舞(现代的),大家很高兴 a_9。	a_7 从员工特点出发 a_8 音乐熏陶 a_9 因需施教
今天是母亲节。前天晚会上,景经理就强调,每人必须学会一首关于感恩母亲的歌曲 a_{10}。今天去员工餐厅的路上,听到大厅在播放《母亲》,景经理兴冲冲地 a_{11} 说:"我们经常放这些德音雅乐。刚才有的员工都被感动得哭了 a_{12}。"早饭后,大厅里播放孝亲歌曲,一位主管自发 a_{13} 地带领员工们向天下母亲行三鞠躬礼 a_{14}。接着,大家开始唱《生命之河》与《母亲》。不少员工都在抹眼泪。	a_{10} 感恩音乐 a_{11} 以和为乐 a_{12} 人心感化 a_{13} 自发行动 a_{14} 以孝感人
员工们在路上见面,远远地都互相打招呼、问候 a_{15},还有很多人鞠躬问候 a_{16}。员工说互相问候、行礼开始不习惯,但心里很温暖 a_{17}。慢慢就习惯啦,对人的恭敬心也就出来了 a_{18}。	a_{15} 互相问候 a_{16} 互致鞠躬礼 a_{17} 以和暖人 a_{18} 恭敬心
景经理常讲:"没有不好的员工,只有不好的领导。"a_{19} 店长在晚间总结会上专门做了要求,要求干部以身作则,不得与异性过分亲昵打闹 a_{20}。 现在,员工们的行为已经规范多了 a_{21}。 本店新进 17 个员工,店长经常嘘寒问暖,帮助他们尽快度过适应期 a_{22}。 晚上下班很晚,有的客人 10 点多才离店。这时总有邻近包厢的同事来帮助自己 a_{23}。	a_{19} 干部自省 a_{20} 互相尊重 a_{21} 尊重规范化 a_{22} 关心同事 a_{23} 工作互助
经理和店长工作繁忙,还要检查宿舍、与主管们谈话,主动关心我们的困难,往往夜半才睡 a_{24}。我们很感动,也很拥护。	a_{24} 勤于助人
店长强调:干部如果不为大家谋福利,岂不是连禽兽都不如吗? a_{25}	a_{25} 为公精神
店长经常强调,本店对国学的学习与力行完全是为了员工的个人幸福生活 a_{26},让大家放心地学习,不要有任何思想负担。 店长主动向员工赠送了大量的孝亲尊师的光盘 a_{27},特别是对离职的员工也增送光盘,并好言抚慰。a_{28}	a_{26} 为人着想 a_{27} 善品相赠 a_{28} 一视同仁

续表

A公司原始资料记录	概念化
在日常工作中，店长总是微笑对人 a29，主动帮助员工 a30。 店长提倡并推动"家人管理"a31，发现有些主管训斥犯错员工，他及时予以提醒并讲："只有对家人热情 a32，才会让他们有愉快的心情面对顾客！"a33	a29 微笑怡人 a30 主动助人 a31 家人管理 a32 热情待人 a33 热情传递
改善员工的业余文化生活，如每周晚上放电影，大部分员工都观看了，效果很好。a34 给员工推广传统文化已经刻不容缓了。 力行传统文化是我们的责任！我们一定要有这份使命感。a35 店里干部们每个月搞"剥皮大会"，坦诚相见 a36，进行批评与自我批评 a37，参会的干部非常积极，并从中受到鼓舞，得到进步的建议 a38。 我对人才什么都能陪。你玩，我就陪你玩；你谈思想，我也陪你谈。a39 但是我不陷进去，就陪一次两次。a40	a34 关心业余生活 a35 使命感 a36 坦诚相待 a37 劝善规过 a38 集体促人 a39 从对方出发 a40 保持独立性
集团周例会上，各店中层以上都参加。开始全体起立共诵企业价值观。a41 各店汇报一周的概况，摆问题，现场解决，及时化解矛盾 a42。各店长坐在本店主管群里。总部干部没有固定座位，并不刻意在前排就座。a43	a41 价值观强化 a42 化解矛盾 a43 干群平等
今天听课时，发现 W 总穿得很单薄，能够感觉到他很冷，因为我穿得很厚都觉得很冷。但他还是一直陪我们到结束。a44 他是我这一生见到的最好的老板了！想到自己以前的一些不努力，不觉有些惭愧！a45	a44 真诚化人 a45 惭愧心
今日一位家人因偷窃离职了，有些心痛！也默默地祝福她的离开，祝愿其有个好的未来！a46 事后也由此事反观了自己，还是那句话：行有不得，反求诸己！a47	a46 视人如己 a47 反求诸己
这两日自己有些感冒，怪自己没有爱护好自己的身体 a48，让女朋友很是担心 a49；自己心里很不是滋味 a50。	a48 及时自省 a49 为人着想 a50 内省
看看这两天海地的大地震，不时想起地震里那些被埋的人，真为灾区的人感到担心。不时想起 5·12 大地震，心中又泛起了一阵阵的痛！a51 只能为灾区的人们默默地向苍天祈祷了！想到这一些，再回想自己，还有什么理由不好好做人做事呢！a52	a51 同感人苦 a52 助人信念

续表

A公司原始资料记录	概念化
今天劝阻了一起打架事件。a_{53} 事后发现自己心里很爽快，觉得特别地坦然 a_{54}。	a_{53} 见义勇为 a_{54} 行善享受
想想按照自己以前的性格，是根本不会去劝阻的，只会站在一旁看罢了。a_{55}	a_{55} 内省
再一回想，是什么给了我这一股站出来的勇气呢？哦，是传统文化、孔老夫子……是一切正义的力量。a_{56}	a_{56} 信念传递
晚上，参加宴请，自己喝了很多的酒，也吸了很多的烟，领导提醒 a_{57} 说：我们学习传统文化的人一定要说到做到，而且一定要坚持！当然还说了很多……听她话后，忽然觉察自己的错误 a_{58}，发誓一定要改掉自己的这些不良嗜好，不然定会阻碍自己的成长。a_{59}	a_{57} 及时提醒 a_{58} 信念反思 a_{59} 立志改错
像我们这些人能接触到传统文化，这真是太大的福分。我很幸运，但我不能只贪念这份幸运，我要用自己的行动将此幸运变为幸福 a_{60}，变为身边所有人的幸福！以谢老天的恩赐！a_{61}	a_{60} 和谐行动 a_{61} 造福别人
传统文化是用来要求自己的，完全不是要求别人的。a_{62}	a_{62} 严己恕人
传统文化的落实是一个长期熏修的过程，也是需要终身熏习的过程 a_{63}。只应一味地去身教言传 a_{64}，不宜有具体的时间进度要求 a_{65}。	a_{63} 长期修德 a_{64} 身教言传 a_{65} 自然渐进
无论在学习、生活、工作中，我们都要用传统文化来规范自己的言行 a_{66}，指导自己的学习、生活和工作，并且以一颗恭敬的心 a_{67} 和谦卑的态度 a_{68} 对待身边的每个人 a_{69}，每件事，认真地去学习、去力行，就会作出正确的思考和判断，就不会迷失方向 a_{70}，就会及时发现和改正自己错误 a_{71}，明白更多为人处世之道 a_{72}，学到圣与贤的德行与智慧，进而影响到身边的家人、朋友、同事 a_{73}，日久天长，就会使我们共同居住的这个世界更和谐，更幸福。A_{74}	a_{66} 规范自己言行 a_{67} 恭敬心 a_{68} 态度谦卑 a_{69} 平等待人 a_{70} 方向正确 a_{71} 及时改正错误 a_{72} 明白道理 a_{73} 推己及人 a_{74} 造福众人
董事长的经验分享：做人的心态凡取与、贵分晓，与宜多，取宜少，吃亏是福 a_{75}，说出来就得不到福，吃亏要从钱上吃亏，理上吃亏，要得理饶人 a_{76}，不要跟别人争个谁对谁错 a_{77}。更重要在心胸也要吃亏，胸怀要大要宽广，心量要大 a_{78}；做事上，方法总比困难多，勿自暴，勿自弃。a_{79}	a_{75} 吃亏是福 a_{76} 得理饶人 a_{77} 不争人错 a_{78} 胸怀宽广 a_{79} 心态积极

续表

A 公司原始资料记录	概念化
以前我总是怨天尤人,特别不理解父母,常常抱怨他们给我的太少, 对别人要求严,对自己要求宽。最后导致我在生活和工作中很茫然, 很不快乐,很少感觉到幸福。当我开始接受圣贤文化的教诲,开始懂 得反躬自省 a_{80}。看到凡是功成名就的人无不是大孝子,当我主动用 一颗感恩的心给父母打电话问候忏悔 a_{81},当父母用爱关怀我,我感 受到无比的幸福快乐 a_{82},家和万事兴,我们家有了改变,变得好温暖 好幸福 a_{83}。在公司里,我的心态和思想也开始改变,知道,行有不得 反求诸己,以前下属犯错我总认为是别人的错,和自己没有关系,学 习后我才知道最大的问题是在我 a_{84},要从我找问题,更重要(的是)我 (通过)学习知道因果关系,以前我只会看结果,而不去找原因,解决问 题而不是找原因,现在知道要从原因开始解决 a_{85}。通过学习传统文化 我在企业里得到了非常大利益,不仅得到了晋升,而且工作很开心很 充实。a_{86} 在力行传统文化中,我重新认识了自己,感受圣贤人是什么感觉,心 灵和思想更深层次得到洗礼 a_{87},让我多了一份使命,多了一份责任 感 a_{88},那就是弘扬传承传统文化,从我做起,从我家做起,从我工作 的企业做起 a_{89},让更多的人得到利益和幸福。 在学习中,才知道书到用时方恨少,才知道自己很肤浅,需要完善提 升自己。a_{90}	a_{80} 反躬自省 a_{81} 感恩父母 a_{82} 孝亲快乐 a_{83} 家和万事兴 a_{84} 为人担责 a_{85} 求因思考 a_{86} 以和为乐 a_{87} 自我更新 a_{88} 责任感 a_{89} 从我做起 a_{90} 见善思齐
A 公司的干部们信奉:只有力行 a_{91} 才是真正的学习。 做一个不当别人的恩人,而是应该把别人当自己恩人的人,做一个知 恩报恩的人 a_{92}。从当下,从眼前开始,从身边工作和生活的点点滴 滴开始。a_{93}	a_{91} 知行合一 a_{92} 知恩报恩 a_{93} 细节落实
2006 年,A 公司企业在完全可以正常营业的前提下,放弃很多收入, 停业 45 天加强培训 a_{94},使员工队伍发生了巨大的变化,为后来的发 展打下了坚实的基础。a_{95}	a_{94} 舍得眼前利益 a_{95} 着眼长远
我们公司用弘扬祖国饮食文化的历史使命来激发每位员工的工作激 情 a_{96},并且将企业的发展与员工的工作生活结合起来 a_{97}。对那些为 企业作出贡献,伴随企业成长的员工,企业额外拿出一大笔钱来进行 及时奖励,如组织省内旅游和省外旅游。这在餐饮企业很少见,也让 大家感到公司在真心关心他们,感恩心也就培养起来了。事实上这 些员工也更加努力工作了 a_{98}。	a_{96} 使命励人 a_{97} 企人共赢 a_{98} 感恩心培育
我们组织了 A 公司自己的足球队、羽毛球队、歌咏队,为员工安排了 健身房,并积极参加市里组织的各项比赛,也激发了员工的工作热 情。a_{99}	a_{99} 满足各种需求

续表

A公司原始资料记录	概念化
公司90%员工来自外地，为了让员工感受到家的温馨，在春节前期，我们成立了A公司春节晚会筹办小组，精心地制作了A公司人自己的春晚，让员工感受到了企业对员工的关爱。a_{100}	a_{100}关爱员工
我们和××××部队建立了长期合作关系a_{101}。今年10月，我们为部队的21位厨师进行了为期半个月的免费培训a_{102}；在11月份，A公司员工约500人，分四批到部队进行了为期一个月的军事化培训，用军队的作风陶冶，并加强我们的团队意识。a_{103}	a_{101}长期合作 a_{102}无偿助人 a_{103}团队意识
我们为了缓解压力，抽时间多做活动，比如做一些小游戏，让员工能更愉快地上班工作。a_{104}	a_{104}缓解压力
今天周六，生意较前几天有所好转。晚餐17：40左右已有候座情况，我们及时地送去了茶水、爆米花等，顾客对这方面的服务也比较满意a_{105}。虽然迎宾部人员不充足，但通过其他部门的积极配合，整体工作都有条不紊地进行着a_{106}。	a_{105}及时关心顾客 a_{106}部门互助
多年来，A公司一直热心社会公益事业，为红十字会捐钱a_{107}、组织员工义务献血；节假日组织志愿者小分队到敬老院去看望老人a_{108}，帮他们打扫卫生，带去礼品、水果，为老人们带去儿女般的关怀。在1月份，我们开展"用激情战胜雪灾"的扫雪活动，让道路更畅通，让中华民族互帮互助的美德得到更好的发扬。	a_{107}热心公益 a_{108}共尽公责
5·12汶川地震发生后，我们及时开展了主题为"5·12让中国人的心连得更紧"的募捐活动。在得知无锡人民医院有四川过来的伤员后，我们积极与政府和院方联系，组织了70名四川籍员工为主的志愿队，为70多位灾区伤员和家属义务送去一日三餐的营养餐。这个活动持续了两个多月。a_{109}	a_{109}发扬互助美德
大家常说，W先生强调管理的要点是两个字：和、透。面上要和，整体上要和a_{110}；点上要透，把具体事做扎实a_{111}。公司在企业文化塑造中特别强调感恩心的激发与培育。a_{112}	a_{110}整体思考 a_{111}重视落实 a_{112}感恩心

续表

A公司原始资料记录	概念化
一切的工作上、生活上的不顺心都用一种乐观的态度去将其化解，这样生活和工作都会变成是一种享受。a_{113}	a_{113}心态积极
到今天为止，我发现自己身上真的有一份使命 a_{114}，有一份责任 a_{115}，我愿意用我的青春用生命去付出，让我们的世界真正充满爱、和谐。a_{116}	a_{114}使命感 a_{115}责任感 a_{116}为公精神
W先生在四年里连续14次到成都拜访并邀请Z总厨加入A公司。在这样一片盛情和持续坚持不懈的努力下，他终于答应过来，事实也说明他的到来，给企业的发展起到了巨大的促进作用。a_{117}	a_{117}真诚化人
我知道必须首先自己做好榜样做好表率，其身正，不令而行，身教大于言教。a_{118}	a_{118}身教重于言传
相信因果，种了好的因，必有好的果。a_{119}	a_{119}求因思考

资料来源：作者根据调研资料和扎根理论开放性编码要求整理。

二、B公司原始资料开放性编码的概念化分析

B公司是一家位于南京的中型股份制企业，在企业文化建设方面受到业界的重视，多次被评为所在地区的企业文化建设先进单位。调研中，我们所接触到的该公司的顾客、供应商、员工以及所在社区公众基本上认可该企业的和谐特征很明显。

对B公司原始资料的开放性编码的概念化分析如表6-3所示。

表6-3　B公司原始资料开放性编码的概念化分析

B公司原始资料记录	概念化
公司一直强调：清清白白做人，干干净净做事。b_1	b_1 道德自律
公司一直强调：常怀感恩之心 b_2，回报 b_3 和珍惜 b_4 来之不易的信任 b_5。	b_2 感恩心 b_3 回报 b_4 珍惜
公司一直强调：成人比成才更重要。一个人的德行有多高 b_6，会通过做事具体体现出来 b_7。	b_5 信任感 b_6 德行先行
公司一直强调：做人先于做事，只有做好人，才能把事做好 b_8。做人和做事是不可分的，其德行修为决定其处理事情的态度、第一反应及行为。b_9	b_7 做事体现德行 b_8 人事合一 b_9 德为首因

续表

A 公司原始资料记录	概念化
一线员工甲：在经济危机的冬天，其他公司都在减员、减工资，而我们还有工作做，收入也不减 b_{10}。和其他企业、其他人比，我们真幸福 b_{11}。一定努力工作，与公司共进退。b_{12}	b_{10} 同舟共济 b_{11} 感恩惜福 b_{12} 感恩回报
劳务工某：在经济危机当中，公司对我们劳务工和正式员工同等对待 b_{13}，我们特别感动，一定努力贡献。	b_{13} 平等善待
原下岗职工：原单位要我下岗，本公司让我上了岗 b_{14}，还让我学习做人道理 b_{15}！需要我干，我一直认真干到退休。b_{16}	b_{14} 给人机会 b_{15} 满足德育需求
××经理：我过去一切向钱看。后来我意识到自己的工作联系国家人民的利益，我自己人也高尚起来了。b_{17}	b_{16} 感恩回报 b_{17} 高尚感
一线员工乙：我们自己的形象就代表着公司的形象 b_{18}。只要每个人都知福、惜福 b_{19}，怀有一颗感恩的心对待工作 b_{20}，把责任尽到位，和谐的环境就会出现在我们的面前 b_{21}。	b_{18} 人企一体 b_{19} 知福惜福 b_{20} 感恩回报
某工程师：曾经在诚信上出过问题，后来把诚信看得比生命还重要。我要让人提起我的名字，就能看到诚信二字。b_{22}	b_{21} 责任感召 b_{22} 诚信如命
重组了公司企业文化建设领导小组和回报社会基金会。b_{23} 把团队建设和社会责任工作做得更好 b_{24}。建立员工论坛，由做得好的一线员工在干部年会上讲演 b_{25}。2010 年会上，残疾员工、应届毕业生、受到公司资助的藏族同胞代表次旦卓玛等演讲，我们非常受鼓舞、自豪。	b_{23} 善行组织化 b_{24} 社会责任 b_{25} 善行励人
和全国八所希望小学、本地两所民工子弟小学、福利院、某文化教育中心等单位，结成共建精神文明共同体 b_{26}，真诚虚心向优秀单位学习，促进自身建设 b_{27}。	b_{26} 文明共同体 b_{27} 见善思齐
我们建立了员工应急互助基金 b_{28}。去年，不但帮助了公司内部 31 位身患疾病及家庭困难的同事，而且还帮助了 12 位员工，一起孝敬他们的父母（含劳务工）。b_{29}；b_{30}	b_{28} 互助组织化 b_{29} 扶危济困 b_{30} 孝人父母

续表

A 公司原始资料记录	概念化
员工：企业文化是镜子，不是手电筒。镜子是照自己的，手电筒是照别人的 b_{31}。必须感他人恩，改自己错 b_{32}。	b_{31} 严己宽人 b_{32} 感人恩改己错
建设优秀企业文化，必须避免"嘴上、墙上、地上"，不表面化，不形式化，也不一刀切 b_{33}。一把手工程，从我做起。b_{34}	b_{33} 注重实效 b_{34} 从我做起
老总：回顾自己企业里的问题，"行有不得，反求诸己" b_{35}，问题出在我的身上。员工的错误是症（"果"），不是病（"因"），开除犯错的员工能解决病因问题吗？b_{36} 我们没做好"君亲师"，没有做到爱护教育同事，没有像对待子女一样对待自己的员工 b_{37}。子女犯错误就开除出家门吗？一旦认识到我的失误是造成同事犯错误的"缘"或条件 b_{38}，没有坏孩子，只有坏环境嘛，我的管理风格就变了。我现在强调从自己做起 b_{39}，行不言之教 b_{40}，每个员工都是我的儿女一样，一定要为他们的人生幸福和前途负责 b_{41}。	b_{35} 反求诸己 b_{36} 循果求因 b_{37} 爱人如己 b_{38} 我为首因 b_{39} 从我做起 b_{40} 不言之教 b_{41} 为人负责
我们曾经把大量时间、资金、精力放在方式方法、技能技巧培训上，在做人、德行教育这个根本上做得很不够 b_{42}。"建国君民，教学为先。"实践证明，一个企业，不把做人的根本教育放在第一位，就一定会出差错 b_{43}。	b_{42} 德行教育 b_{43} 教育为先

资料来源：作者根据调研资料和扎根理论开放性编码要求整理。

三、C 公司原始资料开放性编码的概念化分析

C 公司是一家总部位于北方某地的大型民营集团公司，所涉业务广泛，包括酒店、餐饮、旅行社、度假村、饲料加工、酿酒等。该公司在创业者的大力倡导下，重视学习并实践以儒家思想为主的中国传统文化，倡导"树正气、做好人、办好事"。

对 C 公司原始资料开放性编码中的概念化分析如表 6-4 所示。

表 6-4　C 公司原始资料开放性编码的概念化分析

C 公司原始资料记录	概念化
集团总部有两个孕妇出现了问题，领导全心地去关怀 c_1。公司帮这两个人去寻找很好的医院，员工自发地进行捐款 c_2，都是很感动 c_3。单位给大力的支持。我们有互助资金，成立了两三年了 c_4。这件事是很人性化的。	c_1 带头助人 c_2 员工互助 c_3 助人感召 c_4 助人组织化
人文关怀在大家潜意识里都有 c_5。	c_5 人心本善
关键是为员工解决实际问题，企业领导为使员工踏实地工作，考虑到员工的实际问题 c_6，把员工的精神都发掘出来 c_7。这就是对内的凝聚力和向心力。	c_6 助人重效 c_7 挖掘员工心理资源
以前大家是各自做各自的业务，团队建设是很难进行的。现在已经改变了。每月都有主题活动，不变的主题 c_8 促和谐、讲正气 c_9。	c_8 和谐主题 c_9 正气
日常生活中照顾比较到位 c_{10}，分店店长起到很大作用，包括风格 c_{11}。我们当时是一个年轻的公司，客户经理的概念是集团首创的，走出公司，到客户那去解决实际的问题 c_{12}，让客户切实感到温暖体验。帮助客户解决问题的服务意识 c_{13}，这是集团的优势。	c_{10} 生活关怀 c_{11} 领导带头 c_{12} 解决客户实际问题 c_{13} 服务意识
我们集团团队不倡导个人英雄主义，强调团队精神 c_{14}。我们团队的配合性是很强的，大家互相帮助 c_{15}。这一点与××公司强调个人业绩主义很不一样，他们是有危机的，团队形同虚设，一方面加大了经营成本，同时员工们也没有安全感，彼此之间很疏远。	c_{14} 强调团队精神 c_{15} 互相帮助
自己亲身经历了这样的事情，身体不好，休假，领导很关怀，安慰自己 c_{16}。因人而异，安排合适的工作 c_{17}，给自己提职 c_{18}，两个字概括吧，感恩 c_{19}！	c_{16} 关怀安慰 c_{17} 因人而异 c_{18} 给人机会 c_{19} 感恩心
分店作为一级单位，是有很多事情的，工作压力比较大，工作的贡献大，公司就会给你很好的关怀 c_{20}。	c_{20} 感恩回报
在集团工作 20 多年，对集团非常有感情，企业文化非常重要，对员工和领导都重要，C 公司的做事方式有些不一样，与其他公司相比，不是很市场化 c_{21}；体现在氛围和用人上，新人来到后也都融入到企业文化中去。公司能照顾到员工的需求 c_{22}，在内部福利上照顾得比较好 c_{23}。	c_{21} 和谐氛围 c_{22} 照顾员工需求 c_{23} 福利关怀
领导顾全大局，大家都努力工作 c_{24}。	c_{24} 顾全大局

续表

A 公司原始资料记录	概念化
团结的风格是优势,处理问题灵活化 c_{25}、人性化 c_{26},业务上有压力,不看成个人的事 c_{27},整体观念强 c_{28},也和领导风格有很大关系 c_{29}。	c_{25} 灵活化 c_{26} 人性化 c_{27} 业务互助 c_{28} 整体观念 c_{29} 领导带头
我们最大的特色是善于攻坚战,灵活地处理问题 c_{30},服务上根据业务特点和各个团队都有自己的要求嘛 c_{31}。	c_{30} 灵活地处理问题 c_{31} 考虑业务特点
没有阳光心态是不行了 c_{32},没有积极的追求也不行 c_{33}。怕就怕在满足现状。所以我们在星期一晨会上,号召大家快乐工作 c_{34},有阳光心态,做快乐管理者和阳光员工。 c_{32} 没有好品格就不会拥有成功人生。 c_{35}	c_{32} 阳光心态 c_{33} 积极性 c_{34} 快乐工作 c_{35} 人品先行
和谐的核心价值观比较明确,走在中小企业前列,需要强化 c_{36}。	c_{36} 和谐价值观
部门之间进行评判,进行事务的处理,相互之间进行打分 c_{37},也约束自己的行为 c_{38}。	c_{37} 互相监督 c_{38} 自我约束
一个只讲简单利益的组织,也依然无法形成优秀的团队 c_{39},尤其是在中国文化背景下。内部各个部门在工作上的互相支持与协作是和谐的保障 c_{40}。	c_{39} 关心别人利益 c_{40} 互相支持与协作
在 C 公司总的感觉是团队配合好 c_{41},相对和谐,很容易得到后台的支持 c_{42}。	c_{41} 团队配合 c_{42} 后台的支持

资料来源:作者根据调研资料和扎根理论开放性编码要求整理。

四、D 公司原始资料开放性编码的概念化分析

D 公司是一家位于江苏的规模较小的营销公司,员工接近 100 人,但所经营的环保产品在业内已经做到市场领先者。该公司领导层比较喜欢西方式的管理模式,并将教练技术等应用于管理之中,企业的和谐氛围比较突出。之所以选择 D 公司,除了该公司具有和谐型企业文化特征,还由于其非酒店餐饮企业的行业性质,以与 A、B、C 公司进行对比,从而增加本章个案研究的多重比较效度。

D 公司原始资料开放性编码中的概念化分析如表 6-5 所示。

表6-5　D公司原始资料开放性编码的概念化分析

D公司原始资料记录	概念化
我在学心理学，并把心理学运用到管理中去 d_1。我现在越来越觉得北方人的文化很好，要想做大，必须把南方文化和北方文化结合，把中国文化和西方管理结合起来 d_2。南方人重视金钱刺激，就事论事；北方人重视人情，人情先行 d_3。做生意就是先让人有面子 d_4，交情特别重要，这是南方人必须学习的。	d_1 从心开始 d_2 开放整合 d_3 重视人情 d_4 给人面子
西方人在管理上单刀直入，把公司和私人分得清清楚楚，说事情直截了当。这套东西在中国的企业照搬的话是行不通的 d_5，因为中国人是走弧线的。我的体会是，先采用中国人的方式，维护人的面子，曲线救国，触到问题和核心时，再采用西方的办法，最后再以中国人的方式收尾。d_6	d_5 从中国人特点出发 d_6 方法灵活
我原来是一个很强硬的领导。能把部下骂得狗血淋头，还让他们明天必须改掉毛病。当我偶然对一个部下表示感谢时，他竟然当场掉泪了。d_7 我当时愣住了，那么大的男人怎么就能这样？我就这件事想了很多 d_8，也从此转变了我的管理风格 d_9。我不再那么迫切地盯着员工的缺点 d_{10}，不再那么直接地指出他们的缺点 d_{11}，要求他们明天就改正，然后让他们从办公室出去。我开始关注他们的心理感受 d_{12}，努力去感受他们的感受 d_{13}。	d_7 方法变通 d_8 及时反思 d_9 及时转变方式 d_{10} 宽容缺点 d_{11} 给人面子 d_{12} 关注心理感受 d_{13} 换位思考
到公司后，我先去各个办公室，给每个员工"相面"d_{14}，先从他们的表情感受他们的心情 d_{15}。如果看到哪位有不高兴，就去跟他沟通。先问：是不是工作压力很大啊？如果说不是，再问，是不是跟上司或同事有啥事情需要我协调？如果还说不是，那么我就知道，他在个人家庭生活上遇到了问题。就直接问他，如果他说还行，我就知道肯定是遇到了个人的问题。常见的，男人跟太太发生矛盾，女人则往往跟婆婆有了矛盾，等等吧。我就跟他唠家常 d_{16}，了解了他们的情绪，再用心理学的道理和我的人生感悟跟他商量解决的办法 d_{17}。	d_{14} 主动关心员工 d_{15} 同理心 d_{16} 对方立场 d_{17} 解决员工实际问题
我能够让员工通过最多一个小时的沟通，从我的办公室出去时能够满脸喜悦、心情愉快地回到工作岗位去 d_{18}。	d_{18} 心理援助

续表

A公司原始资料记录	概念化
现在不是不批评员工,而是就事论事 d_{19},千方百计地发现他们的优点 d_{20},感谢他们的努力 d_{21},然后真诚地跟他商量他的问题,还是真诚最关键了 d_{22}。其实谁都不愿意挨批评 d_{23},但管理者又不能不指出他们的缺点。但不能叫他们带着情绪出去,否则不良的情绪一定会耽误工作。他们挨了老板的骂,一定会把气撒给下属,即使不再去骂下属,他们的情绪也会传染给别人,破坏工作氛围。所以,我不会再像以前那样要求他们必须明天就改正,而是缓和下来 d_{24},和他一起商量解决的办法,给他支持和帮助 d_{25},最后,给他一个真诚的拥抱 d_{26}。拥抱的方式一定讲究啊(讲解)。这是美国人的管理方式,开始他们不理解,但经过长期的培训和学习,他们也就了解并学会了。这样,即使是挨了批评的人,最后也会高高兴兴地回到工作中去。他们会把这些好的情绪和方法传递给其他人。这样,我们公司的工作方式就在向着良性大方向转化。以前,员工们不敢到我的办公室来,即使见面也是很紧张,现在他们能够主动来跟我聊天,无拘无束。d_{27} 而且,最受益的还是我,我现在即使每个月离开公司十多天,基本上十多天都不必开手机,也不会担心公司出问题。因为,大家都在认真地做着他们的工作,根本不用别人再去监督和催促 d_{28}。	d_{19} 就事论事 d_{20} 发现优点 d_{21} 感谢员工 d_{22} 真诚 d_{23} 关注心理感受 d_{24} 留有余地 d_{25} 支持帮助 d_{26} 真诚接触 d_{27} 情感交流 d_{28} 自我督促
还有一点,我觉得最关键的,那就是我们做的事业很环保。我们的生意对人体有利无害,员工没有任何职业病,对客户绝对绿色环保,对地球也是绝对无害,这样的事业 d_{29},员工做起来没有任何心理负担 d_{30},即使十几二十几年之后,一百年之后,员工们也会为自己所从事的这样的事业而自豪。大家的心理是轻松的,而且越做越轻松,越做越高兴。你看,我就是这样,快到四十岁了,还显得很年轻,特别高兴,每天在笑 d_{31},员工们和我一样,也是在做让人高兴的事儿呀 d_{32}。这样,我们都很融洽 d_{33}。	d_{29} 善行感召 d_{30} 心理减负 d_{31} 表情怡人 d_{32} 使命感召 d_{33} 乐事共享
我们的业务已经做得特别大了。这与我们的信念有关系 d_{34},与我们生在中国这个大市场也有关。我感到非常幸运 d_{35}。	d_{34} 信念感召 d_{35} 感恩心

资料来源:作者根据调研资料和扎根理论开放性编码要求整理。

五、E公司原始资料开放性编码的概念化分析

E公司是位于天津的一家交通运输公司,具有比较突出的和谐型企业文化氛围。本研究关于该公司的信息来自于对其总经理的访谈。

E公司原始资料较简短,其开放性编码的概念化分析如表6-6所示。

表 6-6　E公司原始资料开放性编码的概念化分析

E公司原始资料记录	概念化
跳出个人的小圈子 e_1，克服自我防卫和面子 e_2，看清自己许多缺点和错误，从而更加迅速改善自己的思维方式 e_3。 相信自己的学习能力，也有放弃自己原来的经验积累的勇气 e_4，那么，他可能会非常认真地去学习，这样才能与时俱进嘛 e_5。	e_1 全面思考 e_2 超越小我 e_3 思维优化 e_4 勇于自否 e_5 与时俱进
心智模式也不是一成不变的，是可以改善的。刚上任时的心智模式肯定与后来不一样。正确的心智模式必须在实践中自觉地改善，不断地进行修炼 e_6。	e_6 自觉改善
以我 20 多年的经验，好领导的心智模式有个共同特征，就是深入地反思自己。反思能让你对自己的思考和推理更清楚些 e_7。	e_7 深入反思
明白自己心里真实的想法，清楚自己隐藏着的心智模式是怎样的，觉察自己的心智模式存在哪些缺陷，然后才能去思考和实践如何改善心智模式。要有自知之明 e_8。	e_8 自我省察
透过现象看本质，而本质不是一次两次就能看得出来的。面对问题时，不能只顾眼前怎么解决，离开了问题的实质和中心，把目光仅集中在问题的表面（e_9；e_{10}）。	e_9 探究本质 e_{10} 长远思考
只有敞开心扉，认真听取群众的不同意见，通过大家的帮助来发现自己心智模式的缺陷，这样才能改善。e_{11}	e_{11} 重视群力
领导对自己情绪的把握和控制特别重要 e_{12}，对他人情绪的揣摩和驾驭也特别重要 e_{13}。 待人接物不能过于情绪化，有足够的宽容心 e_{14} 和忍耐力 e_{15}。 领导要处理的是大家和全局的事情 e_{16}，要认识到此时此地最要紧的事是什么 e_{17}，什么事要立刻做、亲自做，什么事可以布置给下属做，什么事要忍一忍 e_{18}、放一放。为确保关键目标 e_{19} 与全局性目标的实现，有时候必须在局部上作出妥协 e_{20}。 考虑问题要能够抓住重点 e_{21}。给下属布置工作也要有要点，不能连篇累牍地讲了半天，好像每句都很重要，下属却仍不得要领。 不能投机过度，要诚实，要有踏实苦干 e_{22}、勤奋好学的精神 e_{23}。	e_{12} 情绪自控 e_{13} 把握人心 e_{14} 宽容 e_{15} 忍耐 e_{16} 全局思维 e_{17} 抓住重点 e_{18} 忍耐 e_{19} 确保关键 e_{20} 善于妥协 e_{21} 抓住重点 e_{22} 诚实实干 e_{23} 勤奋好学

A 公司原始资料记录	概念化
我们已经习惯于"向我开炮""把镜子转向自己" e_{24} 。以开放的心态审视自我 e_{25} ，客观认识自己，必须要容纳别人的想法 e_{26} 。 发掘情感潜能、运用情感力量影响下属 e_{27} 。 发生冲突后首先自检，不把责任推给别人 e_{28} ，不把精力用于处理冲突的方法及结果上，能通过冲突学到一些东西 e_{29} 。 正确处理冲突，冲突很多时候是负面能量的释放，是组织和文化中存在问题的标志 e_{30} 。要认识到冲突的正面意义，并正确处理冲突，这是和谐管理和人性化管理的必备信念和思维方式。	e_{24} 严于律己 e_{25} 心态开放 e_{26} 容纳他错 e_{27} 情感感召 e_{28} 自检 e_{29} 辩证看冲突 e_{30} 驾驭冲突

资料来源：作者根据调研资料和扎根理论开放性编码要求整理。

六、样本企业资料开放性编码的范畴化分析

接下来，我们对从原始资料中抽取的 269 个概念作进一步归纳与抽象，得到了 28 个范畴。

范畴化分析结果详见表 6-7。

表 6-7　样本企业资料开放性编码的范畴化分析

范畴化	范畴属性	属性维度
A_1 助人行为 　　包括： a_3 集体学习； a_5 学习共识； a_{22} 关心同事； a_{23} 工作互助； a_{24} 勤于助人； a_{30} 主动助人； a_{32} 热情待人； a_{34} 关心业余生活； a_{37} 劝善规过； a_{38} 集体促人； a_{53} 见义勇为； a_{57} 及时提醒； a_{60} 和谐行动； a_{61} 造福别人； a_{74} 造福众人； a_{99} 满足各种需求； a_{100} 关爱员工； a_{101} 长期合作； a_{102} 无偿助人； a_{104} 缓解压力； a_{105} 及时关心顾客； a_{106} 部门互助； a_{107} 热心公益； a_{109} 发扬互助美德； b_{14} 给人机会； b_{25} 善行励人； b_{29} 扶危济困； c_2 员工互助； c_4 助人组织化； c_{10} 生活关怀； c_{15} 互相帮助； c_{16} 关怀安慰； c_{18} 给人机会； c_{22} 照顾员工需求； c_{23} 福利关怀； c_{27} 业务互助； c_{37} 互相监督； c_{40} 互相支持与协作； c_{41} 团队配合； c_{42} 后台的支持； d_{25} 支持帮助	行为惯常化程度	高/低
A_2 感恩利他 　　包括： a_{14} 以孝感人； a_{81} 感恩父母； a_{82} 孝亲快乐； a_{92} 知恩报恩； a_{98} 感恩心培育； a_{112} 感恩心； b_2 感恩心； b_3 回报； b_{11} 感恩惜福； b_{12} 感恩回报； b_{16} 感恩回报； b_{19} 知福惜福； b_{20} 感恩回报； b_{30} 孝人父母； b_{32} 感人恩改己错； c_{19} 感恩心； c_{20} 感恩回报； d_{21} 感谢员工； d_{35} 感恩心	真诚程度	高/低

续表

范畴化	范畴属性	属性维度
A$_3$ 家庭化氛围营造 　　包括：a$_1$ 称呼亲切；a$_2$ 家庭化氛围营造；a$_8$ 音乐熏陶；a$_{10}$ 感恩音乐；a$_{17}$ 以和暖人；a$_{27}$ 善品相赠；a$_{31}$ 家人管理；a$_{83}$ 家和万事兴；c$_{21}$ 和谐氛围；d$_{33}$ 乐事共享	真诚程度	高/低
A$_4$ 宽容尊人 　　包括：a$_{20}$ 互相尊重；a$_{21}$ 尊重规范化；a$_{76}$ 得理饶人；a$_{77}$ 不争人错；d$_4$ 给人面子；d$_{10}$ 宽容缺点；d$_{11}$ 给人面子；e$_{14}$ 宽容；e$_{15}$ 忍耐；e$_{18}$ 忍耐；e$_{26}$ 容纳他错	宽容与尊重程度	高/低
A$_5$ 真情暖人 　　包括：a$_{12}$ 人心感化；a$_{33}$ 热情传递；c$_3$ 助人感召；c$_{26}$ 人性化；d$_1$ 从心开始；d$_3$ 重视人情；d$_{15}$ 同理心	效果认可程度	对方很认可/不认可
A$_6$ 心理援助 　　包括：d$_{12}$ 关注心理感受；d$_{18}$ 心理援助；d$_{23}$ 关注心理感受；d$_{27}$ 情感交流；e$_{27}$ 情感感召	效果认可程度	对方很认可/不认可
A$_7$ 态度怡人 　　包括：a$_{15}$ 互相问候；a$_{16}$ 互致鞠躬礼；a$_{18}$ 恭敬心；a$_{29}$ 微笑怡人；a$_{32}$ 热情待人；a$_{68}$ 态度谦卑；a$_{67}$ 恭敬心；d$_{31}$ 表情怡人	真诚度	很虚假真诚/
A$_8$ 善行组织化 　　包括：b$_{10}$ 同舟共济；b$_{23}$ 善行组织化；b$_{26}$ 文明共同体；b$_{28}$ 互助组织化	组织化程度	高/低
A$_9$ 自省自律 　　包括：a$_{19}$ 干部自省；a$_{40}$ 保持独立性；a$_{45}$ 惭愧心；a$_{47}$ 反求诸己；a$_{48}$ 及时自省；a$_{50}$ 内省；a$_{55}$ 内省；a$_{58}$ 信念反思；a$_{59}$ 立志改错；a$_{62}$ 严己恕人；a$_{90}$ 见善思齐；b$_1$ 道德自律；b$_{27}$ 见善思齐；b$_{31}$ 严己宽人；c$_{38}$ 自我约束；d$_8$ 及时反思；d$_{28}$ 自我督促；e$_7$ 深入反思；e$_8$ 自我省察；e$_{12}$ 情绪自控；e$_{24}$ 严于律己；e$_{28}$ 自检	自省自律程度	高/低
A$_{10}$ 我为首因 　　包括：a$_4$ 以身作则；a$_6$ 领导倡导；a$_{13}$ 自发行动；a$_{64}$ 身教言传；a$_{66}$ 规范自己言行；a$_{69}$ 平等待人；a$_{71}$ 及时改正错误；a$_{80}$ 反躬自省；a$_{87}$ 自我更新；a$_{89}$ 从我做起；a$_{118}$ 身教重于言传；b$_{34}$ 从我做起；b$_{35}$ 反求诸己；b$_{38}$ 我为首因；b$_{39}$ 从我做起；c$_1$ 带头助人；c$_{11}$ 领导带头；c$_{29}$ 领导带头；d$_{14}$ 主动关心员工	真诚程度	高/低

续表

范畴化	范畴属性	属性维度
A$_{11}$整体思考 　　包括：a$_{97}$企人共赢；a$_{110}$整体思考；c$_{24}$顾全大局；c$_{28}$整体观念；d$_2$开放整合；e$_1$全面思考；e$_{16}$全局思维；e$_{17}$抓住重点；e$_{19}$确保关键；e$_{21}$抓住重点	整体思考实现程度	高/低
A$_{12}$因需设教 　　包括：a$_7$从员工特点出发；a$_9$因需施教；a$_{39}$从对方出发；b$_{15}$满足德育需求；c$_{17}$因人而异；c$_{31}$考虑业务特点；d$_5$从中国人特点出发	满足对方程度	高/低
A$_{13}$灵活思维 　　包括：c$_{25}$灵活化；c$_{30}$灵活地处理问题；d$_6$方法灵活；d$_7$方法变通；d$_9$及时转变方式；d$_{24}$留有余地；e$_{20}$善于妥协	灵活程度	高/低
A$_{14}$一体化思考 　　包括：a$_{28}$一视同仁；a$_{43}$干群平等；a$_{46}$视人如己；a$_{51}$同感人苦；a$_{73}$推己及人；b$_{13}$平等善待；b$_{37}$爱人如己	一体化思考程度	高/低
A$_{15}$知行合一 　　包括：a$_{91}$知行合一；a$_{93}$细节落实；a$_{111}$重视落实；b$_7$做事体现德行；b$_8$人事合一；b$_{18}$人企一体	落实程度	高/低
A$_{16}$反成思维 　　包括：a$_{42}$化解矛盾；a$_{75}$吃亏是福；d$_{19}$就事论事；d$_{20}$发现优点；e$_{29}$辩证看冲突；e$_{30}$驾驭冲突	辩证思考水平	高/低
A$_{17}$超越自我 　　包括：e$_2$超越小我；e$_3$思维优化；e$_4$勇于自否；e$_5$与时俱进；e$_{23}$勤奋好学	超越程度	高/低
A$_{18}$因果思维 　　包括：a$_{72}$明白道理；a$_{85}$求因思考；a$_{119}$求因思考；b$_{36}$循果求因；e$_9$探究本质	认识水平	高/低
A$_{19}$注重实效 　　包括：b$_{33}$注重实效；b$_{40}$不言之教；c$_6$助人重效；c$_{12}$解决客户实际问题；d$_{17}$解决员工实际问题	对方需求满足感觉	佳/不佳
A$_{20}$长程思维 　　包括：a$_{63}$长期修德；a$_{65}$自然渐进；a$_{94}$舍得眼前利益；a$_{95}$着眼长远；e$_{10}$长远思考	认识能力	高/低
A$_{21}$从心开始 　　包括：c$_7$挖掘员工心理资源；d$_{30}$心理减负；d$_{13}$把握人心	心理把握能力	高/低

续表

范畴化	范畴属性	属性维度
A$_{22}$换位思考 　　包括：d$_{13}$换位思考；d$_{16}$对方立场	思考水平	高/低
A$_{23}$利他信念 　　包括：a$_{25}$为公精神；a$_{26}$为人着想；a$_{35}$使命感；a$_{41}$价值观强化；a$_{52}$助人信念；a$_{70}$方向正确；a$_{84}$为人担责；a$_{88}$责任感；a$_{114}$使命感；a$_{115}$责任感；a$_{116}$为公精神；b$_{21}$责任感召；b$_{24}$社会责任；c$_{39}$关心别人利益	责任感强度	强/弱
A$_{24}$德行第一 　　包括：b$_6$德行先行；b$_9$德为首因；b$_{17}$高尚感；b$_{22}$诚信如命；b$_{42}$德行教育；b$_{43}$教育为先；c$_8$和谐主题；c$_{14}$强调团队精神；c$_{35}$人品先行；c$_{36}$和谐价值观；d$_{29}$善行感召；d$_{32}$使命感召；d$_{34}$信念感召	内化程度	高/低
A$_{25}$和谐态度 　　包括：a$_{56}$信念传递；a$_{78}$胸怀宽广；a$_{79}$心态积极；a$_{96}$使命励人；a$_{113}$心态积极；c$_5$人心本善；c$_9$正气；c$_{13}$服务意识；c$_{32}$阳光心态；c$_{33}$积极性；c$_{34}$快乐工作；e$_{25}$心态开放	积极程度	高/低
A$_{26}$以和为乐 　　包括：a$_{11}$以和为乐；a$_{49}$为人着想；a$_{54}$行善享受；a$_{86}$以和为乐；b$_4$珍惜；b$_{41}$为人负责	信念强度	强/弱
A$_{27}$真诚 　　包括：a$_{36}$坦诚相待；a$_{44}$真诚化人；a$_{117}$真诚化人；d$_{22}$真诚；d$_{26}$真诚接触；e$_{22}$诚实实干	对方感受程度	对方感受到真诚/感到虚假
A$_{28}$团队意识 　　包括：a$_{103}$团队意识；a$_{108}$共尽公责；b$_5$信任感；e$_{11}$重视群力	意识强度	强/弱

资料来源：作者根据扎根理论开放性编码要求整理。

第三节　主轴编码和选择性编码分析

我们在上述开放性编码基础上，依次进行主轴编码和选择性编码。

一、主轴编码分析

主轴编码通过开发和区分主范畴和副范畴，发现和建立各概念范畴之间的联系，以及资料各部分之间的有机联系。主轴编码是在前述开放性编码之后继续发展更加抽象的范畴，资料所蕴含的性质和维度也更进一步浓缩，其方法是通过对条件、背景、策略及结果的"编码范畴"，将副范畴联结到主范畴。

据此,我们对开放性编码得到的 269 个概念和 28 个范畴进行了反复的考量,并且对每个范畴进行了详尽分析,最后得到了 13 个副范畴和 3 个主范畴,并且根据其内在联系及类型关系,对这些范畴进行了初步联结,具体如表 6-8 所示。

我们将"A_1 助人行为"和"A_8 善行组织化"联结为副范畴"S_1 实效利他",将"A_2 感恩利他"单独升级为副范畴"S_2 感恩利他",将"A_3 家庭化氛围营造"和"A_7 态度怡人"联结为副范畴"S_3 氛围利他",将"A_5 真情暖人"和"A_6 心理援助"联结为副范畴"S_4 情感利他"。这四个副范畴代表的联结关系所侧重的利他内容和角度互不相同。如"实效利他"侧重的是让员工或对方得到实际的物质帮助或照顾;"感恩利他"则重于基于感恩心的利他倾向;"氛围利他"则侧重于家庭化氛围、仪容仪表、待人接物有利他色彩的方面,如现场研究中,有一位店长总是用真诚的微笑待人,颇得员工好感。虽然,这位店长还有很多其他的利他行为,但是他的微笑本身也形成了员工工作氛围中十分积极的一个要素。

我们将"A_9 自省自律""A_{10} 我为首因""A_{17} 超越自我""A_{22} 换位思考"这四个初级范畴联结为副范畴"S_5 第一主体思维"。"第一主体思维"这一概念来源于我们在"道本管理理论研究团队"的讨论,指的是人为自己负完全的责任,不断反思超越自己,还把自己作为各种人与事的原因,不但不推卸责任,还努力承担别人的过失,就像个案研究时一位管理者说:"下属的错误有我的责任,我是下属犯错的'缘'!"

我们把"A_{12} 因需设教""A_{18} 因果思维""A_{21} 从心开始""A_{27} 真诚"联结为副范畴"S_6 顺道思维"。"道"在管理和日常工作中指的是管理对象或工作对象及其环境的客观规律,这种规律不以人的主观意志为转移,但是能被人逐步深入地认识和遵循。例如,在员工培训工作中,如果不从员工的心理特点和具体兴趣点出发,培训的效果就会下降。管理从人心规律出发,就会趋于和谐。此谓顺道思维。顺道思维也是因果思维。之所以把"真诚"联结到"顺道思维",是因为"诚者,天之道","不诚无物",在中国文化传统中,真诚是顺道的直接体现。

表 6-8　样本企业资料的主轴编码分析

开放性编码抽取的范畴	副范畴(subcategory)	主范畴(category)
A₁ 助人行为	S₁ 实效利他	C₁ 利他行为倾向
A₈ 善行组织化		
A₂ 感恩利他	S₂ 感恩利他	
A₃ 家庭化氛围营造	S₃ 氛围利他	
A₇ 态度怡人		
A₅ 真情暖人	S₄ 情感利他	
A₆ 心理援助		
A₉ 自省自律	S₅ 第一主体思维	C₂ 和谐思维方式
A₁₀ 我为首因		
A₁₇ 超越自我		
A₂₂ 换位思考		
A₁₂ 因需设教	S₆ 顺道思维	
A₁₈ 因果思维		
A₂₁ 从心开始		
A₂₇ 真诚		
A₁₁ 整体思考	S₇ 中道思维	
A₁₃ 灵活思维		
A₁₄ 一体化思考	S₈ 一体化思维	
A₁₅ 知行合一		
A₁₆ 反成思维	S₉ 长效思维	
A₁₉ 注重实效		
A₂₀ 长程思维		
A₂₃ 利他信念	S₁₀ 利他信念	C₃ 和谐信念
A₂₄ 德行第一	S₁₁ 道德使命感	
A₂₅ 和谐态度	S₁₂ 以和为贵	
A₂₆ 以和为乐		
A₂₈ 团队意识		
A₄ 宽容尊人	S₁₃ 尊重个体价值	

资料来源:作者根据扎根理论主轴编码要求整理。

我们把"A_{11}整体思考""A_{13}灵活思维"联结为副范畴"S_7中道思维"。中道思维包括了文化传统中的中庸思维,但是比中庸更强调灵活变通。我们将"A_{14}一体化思考"和"A_{15}知行合一"联结为"S_8一体化思维"。我们将"A_{16}反成思维""A_{19}注重实效""A_{20}长程思维"联结为副范畴"S_9长效思维",因为仔细揣摩这三个初级范畴所涵括的各个义项及其所代表的实际调研资料,会发现无论是以"无为而无所不为"为基本特征的反成思维,还是注重实效思维方式,还是长程思维,都体现了文化传统中注重长远效果的特点。我们将"A_{26}以和为乐""A_{25}和谐态度"与"A_{28}团队意识"三个初级范畴联结为副范畴"S_{12}以和为贵";将"A_4宽容尊人""A_{23}利他信念"与"A_{24}德行第一"三个初级范畴分别上升为副范畴"S_{13}尊重个体价值""S_{10}利他信念"和"S_{11}道德使命感"。

在上述分析基础之上,我们继续对副范畴进行反复比较分析,特别是根据范畴之间的结构关系与过程联系,将副范畴进行整合,得到三个主范畴。其中,将"S_1实效利他""S_2感恩利他""S_3氛围利他"和"S_4情感利他"四个副范畴整合为主范畴"C_1利他行为倾向";将"S_5第一主体思维""S_6顺道思维""S_7中道思维""S_8一体化思维"和"S_9长效思维"整合为主范畴"C_2和谐思维方式";将"S_{10}利他信念""S_{11}道德使命感""S_{12}以和为贵"和"S_{13}尊重个体价值"整合为主范畴"C_3和谐信念"。

接下来就可以进行选择性编码分析了。

二、选择性编码分析

选择性编码分析就是选择核心范畴的过程,也就是把核心范畴系统地与其他范畴加以联系,验证其间的关系,并把概念化尚未发展完备的范畴补充完整的过程。所以,选择性编码不是仅仅对三个主范畴进行概括,而是需要对所有的资料、全部的扎根理论分析进行再分析甚至反复分析。核心范畴通常是扎根理论分析中最重要的环节,它能囊括最大多数研究结果,进而起到提纲挈领的作用,既可以从已存的范畴中选择,也可以根据解释核心现象的需要在更抽象的层面进行提炼。在本研究中,我们选择了二者相结合的核心范畴提炼方法。

本环节的主要任务包括:识别出能够统领其他所有范畴的核心范畴;用所有资料及由此开发出来的范畴、关系等扼要说明全部现象,即开发故事线;通过典范模型将核心范畴与其他范畴联结,用所有资料验证这些联结关系;继续开发范畴使其具有更细微、更完备的特征。选择性编码中的资料分析与主轴编码差别不大,只不过它所处理的分析层次更为抽象。

按照选择性编码的规范要求,我们于所在研究团队中选择了两位一直参与本主题研究的博士研究生(年龄均在 30 岁以上,有较为丰富的旅游与酒店管理经验并有相关理论储备和研究功底)参与本环节的研究。经过反复比较、分析和归纳,我们将核心范畴、主范畴、副范畴和概念联结成了一个整体,建立了包含各范畴和概念的关联体系构思,最终自然而然地得到了和谐心智模式的概念结构体系,如图 6-1 所示。

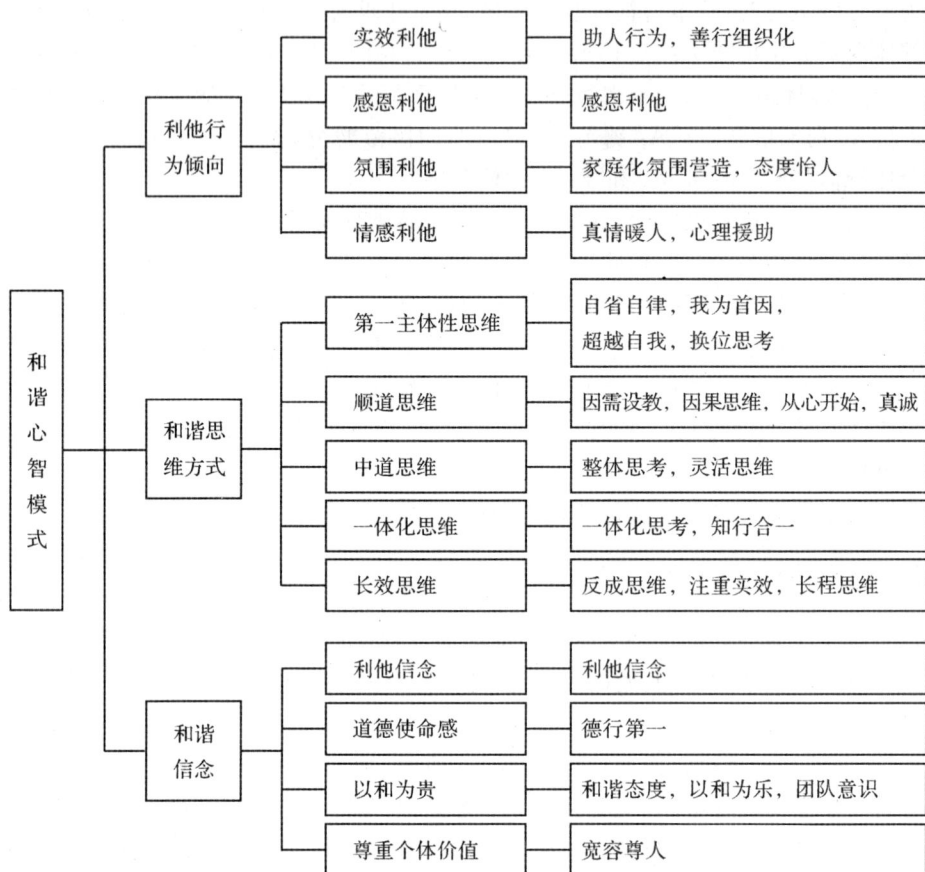

图 6-1　和谐心智模式概念构思的结构体系
资料来源:作者根据扎根理论方法整理。

我们将和谐心智模式作为核心范畴的根据如下:首先,和谐心智模式可以涵盖上述研究环节中所提炼的主范畴和副范畴,并在其中处于中心位置。第二,和谐心智模式这一在一般的酒店餐饮企业管理实践中很少见的专业术语虽然没有最频繁地出现在资料中,但是就各种表述看来,这一术语的涵括性是无可替代的。第三,和谐心智模式概念能够很容易与其他范畴建立关系。从本书第二章的文献回顾与梳理可知,思维方式和信念是众多学者认可的心智模式的两个基本维度,而把行为方式包括在心智模式之中也是很多学者的观点。第四,和谐心智模式可以成为一种理论,把它确立为核心范畴之后,有关理论也会自然而然地浮现出来,比如和谐心智模式应该包括利他行为倾向、和谐思维方式与和谐信念三个维度。

第四节　扎根理论研究评价与理论发现

一、扎根理论研究评价

Strauss 和 Corbin(1990)指出,对于一个采用扎根理论研究方法的实证研究应该从研究过程和结论的实证扎根性两个方面进行评价。

就研究过程而言,本部分研究在数据获取的途径、资料收集的理论性抽样、开放性编码、主轴编码和选择性编码各个研究过程中都严格遵循科学研究的标准和扎根理论的要求。在原始材料提炼理论,保持理论的敏感性,不断对数据、概念和范畴进行比较,不加预设而使结果自然浮现等方面,都严格基于扎根理论的原则和要求进行。因而,可以认为本部分研究过程能够符合扎根理论规范要求。

就研究结果而言,Strauss 和 Corbin(1990)提出了七大评估标准:(1)是否产生了新的概念?(2)概念间是否系统性相关?(3)众多概念联系及范畴开发是否完备?(4)理论构建过程是否吸纳了足够的变异性?(5)研究解释是否包含了影响现象的边界条件?(6)是否考虑到了研究的过程性?(7)理论发现的重要性程度如何?

针对上述标准进行自检。如前所述,本研究根据对原始数据的深入分析,产生了一系列诸如"第一主体性思维""一体化思维""和谐信念""和谐思维方式""和谐心智模式"等新概念,这些概念之间有着内在的联系,形成了一个系统相关的概念树(如图 6-1 所示)。

为了避免单一个案的局限性,我们选取了 5 家企业进行对比分析、归纳,从丰富的原始数据信息中析出 269 个直接概念,再从这些概念中抽取 28 个初级概念,从而归纳出 13 个副范畴,再提炼为 3 个主范畴,最后得到和谐心智模式这一核心概念,从而形成一个理论系统。这一复杂的归纳过程,使每一个范畴的开发具有良好的概念基础和密度,并且在理论建构中涵盖了这一领域的主要变异。和谐心智模式这一核心范畴有效涵盖了下属的各个范畴和概念,具备了良好的解释力并且可以涵盖影响现象的边界条件。

关于本研究在理论建构中是否涵盖了这一领域的主要变异，即理论饱和度检验问题，我们在研究中遇到学界关于理论性饱和的质疑与讨论，即"何时可以有信心地断定达到理论性饱和点问题"。[①] 我们以较小的信心和最大的谨慎来对待这一问题，具体操作时搜集大样本数据，并先后进行 5 家企业的信息比较，直到第 5 家企业出现的新信息特别少而在其他企业难以发现信息时才停止。

基于以上分析，我们认为本部分的研究结论符合扎根理论对实证结论的评价标准。

二、本部分研究的理论发现

本部分通过扎根理论方法分析，得到的基本结论是：企业员工和谐心智模式很可能包括利他行为倾向、和谐思维方式与和谐信念三个因素。这里说的"很可能"，是由于这一研究结论是基于 5 家企业的资料作出的，对于为数众多的企业而言，这只是个小样本研究，其结论尚不具有足够的普遍性，即其生态效度还有待证实。

本部分研究发现，样本企业员工在和谐心智模式上具有非常典型的中国文化特色，其中最具典型意义的是利他行为倾向这一维度的凸显。如前文所述，中国文化传统中，以儒释道为主体的和谐文化都特别强调利他性，如儒家的"仁爱"，道家的"慈"，释家的"大慈、大悲"等。令研究者欣喜的是，通过本研究证实了这些基本的和谐精神直到现在还至少存在于样本企业之中。这说明，中国文化传统的利他精神还在延续，并成为有中国特色的、鲜活的企业文化精神之一。

此外，研究发现，"和谐思维方式"体现着鲜明的中国文化特色，其中关于人心规律的体认与遵循，对于反思内省的重视，对于方法的权变圆通诉求，对于长远实效的重视，都是中国文化的和谐精神所十分强调的。在和谐信念方面，也十分突出地显示出中国现代企业员工对和谐的强烈追求，其中包括对个体价值的充分尊重，以及对冲突、矛盾的适当包容和有效的化解。

总之，本部分研究用扎根理论的方法，证实了中国文化传统中延续至今的和谐精神的存在。这也说明，对于和谐组织的构建，从利他性、和谐思维方式与和谐信念方面进行培育和开发，有着深厚的民族文化和民族心理基础。

应该强调的是，这些研究结论是在抛开事前的理论影响，采用扎根理论方法而自然而然地显现出来的。

---

① 费小冬：《扎根理论研究方法论：要素、研究程序和评判标准》，《公共行政评论》2008 年第 3 期，第 23—42 页。

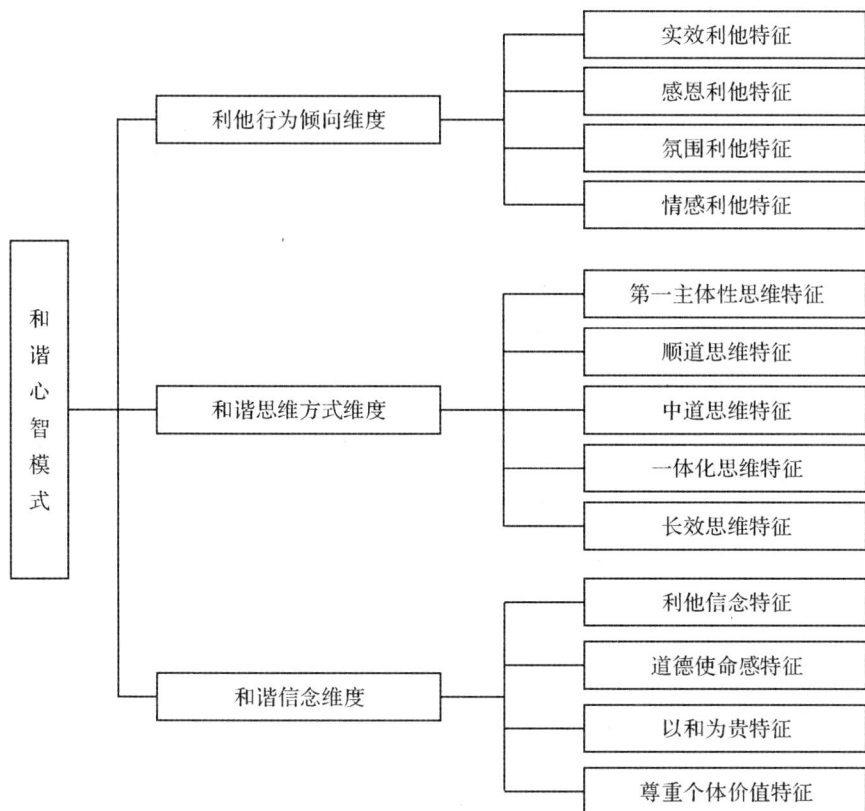

图 6-2　基于扎根理论研究结论的和谐心智模式结构与维度特征
资料来源：作者根据扎根理论研究结论整理。

　　基于通过以上规范的扎根过程而得到的研究结论，我们可以进一步推测出和谐心智模式的内在结构和维度特征（如图 6-2 所示），这为提出和谐心智模式概念结构模型及其假设提供了直接的现实依据，也为下一步测量工具的开发奠定了较好的实证基础。

07 和谐心智模式理论模型与假设建构

　　通过对中国文化传统中的和谐认知图式分析和运用扎根理论方法对企业员工和谐心智模式进行质化研究,我们对于文化传统和企业现实实践中的和谐心智模式的结构与要素有了比较深入的认识,发现和谐心智模式可能是包括三个维度(特征)的概念。由于存在访谈样本数量的有限性对生态效度的影响,以及访谈对象个人主观认识的差异所造成的潜在误差的可能性,因此,有必要通过问卷研究来进一步检验上述研究成果。基于此,本章将建立中国文化传统下员工和谐心智模式的概念模型,并提出理论假设。这是进行下一步实证研究的基础。

第一节　心智模式概念厘定与文化传统中的心智模式

　　从以往的研究可知,在受到众多学者的关注与探究过程中,心智模式逐渐成为一个众说纷纭的概念,并且还有对心理认知内容甚至行为无所不包的趋向。这为科学研究特别是从管理学视角对心智模式进行实证研究带来障碍。所以,我们需要对这一核心概念作进一步的澄清与界定,在此基础上,才能将第三章所分析的文化传统中的和谐认知图式与和谐心智模式进行科学对接。这是本研究进行概念模型推演并提出理论假设的前提性工作。

一、心智模式的概念厘定

　　我们先从认知心理学的角度,来还原对心智模式的认知。众所周知,每个人在认识世界和自身的过程中,对内外部环境的体验都是个体化的,也是独一无二的。在这种反复不断地体验和认知过程中,每个人都会逐渐形成一套独特的、潜在的理解结构,它能够帮助个体描述、解释和预测各种事件并采取与之相适应的行动。这种理解结构就是所谓的"心智模式"。

这个概念中,为什么有"心智"二字呢?因为这些理解结构存在于每个人的心中,形成人们看问题的角度和习惯,构成对自己和世界的基本看法,影响着人们的行为,所以称为"心智"。为什么称之为"模式"呢?因为这种理解结构不是稍纵即逝的念头,也不同于仅仅限于口头读诵的知识与教条,它内化于心,不易察觉,不易改变,故称为"模式"。

由上述可知,心智模式是在遗传素质的基础上,在后天环境和教育的相互作用中,通过自己的认识、辨别、评估、接受、内化等一系列心理过程逐步形成的。它影响我们怎样看待周边世界,并影响我们如何采取行动。心智模式是个中性的概念。每个人都有自己的心智模式,而每个人的心智模式不一定反映了客观事实(自身的和环境的事实),实际上,每个人的心智模式都不可能与客观事实完全一致。但问题是,虽然心智模式有可能不是真正的事实,但人们往往把它们当成真正的事实,并深信不疑。就像三十年来从事心智模式与组织学习研究的阿吉瑞斯所指出的:"虽然人们的行为未必总与他们拥护的理论(他们所说的)一致,但他们的行为必定与其所使用的理论(他们的心智模式)一致。"[①]这段广为人知的话说明心智模式的必备特征是,它必须是能与个体行为相一致的那套心理机制,否则,即使口头承认甚至心里也认同但就是与其实际行为相脱节的那些说辞、知识、理论、口号、信条等等都不是心智模式的内容。

以上是从元认识的角度,用比较通俗的语言来解释心智模式,这种理解是与认知心理学的观点相一致的。那么,在组织管理领域,该如何进行理解呢?也许换一个新的角度——而这也是本研究所采取的主要角度——来界定心智模式,会更加有利于本书的实证研究,特别是便于进行构念化研究。

组织管理学中,对心智模式的界定也很多,但人们最常引用的是彼得·圣吉的定义:心智模式是人们头脑中"简化了的假设"。人们脑子里装的并不是活生生完整事物的图像、景影,而是概念化了的假设、成见、印象,人们正是通过自己特定的心智模式去观察事物、采取行动的。这个阐述与认知心理学家的传统界定基本一致,用语也稍显晦涩。虽然这是一个很全面的界定,但不能满足本研究的构念化需要。

目前,国内管理学者对心智模式的研究中,还经常引用吕晓俊所作的概念界定。吕晓俊于2002年在其博士学位论文里对心智模式进行了构念化研究,她认为心智模式是一个相对持久的动力系统,在对社会事件进行描述、归因和预测活

---

① 这段话被彼得·圣吉(1998;2009)和众多学者反复引用,影响广泛。

动中体现出的有关社会事件的知识和信念，以此作为启发式行为的决策基础。①
吕晓俊的研究给出了心智模式的一个清晰的内在结构，但正如王鉴忠于 2009 年
所指出的，这一观点尚存在以下理论缺陷：首先是对心智模式的概念研究仅仅局
限于静态的考察，忽视了其动态的运行特征；其次是把心智模式视为结构化的
"信念"和"知识"，难以体现不同个体心智模式的差异性。因为接收或储存同样
的"知识、信念"，不同的人会产生不同的推论和解释结果，如心理学对"半杯水"
的认知实验可知，有的人认为是"半空"，有的人却认为是"半满"。也就是说，心
智模式不仅与"知识、信念"有关，而且与如何加工"知识、信念"密切相关。②

心智模式应包括"心理加工程序"一直是很多认知心理学家如 Norman、
Carrol、Olsen、Lynn 的主张（参见前述第三章中的相关观点）。认知心理学的主
流理论信息加工理论强调，人脑中已有的知识和知识结构对人的行为和当前认
知活动具有决定作用。人的认知中存在"结构优势效应"，即原有的认知结构对
当前认知活动的影响。只有当有关图式接受了适合于它的外界环境输入，它才
能被激活，才能使人产生内部的知觉期望，以指导感觉器官有目的地搜寻特殊形
式的信息。这就说明，只有那些适合于知觉图式的信息才能够被加工，那些对知
觉图式不适合的信息则被忽略。③ 因而，心智模式也包括"心理加工程序"。

此外，很多其他领域的学者如 Rouse 和 Morris、Denzau 和 North、芮明杰、
王庆宁、张声雄、徐桂红以及卿志琼和陈国富等也认同以上观点（详见第三章）。
其中有的学者还认为心智模式还包括人的行为因素，甚至有人认为心智模式"同
时囊括了内在意识活动和外显行为"。这些界定与彼得·圣吉的界定有所不同。

彼得·圣吉是在学习型组织的"五项修炼"这一理论框架下来界定心智模式
的，他把系统思考这一基本的思维方式单独进行研究并置之于其他四项修炼的
基础性地位，自有其理论和实践意义。在这一研究中，有必要用"认知结构"的内
容来界定心智模式。对于心智模式本身而言，这是一种静态的研究。很显然，如
果对心智模式理论进行全面的研究，这个静态的概念往往是不适合的。

综合学者们对有关心智模式的考察和论述，可以把心智模式概念分成静态
的和动态的两种，前者是狭义的心智模式，后者是广义的心智模式。在认知心理
学中，经常把心智模式（即心智模型）作为静态的概念，即不包括思维方式，只是

---

① 吕晓俊：《组织中员工心智模式的理论与实证研究》，华东师范大学 2002 年基础心理学博士学位
论文。

② 王鉴忠：《酒店管理人员成长型心智模式对职业生涯成功的影响实证研究》，南开大学 2009 年管
理学博士学位论文。

③ 叶浩生：《心理学通史》，北京师范大学出版社 2006 年版，第 391—392 页。

包括图式、假设等模式化的固化的心理机制。

基于认知心理学的信息加工理论,我们在本研究中采用王鉴忠的观点:心智模式是在特定环境下居于人的心理层面,处于稳定状态的人的一种动态的机能性认知模式,包含静态的"认知结构"和动态的"心理加工程序",人们借此进行认知推理。[1] 这是广义的心智模式概念。

心智模式的"心理加工程序"主要指思维方式,这几乎是学者们的共识;而静态的"认知结构"到底包括哪些要素则是需要探究的问题。

此外,从前面的表 3-2 和表 3-3 可知,很多学者认为心智模式包含着"知识"这一要素,还有很多学者使用的是"图式"这个术语。在汉语言体系中,知识是体系化的、科学化的概念与命题,这与心智模式研究中的"认知"及"认知结构"有很大的区别。从这个角度而言,在汉语中用"知识"一词来概括认知结构是不很准确的。

二、心智模式与图式

图式(schema)这一概念最初是由康德提出的,在康德的认识学说中占有重要的地位,他把图式看做是"潜藏在人类心灵深处的"一种技术,一种技巧。心理学家巴特莱特(Bartlett)1932 年首先运用"图式"这一概念来说明存储在人的记忆系统中的有组织的知识。皮亚杰通过实验研究,赋予图式概念新的含义,成为他的认知发展理论的核心概念。图式被他界定为一个有组织、可重复的行为模式或心理结构,是一种认知结构的单元。于是,在认知心理学家看来,人的认知结构的变化机理借助于"图式"而得以实现,图式是认知结构的起点和核心,是人类知识的表征单位。人的认识的发展,从根本上说,是从较低水平的图式不断建构更高水平的图式,从而使认知结构不断完善。[2] 近年来,人工智能研究再次从理论上确认了图式模型,并把它作为知识表征的一个具体系统进行研究,取得了可观的进展。同时,认知心理学也通过大量的实验表明,图式是人的认知结构中的心理实体。实验表明,人们确实能运用心智逻辑的基本图式进行有效推理,[3]

---

[1]　王鉴忠:《酒店管理人员成长型心智模式对职业生涯成功的影响实证研究》,南开大学 2009 年管理学博士学位论文。

[2]　参见:叶浩生:《心理学通史》,北京师范大学出版社 2006 年版,第 285－293 页。

[3]　Yang Y, Brainem D S, O'Brien D P. "Some empirical justification of one predicate-logic model", In M. D. S. Braine & D. P. (Eds.) Mental Logic, Mahwah, N J: Lawrence Erlbaum Associates, 1998, pp. 333－365.

而且，中国人和美国人运用这些图式进行推理的表现没有显著差别。[1] 鲁姆哈特和奥荣尼(Rumelhart 和 Orlony)认为图式有大小、层级之分，大的可包含小的；一个图式可以嵌入到另一个图式之中；一个图式或子图式是由一些不能再分割的亚图式组成；已有的图式不是一成不变的，而是可以变化的。[2] 因此，作为心理实体的图式检验并确认输入到大脑中的刺激信息为何物。当图式与输入的刺激信息进行比较后，再以最适合的图式对刺激信息作出解释。[3] 这种图式最终形成于个体心中稳定的认知结构就成为人的心智模式。Wilson 和 Rutherford(1989)因此认为，心智模式与图式以及内部表征关系密切。[4] 王鉴忠(2009)通过文献梳理认为，心智模式和图式的细微区别在于心智模型是图式的总和，它产生于图式，并能够激发图式产生作用。

根据以上研究，我们认同心智模式涵括图式的观点。

三、心智模式的操作化概念

前文已经述及，心智模式理论与心智逻辑理论有融合的趋向，而心智模式和心智逻辑中的图式概念也有较大的交叉，甚至有"心智模型是图式的总和"的观点。根据心理学的这些研究结论，本研究对心智模式和认知图式并不加以刻意区分。

根据 Holyoak (1984)、芮明杰(1998)、王庆宁(1999)以及徐桂红(2002)等学者的研究，心智模式中包含着行为习惯或行为方式要素。而在社会学家和经济学家的研究中，也常常把行为习惯作为影响人实际行为的一个重要驱动性力量来看待。例如，费尔南·布罗代尔(1997)指出："习惯——称为老套数更好——即那些千般万种的自发自止的行为。对于这些行为，任何人都不用事先决定是干还是不干，它们确实是在我们充分的意识之外进行的。它们帮助我们生活，同时禁锢着我们，在我们一生中为我们作出决定，指令我们做什么或不做什么。"马克斯·韦伯(1998)也论及："习惯是指在没有任何(物理的或心理的)强制力，至少没有任何外界表示同意与否的直接反映的情况下做出的行为。"可见，

---

① Yang Y, Zhao Y, Zeng J, "Cross-language validations of mental logic and mental models", In P. Slezak, J. Kehoe, and M Taft (Eds.): The Proceeding of the Fourth International Conference of Cognitive Science, The University of New South Wales: Sydney, Australia, 2003.

② 引自：艾森克、基恩，高定国、肖晓云译：《认知心理学》，华东师范大学出版社 2004 年版，第 375—385 页。

③ 梁宁建：《当代认知心理学》，上海教育出版社 2003 年版，第 206—208 页。

④ Wilson J R, Rutherford A. Mental models: Theory and application in human factors. Human Factors, Vol. 31, 1989, pp. 617—634.

行为习惯也是心智模式中认知结构的一部分。同时鉴于心理学中常用与行为习惯这一通俗化概念相类似的"行为方（模）式"术语，我们在本研究中用"行为方式"来替代"行为习惯"。

为了让心智模式这一概念便于下一步的实证研究，我们把"认知结构"进一步明确为"信念"和"行为方式"，把"心理加工程序"进一步明确为"思维方式"。这样，心智模式的构念化定义可以表述为，心智模式是指那些相对持久地固结于人们心中，影响人们如何描述、解释和预测周围世界，以及如何采取行动的信念、行为模式和思维方式。基于皮亚杰的认知图式概念——它是一个有组织、可重复的行为模式或心理结构，是一种认知结构的单元——我们还将心智模式与认知图式作为可以互相替代的概念来研究管理中人的问题。这样，本研究中关于心智模式的操作化概念结构就形成了，如图 7-1 所示。

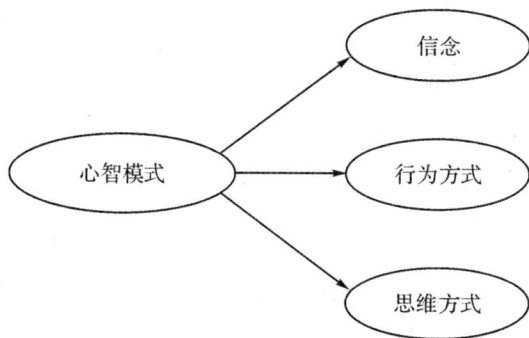

图 7-1　心智模式的要素与结构

资料来源：作者根据本研究推演而整理。

四、心智模式与文化传统中的认知图式

我们在前文第五章中就文化传统中对于和谐的认知图式从信念、行为方式与思维方式三个方面进行了分析，而基于上述分析和心智模式的操作化概念，可以认为，文化传统中的认识图式也反映了一个族群的共享心智模式。因此，文化传统中的和谐认知图式也反映了和谐心智模式的内容。在此逻辑基础上，我们就能把文化传统中的和谐认知图式作为建构和谐心智模式概念模型的一个文化基础了。

第二节　和谐心智模式概念模型建构

和谐心智模式结构假设的提出是一个逐步明确的研究过程。前文对于和谐心智模式从历史中的文化传统与现实中的企业个案层面进行了理论研究。下面再结合心智模式的概念和心理学、道本管理理论等研究提出和谐心智模式的结构假设。

一、基于文化传统的和谐心智模式结构假设的初步提出

尽管文化传统中的和谐思想不以"理论"的形态而存在，但是中国文化传统有着五千年的经验、丰富的方法和巨大的影响力，这其实是一种现代所谓的实证方法难以达到的实证。作为一项中国文化情境中的本土化研究，中国文化传统中的和谐认知与和谐意旨无疑能够作为提出理论假设的根据之一。

基于文化传统中的和谐意旨与和谐精神以及其中蕴含着的和谐心智模式要素，我们可以初步提出和谐心智模式是一个包括利他行为倾向、和谐思维方式与和谐信念三个维度的结构假设。关于对文化传统中和谐心智模式要素的分析详见本书第三章，这里需要进一步论证的是，这种和谐文化所形成的共享性心智模式至今在民族文化层面依然存在。

人们的心智模式作为一种心理状态是在一定历史时期内形成的，它受文化传统和具体社会环境的强烈影响。目前，随着中国社会的文化形态、经济结构和社会结构的显著变迁，诸如精神信仰缺失、生活节奏加快、生活压力增大、分配方式调整、人际交往心态失衡等都会给人们带来心智模式上的种种矛盾和困惑。在此社会背景下，中共十六届六中全会通过的《中共中央关于构建社会主义和谐社会若干重大问题的决定》（以下简称《决定》），明确了构建社会主义和谐社会的任务、目标和途径，并把心理和谐与社会和谐作为一个主要问题提出来。这是中国共产党历史上第一次把心理和谐、心理健康问题提到如此的高度。《决定》明确指出："注重促进人的心理和谐，加强人文关怀和心理疏导，引导人们正确对待自己、他人和社会，正确对待困难、挫折和荣誉。加强心理健康教育和保健，健全心理咨询网络，塑造自尊自信、理性平和、积极向上的社会心态。"可见，在党和政府制定的大政方针层面，基于文化传统的和谐精神被提到了非常重要的位置，并成为中国人全民性的行动指向；特别是经过近几十年关于构建和谐社会的持续努力，和谐精神在中国人的心理认知层面或心智模式层面已经得到认同和一定的固化。

2006年8月6日，温家宝总理看望季羡林先生时有一段意义深刻的对话。季老说："有个问题我考虑很久，我们讲和谐，不仅要人与人和谐，人与自然和谐，还要人内心和谐。"温家宝总理接着说："《管子·兵法》上说：'和合故能谐。'就是说，有了和谐、团结，行动就能协调，进而就能达到步调一致。和谐和一致都实现

了,便无往而不胜。人内心和谐,就是主观与客观、个人与集体、个人与社会、个人与国家都要和谐。"这段著名的对话,不仅说明了心理和谐理念对于中国管理科学的创新发展有重要指导意义,还体现了中国当前政界和学界精英对于心理和谐价值及其内涵与外延的共识。其中,关于内心和谐的共识就蕴含着和谐心智模式的基本观念与思想。

可见,基于中国文化传统的和谐心智模式内含着中国传统的和谐精神,这是中国人在几千年绵延不断的文化传统熏陶过程中所具有的、至今仍然在发挥作用的心智模式。如前文所示,利他行为倾向、和谐思维方式与和谐信念一直是中国文化传统的重要因素。特别值得重视的是,利他取向是儒释道三家的共同核心要素,也是中国文化传统的主流。基于此,我们初步提出和谐心智模式包括"利他行为倾向""和谐思维方式"与"和谐信念"这三个要素的结构假设。

二、基于企业个案研究的和谐心智模式结构假设的进一步构想

如前文第六章所探究的,我们通过对 5 家样本企业的个案研究,采用扎根理论的方法层层归纳与抽象,得到和谐心智模式包含利他行为倾向、和谐思维方式与和谐信念三要素的个案研究结论。这是我们进一步提出前述假设的依据。

三、心理学研究中提出和谐心智模式结构假设的依据

社会心理学学者提出的心理和谐概念与和谐心智模式十分接近,相关的研究为建构和谐心智模式结构模型提供了理论支持。亲社会行为是指一切有益于他人和社会的行为。社会交往中所表现出来的谦让、安慰、合作、分享、帮助、营救、捐献等行为都属于亲社会行为。"亲社会行为"一般与"积极性行为""利他主义行为"在同样的意义上使用,但其内涵与外延都更为深广。[①] 可见,亲社会行为的结果应该就是本研究所关注的和谐,而它所反映的心理因素与和谐心智模式大同小异。其中,"互惠式利他行为理论"(reciprocal altruism)认为,那些离群索居、以邻为壑、非常"自私"的个体往往比那些会合作的个体更难生存,在进化过程中更容易被淘汰。最有可能生存的个体,是那些与"邻居"发展出互惠默契的个体。合作行为和利他行为明显有利于种群的稳定、生存和繁衍,具有生物进化的意义,[②]这是互惠式利他行为心理机制发生的进化心理学原理。而关于"强互惠理论"的研究所揭示的利他行为则是无条件仁慈的、不依赖于对方的,这种

---

① 吴荔红:《学前儿童发展心理学》,福建人民出版社 2010 年版,第 216 页。
② 阎力:《当代社会心理学》,华东师范大学出版社 2009 年版,第 201 页。

强互惠行为是在目前和未来都不能期望得到收益的情况下支付成本来奖励公平和惩罚不公平的行为。[①] 社会心理学家通过对各种亲社会行为及其发生机制的研究,发现越是无私的利他行为越是伴随着无私心理与和谐心理的强化以至于形成了一种特殊的信念。此外,研究证明,这种利他的信念因素和行为倾向在程度和发生机制方面并不是人类普遍的特征,而是至少因文化而不同。BREWER和BROW[②]研究发现,在所有的文化中,人们都更愿意帮助内团体(in-group)成员,而较少帮助外团体(out-group)的成员。但是与个人主义文化相比,集体主义文化情境中的人会更多地帮助内团体的成员,[③]而更少帮助外团体成员。[④] 很显然,集体主义与个人主义相比较,其内部成员更能够将和谐作为其心理信念的重要部分,进而建构与个人主义不同的心智模式。以上研究为集体主义色彩更加浓厚的中国社会的企业员工和谐心智模式包含和谐信念与利他行为倾向提供了心理学依据。

但是,亲社会行为或利他行为并不能总是带来理想的结果(如和谐),而是带有一定的风险。[⑤] 这种风险除了"老人摔倒该不该扶"这类较明显的关乎社会整体道德水平的事件之外,更多地表现在利他行为与情境因素特别是与受助对象的真正需求或心理特点不契合而带来的不和谐结果上,例如移情能力低的人即使一心助人也常常会费力不讨好。亲社会行为研究发现,过多地接受他人的帮助可能会被人瞧不起,[⑥]有些时候,他人的帮助会使人降低自尊感,或者会令人

---

① 曹振杰:《员工和谐心智模式构念开发:基于扎根理论方法》,第 2 届中国管理实践会议论文,华南理工大学 2011 年版。

② BREWER M B,BROWN R J. Intergroup relations[A]. In D. T. Gilbert,S. T. Fiske,G. Lindzey (Eds.). The handbook of social psychology(4th ed)[C]. New York:McGraw—Hill,1998,2:554—594。

③ LEUNG K,BOND M H. The impact of cultural collectivism on reward allocation[J]. Journal of Personality and Social Psychology,1984,47:793—804;MILLER J G,BERSOFF D M,HARWOOD R I. Perceptions of social responsibilities in lndia and the United Stares:Moral imperatives or personal decisions? [J]. Journal of Personality and Social Psychology,(1990)58:33—47。

④ 张洪恩、王翚刚:《强互惠理论的扩展》,《中国工业经济》2007 年第 3 期,第 70—78 页;L'Armand K,Pepitone A. Helping to reward another person:A cross—cultural analysis[J],Journal of Personality and Social Psychology,1975,31:189—198。

⑤ 巴伦、伯恩著,杨中芳等译:《社会心理学》(第十版),华东师范大学出版社 2004 年版,第 497—499 页。

⑥ Gilbert D T,Silvera D H. Overhelping[J]. Journal of Personality and Social Psychology,1996,70:678—690。

沮丧,[1]甚至令人觉得受到侮辱(施恩式的侮辱)。[2]　因此,对于这些情景因素的把握、对于别人心理需求和特性的洞察,对于利他行为时机与程度的拿捏都是十分重要的,这都要求人有相应的思维能力,我们不妨称之为和谐思维方式。基于此,和谐心智模式中应该包含和谐思维方式。

与和谐心智模式概念相近的另一个心理学术语是心理和谐。尽管心理学界对心理和谐的认识不尽一致,但多数文献认可,心理和谐是心理以及直接影响心理的各要素之间在总体意义上的协调统一、相对稳定的关系。这些心理和谐的要素包括个体心理过程和个性心理特征,前者包括认知过程、情感过程和意志过程,后者包括个性倾向性(需要、动机、兴趣、理想、信念、世界观等)、个性心理特征(包括能力、气质和性格)和自我意识。可见,心理和谐内在地涵括着和谐信念、和谐思维方式等基本要素。

还有研究认为,心理和谐者表现为善于调节自己的心理状态,能够客观地认知并恰当地处理问题,悦纳自我和他人,既能享受美好生活,又能承受艰难困苦。[3]　一般认为,心理和谐包括自我和谐、人际和谐和人与环境(自然)和谐三个层面。其中,自我和谐是心理和谐的核心。[4]　姜永志与张海钟实证研究显示,自我和谐中包含着自我灵活性,而且利他性跟自我和谐中的自我与经验不和谐、自我灵活性、自我刻板性有显著性相关。[5]　李晓婷的实证研究认为,企业员工自我和谐包括自我的灵活性、积极心态、环境的适应性和人际支持四个维度。[6]　心理学中相关研究还有很多,此处不再列举。这些研究为我们提出和谐心智模式包含利他行为倾向因素、和谐思维方式和和谐信念提供了重要依据。

四、结合道本管理理论的和谐心智模式结构假设的正式提出

前已述及,道本管理理论是针对管理异化问题而提出来的,该理论的一个基

---

① Nadler A, Fisher J D, Itzhak S B. With a little help from my friend: Effect of a single or multiple acts of aid as a function of donor and task characteristics[J]. Journal of Personality and Social Psychology, 1983,44:310-321。

② Schneider M E, Major B, Luhtanen R, Crocker J. Social stigma and the potential costs of assumptive help[J]. Personality and Social Psychology Bulletin,1996,22:201-209。

③ 郭玉云:《心理和谐与和谐社会》,《新疆大学学报》(哲学人文社会科学版)1999年第2期,第24-27页。

④ 郑莉君、黄海涵、贾文斌:《当代社会和谐思想的核心——自我和谐研究综述》,《宁波大学学报(教育科学版)》2010年第6期,第67-70页。

⑤ 姜永志、张海钟:《自我和谐与人格特质的区域跨文化心理学研究》,《重庆理工大学学报(社会科学)》2010年第11期,第127-132页。

⑥ 李晓婷:《企业员工自我和谐结构维度及其相关研究》,暨南大学2009年心理学硕士学位论文。

本着眼点就是管理中的和谐问题。道本管理理论认为，管理的基本目的，是解决组织中人群冲突和建构目标效率秩序的。按照这个目的，管理的过程也应该是能够解放人的过程，应该是越做越轻松，而不是越做越累。道本管理主张在管理中坚持"以道为本"，让人专注于规律而不是个人理性中有限的自主意志。只有这样，才能避免将管理变成一种控制人的工具，才不至于成为组织诸多弊病的"止痛剂"，才不至于产生一种"柔性独裁"。

以道为本的管理更多地运用文化的力量，如水之性——"上善若水，水善利万物而不争"，体现的是滋养和促进发展。人在这种模式下是主体，也是目的，此时的管理只是一种服务，管理者更像是教练而不仅仅是裁判。道本管理主张管理要按照文明的规律进行，而不能用反文明的方式推进。这种新的管理模式特别注重人与人之间的相互帮助，调适管理者与被管理者之间的和谐关系，即管理者帮助人们完成自我管理，管理者不再是令人讨厌的外部强制者。道本管理注重"用规律代替人的主观意志""用无我心态对待众生""用和谐心灵塑造健康的精神""用造就别人来实现管理的目标""用'道'的思想创新管理的思想体系"。在客观上，道本管理理论与中国优秀传统文化是一脉相承的。

通过以上分析可知，道本管理理论的客观指归也是和谐，换言之，和谐是其基本信念之一。该理论所强调的思维方式也是以和谐为基本特征，而且其思维方式的"合道"性对和谐思维方式更具基础性和本质性的意义。道本管理理论还特别强调利他行为取向，这是实现道本管理的基本行为准则。

根据上述理论基础，我们正式提出以下假设：

和谐心智模式包括利他行为倾向、和谐思维方式与和谐信念三个维度。

根据这一假设而建构的和谐心智模式概念的要素与结构模型如图 7-2 所示：

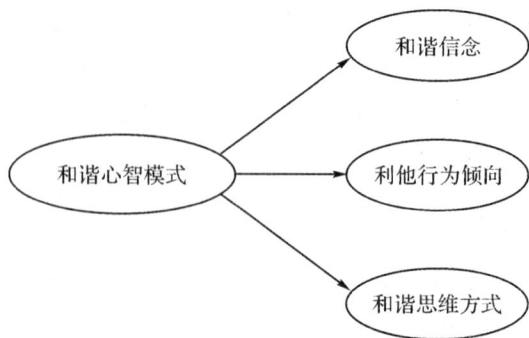

图 7-2 员工和谐心智模式概念模型

资料来源：本研究根据相关研究和理论推演整理。

第三节　员工和谐心智模式对工作绩效的作用模型与研究假设

和谐心智模式对于企业与员工到底有什么价值？对于企业和员工而言，一种心理特质或者行为的价值评价方式之一就是它对工作绩效的影响。所以我们选取工作绩效作为结果变量来评价和谐心智模式这一预测变量的价值。

一、员工和谐心智模式对工作绩效的直接影响

和谐心智模式对于员工工作绩效的影响可以从很多理论研究中得以推论。下面分别从心理资本理论、情绪智力理论、归因理论以及酒店管理特点等几个方面来分析员工和谐心智模式对工作绩效的直接影响作用，并提出理论假设。

(一)基于心理资本理论的分析

从心理资本理论角度来看，和谐心智模式与积极心理资本有着很大的重复和交叉空间。例如，二者都是乐观地对待现在和未来，做积极归因(乐观)。研究表明，心理资本对个体、群体和组织层面的相关结果变量具有直接的增益作用，心理资本是组织价值创造的重要来源，它可以为组织带来竞争优势，使组织获得可持续发展。[①] 心理资本与个体心理和行为变量也有着密切的关系。Judge 关于心理资本的元分析研究表明，心理资本可以解释员工自评绩效 20％—30％的变异。Luthans、Larson 等学者的研究表明，自我效能感、乐观和韧性与员工的绩效有着密切的关系。[②] 心理资本与个体结果变量关系的研究，取得了以下比较有代表性的成果。Luthans 2005 年发表的实证研究论文也指出，希望、乐观和坚韧性三项心理资本指标，无论是单独还是综合来看，都与员工的工作绩效(上级评价)有着密切的关系，而三项指标综合起来对工作绩效的解释率高达32％，远远高于单项指标对员工工作绩效的解释率。[③] 美国 Nebraska-Lincoln大学的盖洛普领导研究所(Gallup Leadership Institute)2006 年的研究发现，心

---

① Lnthans F，Youssef C M，Avolio B J. Psychological capital：Developing the human competitive edge，Oxford，Uk：Oxford University Press，2007：253－273. ；Larson M D，Luthaus F. "Potential added value of psychological capital in predicting work attitudes"，Journal of Leadership & Organizational Studies，Vol. 13，No2，2006，pp. 75－92.

② Luthans F B，Avolio B J，Walumbwa F O，Li W. "The psychological capital of Chinese workers：Exploring the relationship"，Management and Organization Review，Vol. 1，No2，2005，pp. 249－271.

③ 王雁飞、朱瑜：《心理资本理论与相关研究进展》，《外国经济与管理》2007 年第 5 期，第 32－39页。

理资本与员工的绩效呈显著的正相关。Luthans、Avolio、Walumbwa 和 Li 用 Luthans 开发的心理资本量表（包含其中的希望、乐观和恢复力三个指标），以中国企业员工为样本研究心理资本与绩效的关系，发现心理资本与工作绩效（包括由主管对其的评价和绩效工资）呈显著的正相关。[①] 中国学者采用或借鉴 Luthans 等学者的理论模型和开发的量表在中国情境下进行了大量的研究，如张宏如用问卷调查的方法实证研究认为，中国企业员工心理资本对工作绩效有正向影响。[②]

如前所述，心理资本与和谐心智模式在内容上有很多交叉，我们可以据此推断，和谐心智模式对工作绩效也具有促进作用。国内学者仲理峰研究发现，员工的希望、乐观和坚韧性三者合并而成的心理资本，对他们的工作绩效、组织承诺和组织公民行为有积极影响。[③] 从和谐心智模式与心理资本内容交叉和重复的角度看，和谐心智模式与工作绩效之间也应该呈正向关系。

（二）基于情绪智力理论的分析

情绪智力与和谐心智模式这两个概念尽管研究视角和研究对象不同，但是在内涵和基本表征上二者也有很大程度的重叠。Goleman（1999）认为情绪智力包含 7 种关键成分：自信、好奇心、动力、自我控制能力、交往能力、沟通能力和合作能力。目前学者们经常引用 Salovey 和 Mayer 等人提出的能力模型，该模型认为情绪智力包括情绪的知觉和表达能力、情绪对思维的促进能力、对情绪的理解能力、对情绪的成熟调控能力。与此相似的科学化概念还有 Davies 等人提出的情绪智力（EI）四维度定义，包括：对自己情绪的评价和表达、评价和识别他人的情绪、对自身情绪的监控、运用情绪自我激励。从这些要素分析，情绪智力与和谐心智模式的相关度很高，特别是心理和谐与情绪智力的关系更加密切。

关于情绪智力对绩效的影响，Goleman 研究认为，情绪智力对业绩的作用比专业技能（technical skill）和认知能力（cognitive ability）联合起来的作用更大。张辉华在其博士学位论文中研究了管理者情绪智力及其与绩效的关系，他选取样本进行了多轮问卷调查，调查总样本数达到 1900 多人次。其实证研究显

---

① Luthans F B, Avolio B J, Walumbwa F O, Li W. "The psychological capital of Chinese workers: Exploring the relationship", Management and Organization Review, Vol. 1, No2, 2005, pp. 249 – 271.

② 张宏如：《心理资本对工作绩效影响的实证研究》，《江西社会科学》2010 年第 12 期，第 228－232 页。

③ 仲理峰：《心理资本对员工的工作绩效、组织承诺及组织公民行为的影响》，《心理学报》2007 年第 2 期，第 328－334 页。

示：中国文化背景下管理者的情绪智力包括关系处理、工作情智、人际敏感、情绪调控四个因素。这四个因素又可以合成工作领域和自我领域，后者包括人际敏感和情绪调控。该研究证实，管理者情绪智力对其任务绩效、背景绩效和管理效果有显著正面影响；管理者情绪智力对其领导能力有显著正面影响；管理者情绪智力通过领导能力部分中介作用于其工作绩效；管理者情绪智力通过自我效能感部分中介作用于其工作绩效。[①]

以上关于情绪智力与工作绩效关系的研究也为和谐心智模式对工作绩效的影响提供了依据。

(三)基于归因理论的分析

员工的归因模式无疑是其心智模式的一个方面。根据归因(Attribution)理论，人在事情出人意料或者产生消极作用的时候，会倾向于寻找一般的原因来解释这件事情。[②] 归因理论研究的一个基本前提是把人看作是理性的信息处理者，人们会根据原因作出相应的行动。一般地，个体常常把自己和他人的成功和失败归因于两个方面：一是内部归因，强调"能力和努力"；二是外部归因，强调困难和运气。[③] 和谐心智模式中的自控和内省特点使人倾向于积极的内部归因。

下面基于归因理论分析和谐心智模式对工作绩效的影响。近年来，归因理论逐渐在组织行为学和管理心理学领域得到应用。Douglas 和 Martinko 2001年的研究发现，归因会影响工作场所中的攻击行为(workplace aggression)，员工越是倾向于外在的、稳定的、不可控的、有意的归因，攻击行为的发生率就越高。Harvey 和 Dasborough(2006)以 Weiner(1955)的归因理论为基础，提出了有关归因特性和情绪、行为、心理反应的理论模型。他们指出，对组织中成功或失败事件的不同归因会影响员工的情绪反应，进而影响他们的授权行为(empowerment)与习得无助(learned helplessness)。因而归因认知过程在情绪衰竭或工作倦怠形成过程中起重要作用。最早致力于工作倦怠研究的 Maslach(1982)就曾指出："如果没有正确认识或知觉到倦怠事件的原因，那么我们可以肯定地说，对于倦怠的解决措施将是不完善的甚至是误导的。"Kelly 认为，个体的归因会使他们明确事件的原因，由此形成的决策偏见会影响个体采取的行为

---

① 张辉华：《管理者的情绪智力及其与工作绩效的关系研究》，暨南大学 2006 年管理学专业博士学位论文。

② Folkers V S. "Recent attribution research in consumer behavior：A review and new directions"，Journal of Consumer Research. Vol. 14，No. 3，1988，pp. 548－565.

③ 赫尔雷格尔等著，俞文钊等译：《组织行为学》，华东师范大学出版社 2001 年版，第 135 页。

方式——用来减少或提高事件的发生。[1] Pins 和 Aronson 的研究也表明,个体对消极事件的原因知觉和责任归因的不同会产生一系列不同的行为结果,例如处于情绪衰竭状态的员工会期望采取适当措施减少或消除情绪衰竭的影响,这也就是说,归因可能是衰竭形成过程中的一个重要变量,具体表现为,负面的、消极的组织事件或刺激(如情绪衰竭)引起个体对事件原因的归因搜索等思维活动,而这种归因影响个体对情绪衰竭事件的判断,进一步影响其对事件的情绪、态度和行为反应。[2] 此外,归因理论研究发现,持内部归因模式的内控型员工通常比持外部归因模式的外控型员工对工作更满意,更可能担任管理岗位。[3] 内控型经理工作绩效更好,在晋升后的很长时间内态度会得到不断改良。[4]

通过以上分析可见,基于归因理论,和谐心智模式本身所具有的内控自省等特点可以使人产生积极的归因认知过程,这有助于消除不良情绪状态进而提高工作行为质量。

(四)基于酒店餐饮企业特点的分析

从酒店餐饮企业的经营特点和工作特点来看,企业核心竞争力直接来源于对顾客的现场服务体验,而顾客现场体验的满意度与服务人员的服务行为、态度及心理因素直接相关。进而言之,酒店餐饮企业员工的工作态度、动机和行为受到他们心智模式的直接影响,而他们的心理特征也受其心智模式的驱动。心智模式的这种影响与驱动作用首先是由心智模式所特有的"删减效应"决定的。Connor 和 Dermott 认为,每个人面对来自政治、经济、文化、日常生活等领域的各种不同信息,却因原有心智模式的知识信念体系和结构,依其心情、兴趣、注意力和警觉心对外部信息进行取舍、筛选、整理,从而建构出对事情的看法。如果此种看法"习惯化"之后,就成为心智模式的重要组成部分。因而,不同个体,即使具有相同环境和类似社会生活经历,因主体的调节机制也往往会有不同的心智模式。与这种删减效应相反,个体对外部信息进行选择性加工,凭借自己的兴趣、世界观和价值观等主动汲取他所期望获取的信息,并进一步建构自己的心智

---

[1] Kelley H. H. ,"The process of causal attributions", American Psychologist, Vol. 28,1973,pp. 107−128.

[2] Pines T L, Aronson E. Career burnout: Causes and cures. ,New York:Free Press, 1988.

[3] Terenece R. M,"Locus of control: Supervision and work satisfaction", Academy of Management Journal, Vol. 96,1975,pp. 623−631.

[4] 鲁森斯著,王磊译:《组织行为学》,人民邮电出版社 2003 年版,第 139 页。

模式,此为心智模式的建构效应。① 因而,在"删减效应"和"建构效应"的双重作用之下,具有不同类型心智模式的员工对于相同外部刺激有着不同的反应。一个具有强烈的和谐心智模式的员工对于工作环境、报酬等等外在变量有着明显的选择和过滤机制,或言之,他们甚至可以不受外在环境和诸多变量的影响而优先选择对他人特别是顾客的和谐性心理动机和行为。这一特征在本研究中也得到了实证支持。

另外,虽然,一般认为,心理认知机制决定着人的态度,而态度决定着人的行为,但是,顾客总是能很敏感地直接感受到服务人员的心理状态,如果接待者满怀着对顾客的感恩、热情与和善之心,再配以适当的服务行为,这是最能打动顾客之心的。顾客对酒店餐饮企业的最基本的期望是和谐融洽的环境和待遇,而能提供和谐环境和接待的企业首先要求员工要有和谐的心智模式。可见这种和谐心智模式对于工作绩效深具影响作用。

(五)和谐心智模式对工作绩效直接影响假设的提出

通过以上分析,再结合第三章的理论梳理与第四章的质化研究,我们提出如下假设:

假设 H1:员工和谐心智模式与工作绩效具有正相关关系。

H1-1:员工和谐心智模式与任务绩效具有正相关关系。

H1-2:员工和谐心智模式与关系绩效具有正相关关系。

二、敬业度在员工和谐心智模式与工作绩效之间的中介作用

Baron 和 Kenny(1986)指出,处于自变量和因变量之间的第三变量(中间变量),按照它在自变量和因变量之间所起的作用,可以分为中介变量与调节变量。中介变量(Mediator)代表的是自变量影响因变量的机制,主要说明自变量对因变量的某种作用是通过怎样的途径发生的或者为什么会发生这种作用。考虑自变量 X 对因变量 Y 的影响,如果 X 通过影响变量 M 来影响 Y,则称 M 为中介变量。在引入中介变量时,通常要求中介变量与自变量有较强的关系,同时也要与因变量有较强的关系。中介变量研究能帮助我们了解自变量作用于因变量的机制,最终为各种应用目的的实践干预提供理论基础。

我们选择敬业度作为和谐心智模式对工作绩效影响的中介变量,其原因:

一是敬业度能把员工心理特征和工作绩效联系起来。敬业度是一个主观性

---

① 引自:Joseph O'Connor . The Art of Systems Thinking: Essential Skills for Creativity and Problem Solving. Published by Thorsons,1997。

比较强的变量，正因为此，我们才能通过这个变量把和谐心智模式与工作绩效联系起来。

二是样本企业员工的敬业度较高。一般而言，酒店餐饮企业的员工敬业度整体上并不高，但是在我们所选取的具有较为典型的和谐型企业文化的企业中，员工所表现出来的敬业度确实是比较高的。这种现象令人深思：是不是和谐型的企业文化以及和谐心智模式对员工的敬业度有正向的影响呢？而敬业度对工作绩效的正向影响已经得到相关研究充分的实证了。

基于此，我们探究敬业度变量在企业员工和谐心智模式影响工作绩效中的中介效应。

(一)基于积极心理学的分析

积极心理学关注人的积极心理机制与积极行为以及二者关系的研究。一项研究发现，人的积极情绪会产生一种一般性的行动激励，这被积极心理学称为接近或趋近倾向。在积极情绪状态下，个体会保持趋近和探索新事物，愿意与周围人或环境主动沟通。Fredrickson(1998)进一步指出，积极情绪并不只具有一般的行为激励倾向，同时也与特定的行动倾向相联系，如快乐产生冲破限制、创新的愿望；兴趣产生探索、学习新知识的行为；自豪产生想与他人分享成功和求得在将来取得更大成就的愿望。正是这种积极情绪的行为激励动机，促使员工产生相应的态度与行为，如乐观的员工表现出更高的满意；充满希望而自信的员工会表现出良好的组织公民行为；自信的员工能产生成功的愿望和为之努力的态度与行为。和谐心智模式所包含的要素与积极情绪大多有内在的一致性，因而也能驱动员工产生更多的积极性和创造性。对于酒店餐饮企业而言，和谐取向的心理与行为可能直接促使员工采取和谐化的工作行为，不但对组织更加乐观和忠诚，而且还直接把和谐化行为作用到对顾客的服务上。于是，敬业度也就得到相应的提升和保持。

(二)基于积极情绪扩展理论的分析

根据 Fredrickson 2001 年所提出的积极情绪扩展理论，积极情绪能扩大与加强个体的瞬间思维范围与程度。积极情绪能在一般条件下促使个体冲破一定的限制而产生更多的思想，能够扩大个体的注意范围，增强认知灵活性，能够更新和扩展个体的认知范围。[①] Isen 等研究发现积极情绪能使个体产生更高的创造性，解决问题的效率也更高。其原因在于积极情绪对于个体认知活动有三方

---

① Fredrickson B. L., Branigan C. "Positive emotion", In T. J. Mayne & G. A. Bonnano (Eds.), Emotions: Current issues and future directions, New York, NY: The Guilford Press, 2001, pp. 123—151.

面的影响：一是积极情绪为认知加工提供了额外的可利用的信息；二是积极情绪扩大了注意的范围，导致更综合的认知背景，增加了认知要素的广度；三是积极情绪增加了认知灵活性。具有积极情绪状态的个体思维更灵活、更开放，能够更快找到问题的解决办法。[①]

Jennifer 和 Gareth(1997)等认为，价值观是一个人思想意识的核心，对个人的思想和行为具有一定的导向作用；个体把目标的价值看得越高，由目标激发的动机就越强，在活动中发挥的力量就越大。[②] 根据这些理论，和谐心智模式也能发挥相似的作用：和谐思维方式使人系统性地思考问题，由结果探求原因，由局部看到整体，从而为认知加工提供了额外的可利用的信息，不但扩大了注意的范围，还注重做人做事的圆通性和灵活性，更能够找到解决问题的方法，更能获得外部资源和开发自身的心理资源。同时，员工和谐心智模式中越具有崇高的和谐信念和强烈的利他倾向，就能越有力地克服工作压力、工作倦怠和职业倦怠的困境，通过自己百折不挠的顽强奋斗实现更大的业绩。

(三)敬业度中介作用假设的提出

根据以上分析，结合以往关于敬业度与工作绩效关系的大量研究，我们提出以下假设：

假设 H2：敬业度在员工和谐心智模式与工作绩效之间发挥部分中介作用。

假设 H3：敬业度在员工和谐心智模式与任务绩效之间发挥部分中介作用。

H3-1 敬业度在员工利他倾向与任务绩效之间发挥部分中介作用。

H3-2 敬业度在员工和谐信念与任务绩效之间发挥部分中介作用。

H3-3 敬业度在员工和谐思维方式与任务绩效之间发挥部分中介作用。

假设 H4：敬业度在员工和谐心智模式对关系绩效的影响中发挥中介作用。

H4-1：敬业度在员工利他倾向对关系绩效的影响中发挥中介作用。

H4-2：敬业度在员工和谐思维方式对关系绩效的影响中发挥中介作用。

H4-3：敬业度在员工和谐信念对关系绩效的影响中发挥中介作用。

---

① Isen A. M,"A role of neuropsychology in understanding the facilitate influence of positive affect on social behavior and cognitive process",In C. R. Synder & S. J. Lopez (Eds.), Handbook of positive psychology. New York，NY：Oxford University Press,2002,pp. 528－540.

② Jennifer M G, Gareth R J. "Experiencing work：Values, attitudes, and moods", Human Relation. Vol. 50,No. 4,1997,pp. 393－41.

三、理论模型建构和假设汇总

(一)理论模型建构

根据以上的理论推演和所提出的假设,我们构建如下理论模型:

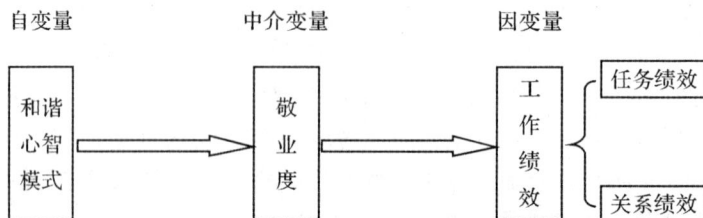

图 7-3　和谐心智模式对工作绩效影响的理论模型

资料来源:本书作者根据理论分析整理。

(二)研究假设汇总

根据第六章和第七章所构建的研究假设,将研究假设汇总如下:

核心构念假设:和谐心智模式包括和谐信念、利他行为倾向与和谐思维方式三个维度。

假设 H1:员工和谐心智模式与工作绩效具有正相关关系。

H1-1:员工和谐心智模式与任务绩效具有正相关关系。

H1-2:员工和谐心智模式与关系绩效具有正相关关系。

假设 H2:敬业度在员工和谐心智模式与工作绩效之间发挥部分中介作用。

假设 H3:敬业度在员工和谐心智模式与任务绩效之间发挥部分中介作用。

H3-1:敬业度在员工利他倾向与任务绩效之间发挥部分中介作用。

H3-2:敬业度在员工和谐信念与任务绩效之间发挥部分中介作用。

H3-3:敬业度在员工和谐思维方式与任务绩效之间发挥部分中介作用。

假设 H4:敬业度在员工和谐心智模式对关系绩效的影响中发挥中介作用。

H4-1:敬业度在员工利他倾向对关系绩效的影响中发挥中介作用。

H4-2:敬业度在员工和谐思维方式对关系绩效的影响中发挥中介作用。

H4-3:敬业度在员工和谐信念对关系绩效的影响中发挥中介作用。

08 实证研究设计与问卷开发

本章主要介绍实证研究设计与和谐心智模式调查问卷开发的程序及其检验的过程,同时也对和谐心智模式的要素与结构假设进行验证。

第一节 实证研究设计

一、实证研究程序

本部分研究按照实证研究的科学程序进行:

首先,探索和谐心智模式的要素及其结构。通过文献研究和质化研究,结合进一步的访谈,明晰和谐心智模式的概念、要素,提出概念模型。

第二,收集和谐心智模式分问卷的题项,并进行预测试,进行项目分析和探索性因子分析。

第三,和谐心智模式分问卷的信度和效度检验。

第四,编制正式调研问卷。

第五,进行数据分析验证假设。

二、测量工具

由于心智模式和工作绩效这类研究课题在国内外已经有了比较深入的探讨,研究工具也比较成熟,为保证测量的信度和效度,主要借鉴国内外学者经常使用的相关研究工具,同时由于本研究对心智模式和和谐心智模式的概念模型进行了拓展,因此还将结合研究目的与中国文化情境对量表进行修订。

本研究最后形成的正式问卷一共包括四部分,其中第一部分是有关被测及企业的一些基本情况;第二、三、四部分分别为有关和谐心智模式、敬业度和工作绩效的问项。需要说明的是，为筛选无效问卷，在和谐心智模式问卷问项中间设置了一个空白选项，如果被试对空白选项进行了选择，那么该问卷即为废卷。此外，有一项空缺不填者即为废卷。正式发放的问卷见附录C。

本研究自行开发《和谐心智模式分问卷》。下面就敬业度分问卷和工作绩效分问卷的编制予以说明。

(一)《工作绩效调查分问卷》编制说明

工作绩效是指团队成员在工作过程中以某种方式实现的与团队目标密切相关的某种活动的结果或行为表现。(陈志霞，2006)

由于工作绩效受到很多因素的影响，而且学者们对工作绩效的结构也没有一致的看法，因此他们会结合具体研究情况来设计工作绩效量表。本研究根据酒店餐饮企业的工作特点，采用任务绩效和人际绩效作为工作绩效的两个测量维度。

测评任务绩效的题项及其来源是：

(1)在规定时间内完成工作任务：Borman 和 Medowidi，1993；孟晓斌，2004；Motowidlo 和 Van Scotter，1996；汪新艳，2008；韩翼，2006。

(2)按质量标准完成工作：Motowidlo 和 Van Scotter，1996；汪新艳，2008；Borman 和 Medowidi，1993；孟晓斌，2004。

(3)按上级要求完成工作任务：Motowidlo 和 Van Scotter，1996；汪新艳，2008。

(4)我的工作效率情况：Motowidlo 和 Van Scotter，1996；汪新艳，2008。

测评人际绩效的题项及其来源是：

(1)我与同事之间关系融洽程度：Motowidlo 和 Van Scotter，1996；汪新艳，2008。

(2)我在工作上同其他同事合作的情况：Motowidlo 和 Van Scotter，1996；汪新艳，2008。

(3)我在同事中的人缘很好：Motowidlo 和 Van Scotter，1996；汪新艳，2008。

鉴于这些题项基本上来自于国外，我们采用经过国内学者检验并使用过的量表，并根据酒店餐饮企业员工理解水平对题项的语言表述进行了进一步通俗化处理。为谨慎起见，我们对本研究的工作绩效分问卷进行了信度和效度检验。

(二)《敬业度调查分问卷》编制说明

员工敬业度是指企业员工以自我投入到工作角色中，在情感、认知以及身体力行方面完成自己的工作并在其中表现自我。[1] 员工敬业度的核心是组织成员如何将自我投入到工作表现中。[2] 敬业是中华文化传统的美德之一，最早可以追溯到《礼记·学记》中关于"敬业乐群"的记述。因此在中国文化背景下，敬业度的内涵与外延必然和国外不尽一致。本研究认为员工敬业度是一系列积极持续的工作行为表现的总和。

关于敬业度的研究和量表很多，根据本研究需要，特别是结合酒店餐饮企业员工工作特点，敬业度分问卷题项部分引自成朱江编制的成熟量表。该量表根据企业员工敬业的基本表现编制而成，具体包括"我工作认真负责，认真履行岗位职责"等 6 个项目，共一个维度，方差解释量为 63.17%，α 系数为 0.879。[3] 此外，还有一部分题项引自几篇对敬业度进行实证检验的硕士学位论文。[4] 这些题项与国外成熟的敬业度量表的题项是一致的：(1)我每天尽全力工作；(2)在工作时，我常常不知道疲倦；(3)我能从工作中体验到一种成就感；(4)我认真履行岗位职责；(5)当我工作时，满脑子就只有工作；(6)我总是尽全力去克服工作上的困难。

需要说明的是，目前很多研究把敬业度的内涵作了非常大的扩展，把很多与敬业关系不大的内容如组织支持、工作绩效、组织氛围等也放到其中，这就造成了敬业度界定的混乱。本研究从敬业度的原始含义出发，来选取调查题项。在预测试中，我们对本研究的敬业度分问卷进行了适当的信度和效度检验。

三、和谐心智模式概念的操作化设计与问卷开发原则

概念的操作化(operationalization)是指对抽象概念的详细研究和操作，并最终用经验性的观察结果来解释相关概念的过程。常用的概念操作化的方法是问卷设计。因此，这一阶段研究的目的是通过科学的问卷开发程序与方法进行研究，获得和谐心智模式的调查问卷。

---

① Kahn W A. "Psychological conditions of Personal engagement and disengagement at work", Academy of Management Journey, Vol. 33,1990,pp. 694—700.

② May D R, Gilson RL, Harter L M. "The psychological conditions of meaningfulness, safety and availability and the engagement of human spirit at work", Journal of occupation & organization psychology, No. 10,2006,pp. 113—118.

③ 朱江：《敬业确实有道理》，电子工业出版社 2005 年版。

④ 主要有：杨晓刚：《工作价值观、组织价值观契合及其对敬业度的影响》，河南大学 2010 年心理学专业硕士学位论文；吕翠：《组织支持感与员工敬业度的关系研究》，山东大学 2009 年企业管理专业硕士学位论文；孙洁：《员工敬业度定义与结构实证研究》，首都邮电大学 2009 年管理学硕士学位论文。

(一)和谐心智模式概念操作化设计内容

和谐心智模式一共涉及三个构念:利他行为倾向、和谐思维方式与和谐信念。为了保证对这些构念的操作化能够最大限度地反映本研究所界定的概念内涵,在设计问卷的过程中需要进行以下几个方面的工作:

1.通过详实的文献回顾与梳理来使这些构念的操作化具备坚实的理论基础。本研究为了保证问卷的效度和信度,尽量引用国内外研究中经过检验的、成熟的量表。即使有些构念难以找到现成的量表,也力争每一个构念的操作化都不是凭空想象得来的,而是有丰富的国内外文献为佐证,以国内外学者长期的理论研究或实证研究成果为基础,进行收集整理得到的。

2.采用深度访谈的方法,深化与扩展概念操作化研究。在问卷编制阶段,通过面谈、小型会议和电话访谈的形式,与二十几位业内资深人士进行深入交流与讨论,收集他们对这些概念内涵和外延的理解,有选择地对文献综述所整理出的概念操作化集合进行筛选、调整与压缩,以此为基础设计能够体现和谐心智模式内容与结构的预试问卷。

3.概念操作化基本完成后,进行问卷的预试与分析,以提高概念操作化的实证基础性。预试问卷的题项数要符合实证研究的相关要求,并运用 SPSS19.0 统计软件进行了项目分析和因素分析,对鉴别力差的题项和因素载荷不明晰的题项进行了删除,保证正式问卷中概念操作化的合理性。

4.在上述过程和方法基础上科学编制和谐心智模式正式问卷。

(二)和谐心智模式问卷开发原则

调查问卷的开发有着科学的原则与程序,这决定着问卷的质量,而问卷的质量直接影响着调查的信度与效度,这最终关系到实证研究的科学性。本研究的问卷开发要遵循以下原则,这些原则是心理测量和社会调查所共同遵循的:

1.遵循心理测量的基本原则,尽量用行为测量方式来测心智模式。心理学研究发现,人的认知与行为之间存在差距。1912 年,德国心理学家马克思·列维-苏尔(Max Levy-Suhl)在对少年犯和非少年犯进行访谈时发现,他们反对偷窃的态度惊人的一致,不同的只是道德的成熟度。他因此认为,道德的意图并不能用来解释青少年犯罪现象。[1] 而关于利他行为的研究也揭示出同样的现象。美国心理学家克雷布斯(Krebs,1982)发现,利他的意图很少导致利他行为的出

---

[1] 转引自杨韶刚:《西方道德心理学的新发展》,上海教育出版社 2007 年版,第 119 页。

现。[1] 这些研究都证实认知与行为之间确实存在差距。[2]

所以,心理测量是一种间接的测量,我们无法直接测量人的心理,只能测量人的外显行为。[3] 心理学的特质理论(trait)认为,人的某种内在的不可直接测量到的特质,可表现为一系列具有内在联系的外显行为,测量者可以通过一定的方法测量这些外显行为,并由这些外显行为判别特质的性质。这是由于人的心理活动与行为具有因果关系,由"果"可推测"因",这是心理现象可以间接测量最根本的理由,也是科学研究的基本方法。[4] 心智模式作为一种心理现象,对其测量也要遵循心理测量的规律与要求,最大限度地用外显行为来测度其内在的心智模式。

2. 开发程序的科学性原则。具有操作化的问卷建立在正确的概念化基础上,并以此进行调查问项设计。开发一个具备构念效度的测验量表需要实现理论构念和测量指标/项目之间的高度一致。应注意的问题是,要明晰所研究概念的核心特征与其他相近概念的区别,还要确认理论构念的层次和内部成分。[5] 我们借鉴 Pulakos 等学者对工作绩效量表的建立程序[6]来开发和谐心智模式调查问卷。基本步骤如下:(1)在第二、三章文献回顾和第四章理论论证的基础上,通过质化研究,采取访谈和开放式问卷调查的方式,运用关键事件指标的汇集初步确立和谐心智模式的概念与内容;(2)通过文献梳理、专家访谈、开放式问卷等方法收集和谐心智模式问卷初始项目(items)并形成项目库;(3)对项目进行初试筛选;(4)确定各个初试项目的名称和维度;(5)对筛选后的项目进行初次测试;(6)继续筛选初试项目;(7)变量的定义和内容的选定及其阐释;(8)正式测试和分析检验。

在问卷开发过程中,还要注意从一般的问题库中抽取有代表性的问题,本研究从相关领域的学者业已开发并经过检验的量表结合本书的质化研究进行开发设计;同时遵循多问项测度原则,即设计问卷时,特定的概念至少应该通过两个

---

① Krebs, D. (1982). Altruism: A rational approach. In N. Eisenberg(Eds.), The development of prosocial behavior. New York: Academic Press, pp. 53—76.

② 杨韶刚:《西方道德心理学的新发展》,上海教育出版社 2007 年版,第 119 页。

③ 金瑜:《心理测量》,华东师范大学出版社 2001 年版,第 29 页。

④ 金瑜:《心理测量》,华东师范大学出版社 2001 年版,第 30 页。

⑤ 陈晓萍、徐淑英主编:《组织与管理研究的实证方法》,北京大学出版社 2008 年版,第 234—235 页。

⑥ Pulakos E D, Arad S, Domovan M A, Planondon K E., "Adaptability in the workplace: Development of taxonomy of adaptive performance", Journal of Applied Psychology, Vol. 85, 2000, pp. 612—624.

问项来测量。

3.信度和效度原则。设计完成的量表和问卷必须具备相应的信度和效度,才能应用于正式研究。因此,在正式调查之前必须进行预调查研究,并对研究数据进行信度和效度检验,而后方能确定正式调查问卷。详见图 8-1。

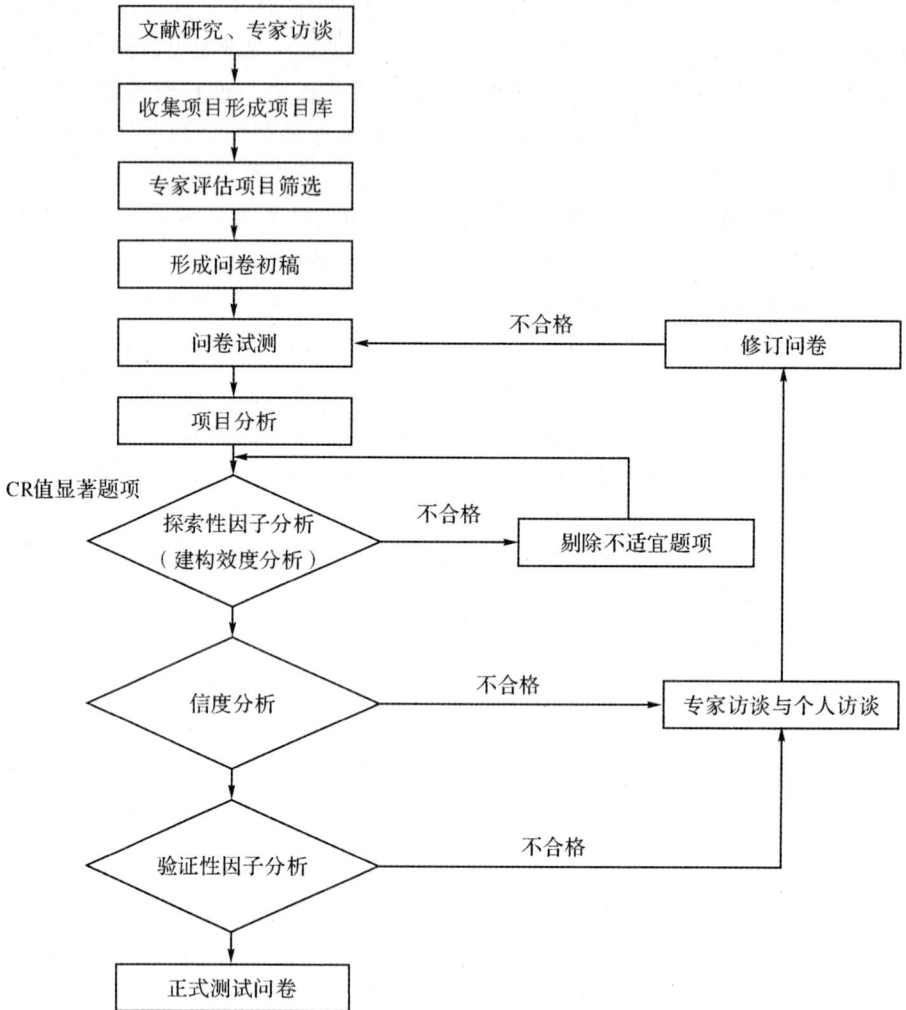

图 8-1 问卷开发程序

资料来源:根据心理测量量表和社会调查问卷开发的相关研究整理。

四、数据分析策略

(一)数据分析方法

主要采用的数据分析方法包括描述性统计分析、方差分析、探索性因子分析、验证性因子分析和多元回归分析。其中,探索性因子分析和描述性统计分析通过 SPSS19.0 进行。鉴于结构方程可以对多个变量之间的因果关系同时进行分析,而且这种分析是在考虑了各个变量之间相互影响的基础上进行的,尤其是结构方程考虑了各个变量的测量误差,在很大程度上提高了分析结果的准确性,所以本书中的验证性因子分析和多元回归分析将通过结构方程分析加以实现,通过 AMOS7.0 分析软件进行。

(二)数据分析阶段

数据分析将分三个阶段进行:

一是对量表进行信度和效度的检验。除了和谐心智模式自行开发之外,本研究中采用的敬业度量表来自国外学者的研究成果,也被学者们广泛使用。但是,由于文化价值观的差异,这些量表在中国文化背景下是否依然可靠、依然有意义还需要重新验证。同时,我们根据中国的文化背景和酒店餐饮企业员工的文字理解水平对各量表都进行了不同程度的改编。因此,在正式进行数据分析之前,有必要对这些量表重新进行信度和效度检验。量表的效度分析通过探索性因子分析和验证性因子分析进行。

二是对样本进行描述性的统计分析,通过方差分析考察性别、年龄、学历、岗位、职务层级等因素对和谐心智模式的影响。

三是采用结构方程的结构模型分别对和谐心智模式对工作绩效、敬业度的中介作用进行分析,探讨各潜变量之间的作用关系,对各理论建构的推理效度作出分析。

五、样本数量策略

本研究在问卷开发与验证、理论模型及假设检验中都要用到数量充分的样本。关于在因子分析中样本量达到多少才算足够大的问题,Colnrey 和 Lee (1992)给出了一个指导性原则:50 个样本很差,100 个比较差,200 个正常,300 个较好,500 个非常好,1000 个则最好。但是,Guadagnoli 和 Velicer 指出如果因子分析的结果表明量表中几个题项的因子负载非常高(如大于 0.8),则对样本量的要求就不需要这么高。在这种情况下,150 个样本即可。[①] 具体来讲,样本量和量表变项数目之比应该大于 5:1,如果要获得非常可靠的分析结果,该比率应大于 10:1。[②] 在和谐心智模式问卷开发过程中,为谨慎起见,进行了两次小样本预测试:第一次小样本预测试收回有效问卷 101 份,仅对其进行项目分析,以初步确定问卷正式预测试的题项。第二次扩大样本量预测试收回有效问卷 230 份,达到了进行因子分析的数量标准。

关于结构方程分析样本数量的研究显示,样本容量最少应该大于 100,最好大于 200,原因在于数量少于 100 的样本所产生的相关矩阵不够稳定,使得结构方程分析结果的信度或可重复性低。本研究的有效问卷 947 份(包括用于验证性因子分析的 505 份问卷)已经超过这个要求,满足进行结构方程分析的样本容量条件。

六、样本选择标准及抽样范围

为保证所选择的样本符合本研究的目的,在收集数据之前,先对样本的选取标准和抽样范围作如下限制:

一是样本企业规模。如果企业规模太小,员工和谐心智模式的企业化特征难以被全面地得到反映;而如果企业规模相似性太强,研究的结果就不会有普遍性。因此,根据酒店餐饮企业特点,本书将样本企业规模限制在 40 人以上,大、中、小各种规模均有一定的数量比例。

二是样本企业寿命。从理论上讲,所选择的样本企业寿命较长,可能更能准确地反映出企业和谐组织建设与员工和谐心智模式之间的关系。由于本研究的样本对象——酒店餐饮企业的员工流动率非常高,本书稍微放松了这一条件,设定为两年以上。因为两年以上的酒店餐饮企业已经逐渐走上正轨,也基本上形成了自己的企业文化。

三是样本企业所在区域。为了使研究结果不受地方政策、环境等因素的干扰,具有更强的代表性和说服力,所选样本不应该集中在某个地区。因此我们将样本选择区域适度分散在江苏、天津、北京、四川、辽宁、内蒙古等多个地区。

[①] Guadagnoli E, Velicer W F. "Relation of sample size to the stability of component patterns", Psychological Bulletin, Vol. 103,1988,pp. 265－275.

[②] Everitt B. S, "Multivariate analysis: the need for date and other problems", British Journal of Psychology, Vol. 126,1975,pp. 237－240.

第二节 和谐心智模式分问卷开发

本研究主要考察和谐心智模式及其对工作绩效的影响。尽管所使用的量表多引用自国外的研究,且多为相关领域研究者最常用的量表,但由于多数量表缺少在中国文化情境下应用的背景,因此需要对量表作文化情境适应性修正,以提高其内容效度。

一、收集问项与编制初始问卷

(一)问项收集与编写

我们通过四个途径收集和谐心智模式问卷的相关项目:

一是相关量表与问卷。通过收集、比较国内外关于心智模式测量与调查的研究成果,特别是将相关成熟量表的有关条目作为和谐心智模式问卷题项的一个重要来源。由于国内外尚没有和谐心智模式问卷的专门研究文献,关于心智模式问卷的文献也较少,本研究主要参考了吕晓俊开发的《组织背景中员工心智模式社会调查问卷》[①],这个问卷产生于中国大陆,开发方法和程序符合心理学量表规范,具有较高的信度和效度。此外,目前有一批本土心理学家开发了与此相关的量表,如杨中芳、林依正、赵志裕等学者开发的系列《中庸思维量表》[②],杨中芳等开发的《长程取向思考量表》与《中庸处世拿捏成语量表》,吴佳辉、林以正开发的《中庸量表》[③],黄金兰、林以正、杨中芳开发的《中庸处世信念/价值量表》[④]等,都具有很大的借鉴价值。对于这些量表,在与主要作者(如杨中芳、黄金兰)取得联系并得到其允许之后,会同所在研究团队的学者共同探讨与本研究的相关性和可用性,最后由本书作者根据研究的需要而决定取舍。此外,部分原始项目还来源于 Zhan 和 Shen 编制的自我一致性量表[⑤]、王登峰编制的自我和

---

① 吕晓俊:《组织中员工心智模式的理论与实证研究》,华东师范大学 2002 年博士学位论文。

② 黄金兰、林以正、杨中芳:《中庸思维之面向及测量》,第七届中国社会心理学会年会论文集,南开大学,2008 年 10 月;赵志裕:《中庸思维的测量:一个跨地区碶鈇的初步结果》,《香港社会科学学报》2000年第 18 卷,第 33−35 页。

③ 吴佳辉、林以正:《中庸思维量表的编制》,《本土心理学研究》2005 年第 24 卷,第 247−299 页。

④ 黄金兰、林以正、杨中芳:《中庸处世信念/价值量表的修订》,第七届中国社会心理学会年会论文集,南开大学,2008 年 10 月。

⑤ Zhan L,Shen C. The Development of An Instrument to Measure Self-Consistency[J]. Jounal of Advanced Nursing,1994,10:509−516。

谐量表①、张建新等编制的中国民众心理和谐量表②以及刘婷、秦琴和张进辅等开发的当代大学生心理和谐量表③。

二是深度访谈。从2009年2月—2011年1月，陆续选择了11名相关的人员（这些被访者具有较为丰富的管理经验或学术背景，其来源和构成如表8-1所示）进行个别深度访谈，以得到他们对本研究核心概念的现实理解和一些观察项目。

表8-1 和谐心智模式问卷项目收集访谈人员情况统计

姓名或编号	年龄	工龄	所在地方	单位类型	学历	职务背景
钱先生	53	30	无锡	餐饮企业	本科	总经理
张女士	28	8	河北徐水	温泉宾馆	大专	总经理
景先生	25	5	无锡	餐饮企业	大专	前厅经理
孟先生	30	5	南开大学	学校	研究生	饭店管理专业博士生
李先生	39	10	南开大学	学校	研究生	饭店管理专业博士生
包先生	42	19	内蒙古	酒店	本科	副总监
杨先生	28	6	无锡	餐饮企业	本科	店长
孙先生	43	20	天津	食品公司	本科	总经理
刘女士(1)	35	10	天津	餐饮企业	硕士	部门经理
刘女士(2)	40	20	辽宁	酒店	中专	副总经理
樊女士	24	6	无锡	餐饮企业	高中	前厅主管

资料来源：作者根据调研资料整理。

在访谈过程中，为了得到被访者的真实观点，保证其思路与思维不受任何限制，我们没有对"和谐心智模式"以及"和谐"进行界定，也没有特意提及"心智模式"这一学术化的概念，更没有设定具体的题目，但访谈主题控制在"和谐""心理""思维方式""价值观""追求""行为方式"等方面。

三是开放式问卷调查。向酒店与餐饮企业员工发放开放式问卷100份，共回收有效问卷54份。该问卷有5个问题：

---

① 王登峰：《自我和谐量表的编制》，《中国临床心理学杂志》1994年第1期，第19—22页。

② 张建新、任孝鹏、白新文、郑蕊：《转型期需要关注民众心理和谐》，《科学时报》2008年12月23日第A01版。

③ 刘婷、秦琴、张进辅：《大学生心理和谐的维度探讨》，《西南大学学报（社会科学版）》2010年第2期，第14—20页。

对于一个做人做事很和谐的职场人士而言,她或他具备——

(1)怎样的心态?

(2)怎样的价值观念?

(3)怎样的思维方式?

(4)怎样的行为习惯?

(5)哪些知识(比如,了解同事爱好、工作职责等)?

要求被访者列出他们的观点。

通过这种方式一共收集到 126 个项目,其中含义完全重复者计为一条。

四是根据理论自行编制部分条目。根据文献梳理和理论模型,参考上述已经收集到的诸多条目,自行编写一些条目,以使和谐心智模式的评价更加全面。

通过以上四条途径我们共得到 617 个题项条目(文字完全重复者仅计为一条)。

(二)项目筛选与修改

研究者先后邀请南开大学和天津大学 7 位旅游管理、企业管理专业在校博士生、2 位在校 MBA 一起反复讨论,对 617 个条目进行压缩汇总,将意思相同的条目合并,在压缩合并时主要考虑以下几个标准:

(1)意思完全相同或几乎一样的条目才合并;

(2)尽量保持原条目的意思;

(3)保留语言通俗易懂的条目;

(4)保留意思明确的条目;

(5)对于根据文化传统分析梳理和质化研究(主要是扎根理论方法)而得来的条目尽量保留;

(6)对于已开发的成熟量表(如中庸思维量表)尽量保留;

(7)尽量保持原来的文字表达,如果修改须经大家反复讨论全体同意才能通过。

经过以上程序,保留 98 个条目。然后,又请了 1 位管理学正教授、1 位汉语专业博士生、4 位旅游专业副教授、2 位服务管理方向讲师、6 位具有 5 年以上工作经验的在职人员对这些项目进行通读,重点把握每一项目的表达准确性和通俗性。然后根据他们提出的一些建议,将 98 个项目再次压缩为 71 个条目,以这 71 个条目作为预试问卷的题目。

(三)编制预测试问卷

问卷题项条目数量的确定,根据 Devellis(1991)对于预试问卷题项数的研究结论,"如果是编制一个正式的测验或量表,作为心理测量之用,则预试题项数应该是将来所需正式题项总数的 3—4 倍"。故在预测试问卷中保留 70 余个条目还是合理的。

经过对上述问卷项目的收集、整理和提炼，编制了包含上述 71 个条目的预测试问卷初稿。为了减少响应（response）偏差，对 4 个问项条目采用了反向措辞。预测试问卷采用 Likert7 级量表形式，请作答者在"1＝完全不符合"到"7＝完全符合"之间进行选择，由 1 到 7，分数越高，表示题项的描述符合答卷者实际情况的程度越强。之所以采用 7 级量表形式，主要是为了规避中国被试常见的中间态度倾向，同时特意设了"4＝无法判断"选答项，目的是了解答卷者对问项条目表述和含义的理解程度，考虑把那些普遍选"4"的问项进行修改或删除。

预测试初稿形成之后，进行了小范围的施测，实测对象是 30 位酒店餐饮企业管理者、员工和旅游管理专业博士、硕士和 MBA，并对部分被测进行了访谈，了解他们回答问卷时的感受，征询他们的意见和建议。在此基础上，对调查问卷的措词、语句的结构等进行了必要的修改和调整，目的是尽量用简明易懂的语言来表述量表中的具体问项，以便被调查者能快速、准确地答题。根据心理量表的开发与编制要求，这次修改与设计的原则如下：

(1)避免使用过去时态的语句，而用现在时态的语句。

(2)避免使用涉及被测敏感事件或可解释为敏感事件的语句。

(3)避免使用可用多种方法来解释的语句。

(4)不可离题。

(5)尽量使语句的文法简易、清楚。

(6)语句要短而扼要，一般在 20 字左右，最长不要超过 30 字。

(7)避免使用人人可能皆同意或皆不同意的语句。

(8)每个语句应只包含一个完全的想法。

(9)尽量采用简单句形式，而少用复合句或复杂句。

(10)避免使用普通员工不易了解的字眼(如专业术语或方言，如"心智模式")。

(11)避免使用双重否定形式的语句。

(12)语句应各自独立，具有互斥性。

(13)优先保留、使用来自成熟量表的条目。

(14)答案应包含所有可能的反应。

由此形成预测试问卷(见附录 B)。

二、小样本预调研与问卷修正

(一)调研目的与概况

为了获得更有效的问卷，本研究在正式调研之前，利用初步编制的问卷进行了小样本预调研,这也是第一次预测试。目的是检验所设计问卷的信度和效度,以及进行必要而及时的问卷修正。

本研究面向酒店餐饮企业的所有员工,其中很多是一线员工,这些员工大多是 20 岁左右的仅具初高中学历的农民工,他们的文字理解程度毕竟有限;而在题项采集与编制过程中,采纳的多是专家、学者、管理者的意见,虽然也对一些员工进行了访谈,但最终进入预试问卷的题项还是以专家学者和管理者的意见为主。所以了解酒店餐饮企业员工对问卷的意见和理解程度就很重要。除了继续进行访谈之外,最有效的了解方式就是进行实际测试。第一次预测试的目的是通过项目分析和探索性因素分析初步确定问卷的正式项目及结构。

关于预测对象人数,学者 Tinsley(1987)建议,每个题项数与预试样本数的比例大约是 1∶1 至 1∶10 之间。和谐心智模式预测试问卷题项一共 71 项,我们一共发放了 150 份问卷,回收 120 份,剔除无效问卷 19 份,得到有效问卷 101 份,有效回收率为 67.33%。第一次预测试以天津长青温泉宾馆的员工为主,还有部分随机选取的相关人员。经显著性检验,以上样本男女均无显著性差异。人口统计学状况如表 8-2 所示。

采用 SPSS19.0 进行项目分析、探索性因素分析、相关分析与信度分析。首先对 101 份有效问卷中集中选答"4(无法判断)"的题项进行直接删除,共删除了 21 项,剩 50 项。

表 8-2　第一次预测试对象人口统计学资料(N＝101)

属性	类别	数量	百分比
性别	男	43	42.6
	女	58	57.4
年龄	20 岁及以下	5	5.0
	21—25 岁	32	31.6
	26—30 岁	21	20.8
	31—35 岁	15	14.9
	36—40 岁	14	13.8
	41—45 岁	7	7.0
	45 岁以上	7	6.9

续表

属性	类别	数量	百分比
教育状况	初中及以下	9	8.9
	高中	15	14.9
	中专	14	13.9
	大专	11	10.9
	本科	30	29.7
	硕士	20	19.8
	博士	2	2.1
职务	一线员工(1)	53	52.5
	基层主管(2)	20	19.8
	中层管理者(3)	19	18.8
	高层管理者(4)	9	8.9
收入水平	1.5万以下(1)	41	40.6
	1.51万—3万(2)	17	16.8
	3.1万—5万(3)	21	20.8
	5.1万—7万(4)	8	7.9
	7.1万—10万(5)	10	9.9
	10万以上(6)	0	0.0
	缺失值	4	4.0

资料来源:作者根据调研数据整理。

从以上统计可知,被试中女性多于男性,这符合酒店餐饮企业女性员工较多的现实;21—30岁的员工占52.4%,也符合酒店餐饮企业员工普遍年轻化的事实;高中和中专及以下学历的员工占到37.7%,也基本符合该类企业员工多数文化水平不高的现实。①

(二)和谐心智模式小样本预测试问卷项目分析

首先对这次小样本调研进行项目分析(item analysis),包括以下几个步骤。

首先,和谐心智模式小样本预测试问卷独立样本 t 检验。选取 101 份样本

---

① 研究生学历者达21.9%,一个原因是我们邀请了一些酒店管理专业的硕士、博士(研究生)填写了问卷,在酒店餐饮企业工作的研究生实际比率应小于这个数字。

数据对预测问卷进行项目分析,计算问卷各个题项的决断值(CT 值),它是根据测量总分区分出高低分组后,再求高、低两组每个题目的平均差异显著性,以删除未达到显著水平的题项。[①] 计算样本总分,将总分按照由低到高顺序排列,前 27% 为低分组,后 27% 为高分组,两组结果进行 t 检验,结果 CT 值未达到显著水平的有 4、6、11 三项,考虑予以删除。

其次,和谐心智模式小样本预测试问卷各题项与总分的相关性分析。根据吴明隆的总结研究,同质性检验即求出个别题项与总分的积差相关系数。采用同质性检验作为个别题项筛选的一个指标。如果个别题项与总分的相关系数越高,表示题项与整体量表的同质性越高。个别题项与总分的相关系数未达显著的题项(相关系数小于 0.4),表示该题项与整体量表的同质性不高,最好删除。[②] 有 3、10、13、16、21、30、44、50、54、55、58、60、62、66、67、70 共 16 个题项低于上述标准。

第三,和谐心智模式小样本预测试问卷的信度检验。本研究采用一致性系数对预测试问卷进行信度检验。一般认为问卷的信度系数 Alpha 值大于 0.70,即为较好的量表,也有学者认为在 0.60 以上为可以接受的信度。[③] 本预试问卷的 Alpha 值为 0.931,表明信度较高。在各题项总计统计量中,根据对题项已删除的 Cronbach's Alpha 值与 0.931 的比较,可以对 63、65 项进行删除。

第四,问卷共同性和因素负荷量检验。根据吴明隆的总结,共同性(communalities)数值越低,表示该题项测量共同心理特质的程度越低,若低于 0.20 时,可以考虑删除该题项。题项的因素负荷量亦然,低于 0.45 时,可考虑删除该题项。[④] 我们根据萃取一个因素的各题项共同性和负荷量数值,将低于以上标准的 3、21、30、54、63、58、62、65 项考虑删除。

根据以上分析,共有 18 个题项可以删除。

(三)形成修订的预测试问卷

根据以上分析、检验,共删除 18 个题项,剩下 32 个题项,以此为基础对题项重新编号,形成第二次预测试问卷。修订的预测试问卷采用李克特 6 点尺度,删除中间的"无法确定"答项,目的是避免中国人的"中立"倾向对答题的不利影响。

---

① 吴明隆:《统计应用实务——问卷分析与应用统计》,科学出版社 2003 年版,第 41 页。
② 吴明隆:《问卷统计分析实务——SPSS 操作与应用》,重庆大学出版社 2010 年版,第 181 页。
③ 凌文辁、方俐洛:《心理与行为测量》,机械工业出版社 2003 年版。
④ 吴明隆:《结构方程模型——AMOS 的操作与应用》(第 2 版),重庆大学出版社 2010 年版,第 188—191 页。

三、扩大样本的和谐心智模式预测试

运用在小样本预测试之后编制的问卷,进一步扩大调查的范围,进行第二次预测试。取样范围在天津、江苏和辽宁等地,调查的单位主要有天津长青温泉宾馆、无锡 XYY 餐饮集团等。

我们一共发放了 300 份问卷,回收 256 份,剔除无效问卷 26 份,得到有效问卷 230 份,有效回收率为 76.67%。被试的人口统计学变量如表 8-3 所示,符合酒店餐饮企业员工的现实情况,具有代表性。① 经显著性检验,以上样本男女均无显著性差异。采用 SPSS19.0 进行项目分析、相关分析、信度分析与探索性因素分析。

表 8-3　第二次预测试对象人口统计学资料(N=230)

属性	类别	数量	百分比
性别	男(1)	101	43.9
	女(2)	129	56.1
年龄	20 岁以下(1)	1	0.4
	21—25 岁(2)	15	6.5
	26—30 岁(3)	61	26.5
	31—35 岁(4)	72	31.3
	36—40 岁(5)	33	14.3
	41—45 岁(6)	41	17.8
	45 岁以上	7	3
教育状况	初中及以下(1)	31	13.5
	高中(2)	27	11.7
	中专(3)	19	8.3
	大专(4)	25	10.9
	本科(5)	86	37.4
	研究生(6)	42	18.3

---

① 具体可参见小样本调查的人口统计学分析。

续表

属性	类别	数量	百分比
职务	一线员工(1)	127	55.2
	基层主管(2)	48	20.8
	中层管理者(3)	44	19.1
	高层管理者(4)	11	4.8
收入水平	1.5万以下(1)	53	23
	1.51万－3万(2)	58	25.2
	3.1万－5万(3)	41	17.8
	5.1万－7万(4)	26	11.3
	7.1万－10万(5)	26	11.3
	10万以上(6)	26	11.3
企业所在地区	天津	60	26.1
	江苏	103	44.8
	辽宁	11	4.8
	湖北	6	2.6
	内蒙古	8	3.5
	山东	11	4.8
	上海	7	3.0
	安徽	2	0.9
	北京	21	9.1
	吉林	1	0.4

资料来源：作者根据调研数据整理。

(一)扩大样本的和谐心智模式预测试问卷项目分析

首先,对和谐心智模式扩大样本预测试问卷进行独立样本 t 检验。选取 230 份样本数据对第二次预测试问卷进行项目分析,根据决断值(CT)来计算区分度。首先计算样本总分,将总分按照由低到高顺序排列,前 27% 为低分组,后 27% 为高分组,两组结果进行 t 检验(参见附录 D;另可参见表 8-4),结果 CT 值均达到显著水平。

其次,对和谐心智模式扩大样本预测试问卷各题项与总分进行相关性分析。根据吴明隆的研究,个别题项与总分的相关系数小于 0.4,表示该题项与整体量表的同质性不高，最好删除。[①] 根据统计结果，有 6 项可删除，参见表 8-4。

第三步，和谐心智模式扩大样本预测试问卷同质性检验之信度检验。经过问卷内部一致性 a 系数的统计操作，结果显示，Cronbach's Alpha＝0.902，表示和谐心智模式问卷的内部一致性佳（至少要 0.800，吴明隆，2009）。从校正题项与总分的相关性统计可以看出，Q7、A5、A20、A21、A22、A23 与其余题项的相关系数较低（分别为 286、329、158、260、324、270），均小于 0.400，而且从题项删除后问卷的内部一致性系数改变值来看，这几项删除后问卷的内部一致性系数改变值均不小于原值，故可以考虑删除。详细数据参见附录 E，另可参见表 8-4。

第四步，和谐心智模式预测试问卷同质性检验之共同性与因子负荷量检验。按照吴明隆所述的求量表题项共同性与因素负荷量的程序[②]，采取主成分分析限定萃取一个共同因素，得到共同性和因子负荷（成分）矩阵（见表 8-4）。一般而言，共同性值低于 0.20 则表示该题项与共同因子间的关系不密切，可以删除该题项。[③] 可删除的有：Q7、A5、A20、A21、A22、A23、A25。从因子负荷量上看，小于 0.45 的题项即可考虑删除。Q7、A5、A20、A21、A22、A23、A25 的因子负荷量均小于 0.45。

根据以上的各项项目分析，一共可以删除 Q7、A5、A20、A21、A22、A23、A25，剩下 23 项。

表 8-4　和谐心智模式分问卷项目分析摘要表

题项	极端值比较决断值	题项与总分相关		同质性检验			未达标准指标数	备注
		题项与总分相关	校正题项与总分相关	删除题项后的 a 值	共同性	因素负荷量		
Q1	4.861**	0.440**	0.391	0.900	0.202	0.449	2	删除
Q2	7.456**	0.554**	0.512	0.898	0.278	0.528		保留
Q3	6.684**	0.599**	0.562	0.898	0.354	0.595		保留
Q4	6.438**	0.511**	0.464	0.899	0.264	0.514		保留
Q5	5.904**	0.563**	0.520	0.898	0.324	0.569		保留
Q6	6.163**	0.504**	0.449	0.899	0.268	0.518		保留

---

① 吴明隆：《问卷统计分析实务——SPSS 操作与应用》，重庆大学出版社 2010 年版，第 181 页。

② 吴明隆：《问卷统计分析实务——SPSS 操作与应用》，重庆大学出版社 2010 年版，第 188 页。

③ 吴明隆：《问卷统计分析实务——SPSS 操作与应用》，重庆大学出版社 2010 年版，第 190—191 页。

续表

题项	极端值比较决断值	题项与总分相关		同质性检验			未达标准指标数	备注
		题项与总分相关	校正题项与总分相关	删除题项后的 a 值	共同性	因素负荷量		
Q7	3.193**	0.349**	0.286	0.902	0.114	0.338	4	删除
A1	8.269**	0.586**	0.548	0.898	0.374	0.611		保留
A2	10.193**	0.642**	0.607	0.897	0.436	0.661		保留
A3	8.547**	0.627**	0.591	0.897	0.421	0.649		保留
A4	6.295**	0.546**	0.499	0.898	0.310	0.557		保留
A5	5.555**	0.382**	0.329	0.901	0.143	0.378	4	删除
A6	6.128**	0.462**	0.411	0.900	0.209	0.457		保留
A7	8.233**	0.562**	0.519	0.898	0.328	0.573		保留
A8	8.477**	0.594**	0.552	0.897	0.364	0.603		保留
A9	7.005**	0.549**	0.501	0.898	0.339	0.583		保留
A10	8.492**	0.649**	0.616	0.897	0.461	0.679		保留
A11	5.599**	0.517**	0.469	0.899	0.305	0.552		保留
A13	7.961**	0.574**	0.537	0.898	0.351	0.593		保留
A14	7.861**	0.567**	0.524	0.898	0.345	0.587		保留
A15	10.082**	0.556**	0.513	0.898	0.312	0.559		保留
A16	7.558**	0.611**	0.572	0.897	0.411	0.641		保留
A17	6.544**	0.621**	0.583	0.897	0.422	0.650		保留
A18	6.190**	0.589**	0.551	0.898	0.392	0.626		保留
A19	6.250**	0.494**	0.451	0.899	0.270	0.519		保留
A20	4.574**	0.238**	0.158	0.906	0.011	0.105	5	删除
A21	4.632**	0.337**	0.260	0.904	0.043	0.208	5	删除
A22	5.667**	0.393**	0.324	0.902	0.074	0.272	4	删除
A23	6.206**	0.345**	0.270	0.903	0.048	0.220	5	删除
A24	6.891**	0.601**	0.565	0.898	0.396	0.629		保留
A25	4.207**	0.403**	0.351	0.901	0.182	0.426	3	删除

续表

题项	极端值比较决断值	题项与总分相关		同质性检验			未达标准指标数	备注
		题项与总分相关	校正题项与总分相关	删除题项后的 a 值	共同性	因素负荷量		
A26	4.700**	0.444**	0.395	0.900	0.227	0.477	1	删除
判断标准	≥3.000	≥0.400	≥0.400	<0.902（注）	≥0.200	≥0.450		

注:0.902 为和谐心智模式问卷的内部一致性系数。

** 在 0.01 水平(双侧)上显著相关。

* 在 0.05 水平(双侧)上显著相关。

资料来源:本书作者根据统计结果整理编制。

(二)探索性因素分析

将经过上述分析、筛选过程之后保留的 23 项进行探索性因素分析。探索性因素分析(exploratory factor analysis;EFA)通常称为探索性因子分析[1],它的主要作用是降维,即将具有相关含义的题项进行归类,以便用更少的维度概括原各测量题项所包含的意义。我们对预调研所获得的 230 份有效问卷进行探索性因子分析。为了得到结构效度较高的问卷,这种分析反复进行了多次。下面对其中最主要的分析过程进行介绍。

1. 第一次探索性因素分析

首先对数据进行探索性因素分析的适当性考察,进行 KMO 和球型检验。根据学者 Kaiser(1974)的观点,如果 KMO 值小于 0.5 时,较不适宜进行因子分析;该值在 0.70 以上是适合作因素分析的。此处的 KMO 系数为 0.890,表明可以作因子分析。球型检验中卡方值为 2123.843,自由度为 253,P 值非常显著。从该数据统计数值来看,适合作探索性因素分析。

采用主成分分析法,利用方差最大旋转方式,依据 Kaiser 准则,将特征值大于 1 作为标准提取因子,得到旋转成分矩阵(表 8-5)。

---

[1] 我国港台等地区一般称为探索性因素分析,大陆学术界则称为探索性因子分析。本书经常引用台湾学者吴明隆的相关研究,故对这个名词并用。

表 8-5 旋转成分矩阵ᵃ

题项缩略语	成分					
	1	2	3	4	5	6
A11 立场友善	0.675	0.263			0.176	
A16 善于理解别人	0.615	0.115	0.190	0.290	0.270	
A10 和谐表达方式	0.611	0.408	0.192		0.137	0.153
A15 看光明一面	0.602		0.395	0.271	−.107	
A14 善意欣赏看世界	0.559		0.186	0.514	0.195	
A13 平易近人	0.548	0.335	0.240	−.218		0.360
A1 主动助人	0.213	0.741	0.141	0.151		0.117
A3 完工后助人	0.118	0.702	0.215	0.143	0.355	
A2 鼓励支持同事	0.122	0.689	0.198	0.202	0.104	0.275
A4 不论人是非	0.239	0.509		0.303	0.206	
Q4 来龙去脉	0.205	0.101	0.732	−.119	0.197	
Q3 全面看待工作问题		0.139	0.721		0.380	
Q2 分析并适应环境		0.156	0.681	0.198		0.252
Q5 多角度思考问题	0.302		0.605	0.331		
Q6 按规律办事	0.106	0.399	0.519			0.230
A8 听取意见	0.139	0.341		0.708		0.300
A7 反省自己		0.300	0.136	0.704	0.153	
A19 感恩		0.161	0.287		0.735	
A17 善良处世原则	0.321	0.230			0.615	0.386
A18 和为贵原则	0.248			0.343	0.535	0.431
A24 大局为重	0.295	0.355	0.109	0.316	0.493	
A6 参考别人意见		0.114	0.225			0.751
A9 放人一马	0.298	0.112		0.360	0.179	0.602

提取方法：主成分。

旋转法：具有 Kaiser 标准化的正交旋转法。

a. 旋转在 17 次迭代后收敛。

资料来源：本研究根据统计软件输出结果整理。

旋转成分矩阵显示，和谐心智模式分问卷一共析出 6 个公共因子：公共因子 1 包含 A10、A11、A13、A14、A15、A16；公共因子 2 包含 A1、A2、A3、A4；公共因子 3 包含 Q2、Q3、Q4、Q5、Q6；公共因子 5 包含 A17、A18、A19、A24；公共因子 4、公共因子 6 各包括两个题项。

运用 23 个题项进行第一次探索性因素分析发现，因素结构不是非常理想，而且有些维度上只有 2 个条目，有些条目具有交叉负载。在此基础上，按照以下四个原则逐条删除不合适的题项：

(1)根据公共因子所包含的题项数量决定题项取舍。删除时根据吴明隆的研究，在因素分析中共同因素所包含的题项数最少为三题较为适合，亦即一个构念或层面所包含的题项变量至少为 3 个，[①]所以据此删除公共因子 4 与公共因子 6 所包含的 A6、A7、A8、A9 题。

(2)逐条删除交叉负荷较高的题项。统计分析结果显示，A13、A14、A24 的负荷量分布比较分散，应该删除。

(3)逐条删除那些总负荷较小的题项。

(4)逐条删除那些虽然聚积在一个维度上，但是含义却与其他条目相差较大的题项。

当题项发生变动，公共因素结构会随之改变，因此要经过多次探索性因素分析，才可能建构起结构效度较高的问卷。[②] 经过多次不断地探索性因素分析之后，最后剩下 13 个题项。

2. 扩大样本预测试最终的探索性因素分析

用最终形成的 13 个题项进行探索性因素分析。首先对数据进行探索性因素分析的适当性考察，KMO 系数为 0.851，球型检验中卡方值为 979.3，自由度为 78，P 值非常显著。从该数据统计数值来看，适合作探索性因素分析。采用主成分分析法，利用方差最大旋转方式，得到旋转成分矩阵（表 8-6）；依据 Kaiser 准则，将特征值大于 1 作为因子提取的标准，并结合卡特尔的"陡阶图"，共抽取了三个共同因素。在进行因素分析时，由于是以少数的因素构念来解释所有观察变量的总变异量，加上行为及社会科学领域的测量不如自然科学领域精确，因而萃取后保留的因素联合解释变异量若能达到 60% 以上，表示萃取后保留的因素相当理想；如果萃取后的因素能联合解释所有变量 50% 以上的变异量，则萃

---

① 吴明隆：《问卷统计分析实务——SPSS 操作与应用》，重庆大学出版社 2010 年版，第 224－225 页。

② 吴明隆：《问卷统计分析实务——SPSS 操作与应用》，重庆大学出版社 2010 年版，第 231 页。

取的因素也可以接受。[1] 上述三个因素构念联合解释变异量为 57.706％（表 8-6），很接近 60％，这表明，这三个因素及其建构效度还是可以接受的。

　　同时，本研究关于和谐心智模式的三维度结构假设也初步得到验证。

表 8-6　探索性因素分析结果

	成分		
	1	2	3
A14 善意欣赏看世界	0.817	0.121	0.153
A16 善于理解别人	0.681	0.236	0.222
A15 看光明一面	0.657		0.329
A11 立场友善	0.599	0.349	
A18 和为贵原则	0.532	0.341	0.115
A3 完工后助人	0.155	0.791	0.239
A2 鼓励支持同事	0.144	0.760	0.238
A1 主动助人	0.209	0.752	0.118
A4 不论人是非	0.257	0.585	0.106
Q4 来龙去脉		0.118	0.795
Q3 全面看待工作问题	0.126	0.229	0.778
Q2 分析并适应环境	0.127	0.206	0.685
Q5 多角度思考问题	0.387		0.612
解释变异量（％）	19.593	19.531	18.582
总体解释变异量（％）	57.706		

提取方法：主成分。

旋转法：具有 Kaiser 标准化的正交旋转法。

a. 旋转在 5 次迭代后收敛。

资料来源：本研究根据统计软件输出结果整理。

（三）信度分析

　　最后根据以上的结构维度进行问卷的信度分析，采用克隆巴赫一致性系数（Cronbach α）来考察问卷的内部一致性信度。各因子一致性系数均大于 0.7，总的内部一致性系数为 0.859。各个因子的信度统计量详见表 8-7，和谐心智模

---

[1]　吴明隆：《问卷统计分析实务——SPSS 操作与应用》，重庆大学出版社 2010 年版，第 232 页。

式分问卷信度统计量参见表 8-8。一般而言，统计学关于信度的要求认为，如果因子的信度系数在 0.70 以上，表明因子分析的结果是可以接受的。如果信度过低如在 0.60 以下，应进行修订；如果要提高量表的信度，除对题项内容词句进行修饰外，如时间许可，可增加题项，再挑选新的受试者预测试一次。[1] 鉴于该问卷信度已经很符合心理测量学的要求，同时为了提高问卷信度，我们对问卷个别题项进行了少许的语句修正。

表 8-7　各因子的信度分析统计量摘要

因子及其 Cronbach's Alpha 值	题项	校正的项总计相关性	项已删除的 Cronbach's Alpha 值	备注
因子 1 (0.776)	A1 主动助人	0.601	0.712	保留
	A2 鼓励支持同事	0.630	0.697	保留
	A3 完工后助人	0.642	0.690	保留
	A4 不论人是非	0.465	0.789	保留
因子 2 (0.763)	Q2 分析并适应环境	0.508	0.735	保留
	Q3 全面看待工作问题	0.645	0.664	保留
	Q4 来龙去脉	0.571	0.703	保留
	Q5 多角度思考问题	0.530	0.725	保留
因子 3 (0.764)	A11 立场友善	0.454	0.750	保留
	A14 善意欣赏看世界	0.646	0.679	保留
	A15 看光明一面	0.504	0.731	保留
	A16 善于理解别人	0.595	0.699	保留
	A18 和为贵原则	0.474	0.741	保留

资料来源：根据统计软件输出结果整理。

---

[1]　参见吴明隆：《问卷统计分析实务——SPSS 操作与应用》，重庆大学出版社 2010 年版，第 47、54 页。

表8-8　和谐心智模式分问卷信度统计量

(Cronbach's Alpha＝0.859)

	项已删除的刻度均值	项已删除的刻度方差	校正的项总计相关性	项已删除的Cronbach's Alpha值
A11 立场友善	58.14	56.001	0.450	0.854
A14 善意欣赏看世界	58.18	54.680	0.558	0.847
A15 看光明一面	58.27	55.418	0.519	0.849
A16 善于理解别人	58.13	54.641	0.580	0.846
A18 和为贵原则	58.01	56.314	0.492	0.851
Q2 分析并适应环境	58.35	56.185	0.477	0.852
Q3 全面看待工作问题	58.43	55.495	0.546	0.848
Q4 来龙去脉	58.27	55.912	0.461	0.853
Q5 多角度思考问题	58.24	54.936	0.538	0.848
A1 主动助人	58.17	55.810	0.535	0.848
A2 鼓励支持同事	58.12	55.269	0.573	0.846
A3 完工后助人	58.07	54.737	0.601	0.845
A4 不论人是非	57.97	55.501	0.466	0.853

资料来源：根据统计软件输出结果整理。

　　我们在对经过严格检验的13个题项进行进一步修正之后，重新编号，形成新的问卷。

　　同时，本研究关于和谐心智模式的三维度结构假设从维度数量上基本得到验证。

四、验证性因素分析

　　探索性因子分析表明和谐心智模式是包含13个题项的三维结构，但这只是通过建构效度分析得到的初步结构。研究认为，仅仅通过探索性因子分析就认定"某潜在变量的因子结构是怎样的"还不够，除了进行探索性分析外，还需要运用另外一批样本进行验证，只有通过验证的某种结构才是可以接受的。因此，该概念模型是否存在，三维结构是否可以进一步提炼，还需要通过验证性因素分析来检验模型的合理性。本研究将利用经过前述研究过程确立的和谐心智模式内容问卷，重新收集研究数据，以验证和谐心智模式问卷的构念效度。

我们使用新问卷展开调查,发放了 600 份,收回 550 份,剔除无效问卷,得到 505 份有效问卷,其人口学因素分布状况如表 8-9 所示,具有显著的样本代表性。[①] 以下使用 Amos 7.0 进行验证性因素分析。

表 8-9　验证性因素分析被试人口统计学资料(N=505)

属性	类别	数量	百分比
性别	男	227	45
	女	278	55
年龄	20 岁及以下	28	5.5
	21—25 岁	134	26.5
	26—30 岁	173	34.3
	31—35 岁	70	13.9
	36—45 岁	87	17.2
	45 岁以上	13	2.6
教育状况	初中及以下	72	14.3
	高中	54	10.7
	中专	42	8.3
	大专	73	14.5
	本科	181	35.8
	研究生	83	16.4
职务	一线员工	277	54.9
	基层主管	107	21.2
	中层管理者	96	19.0
	高层管理者	25	5.0
收入水平	1.5 万以下	100	19.8
	1.51 万—3 万	153	30.3
	3.1 万—5 万	93	18.4
	5.1 万—7 万	43	8.5
	7.1 万—10 万	52	10.3
	10 万以上	64	2.7

① 具体可参见小样本调查的人口统计学分析。

续表

属性	类别	数量	百分比
企业所在地区	江苏	187	37.3
	天津	163	32.3
	辽宁	38	7.5
	北京	37	7.3
	内蒙古	35	7.0
	上海	26	5.1
	安徽	12	2.4
	山东	7	1.4
	合计	505	100

资料来源:作者根据调研数据整理。

根据结构方程理论,对模型进行分析比较主要参考以下三方面的指标:

一是绝对拟合指标数。绝对拟合指数用以决定理论的整体模型能够预测观察共变数或相关矩阵的程度。常用的绝对拟合指标数包括:χ^2、χ^2/df、RMSEA、SRMR、AGFI、GFI;其中,当卡方值的显著性 $p > 0.05$ 时模型是可以接受的,但是卡方值与样本大小有直接关系,样本越大,卡方值也越大,所以拒绝一个模型的概率随样本规模增加而增加。为减小这种影响,常用与卡方相联系的粗略常规(rough rule of thumb) $= \chi^2/df$ 来判断,一般认为,如果 $\chi^2/df > 5$,则认为模型拟合得不好;$2 < \chi^2/df < 5$,则可以接受模型;$\chi^2/df < 2$,拟合得比较好。RMSEA 的值在 0~1 之间,RMSEA 越接近 0,表示整体拟合越好。RMSEA < 0.05,表示非常好的拟合;0.05 < RMSEA < 0.08 表示好的拟合;0.08 < RMSEA < 0.10 则是中度拟合;RMSEA > 0.10 表示不好的拟合。AGFI 与 GFI 越接近 1,表示模型整体拟合较好,通常学者建议大于 0.9 时表示良好拟合。

二是相对拟合指数。该指标用以对不同的理论模型进行比较。常见的有NFI 及对其改进的 IFI、NNFI、CFI,这几个指数越接近 1,拟合程度越好,一般认为,大于 0.9 为较好的拟合。[①]

三是简约指数。该指数用以呈现需要达到某一特殊水平的模型拟合的估计系数的数目。对简约拟合指标的操作性定义为检查模型的自由度与虚无模型的

---

①　侯杰泰、温忠麟、成子娟:《结构方程模型及其应用》,教育科学出版社 2006 年版,第 154—168 页。

自由度之比率,其主要目的是更正模型任何有过度拟合的情况如 PNFI、PGFI,一般这些指标值越大则模型的拟合度越好,通常以大于 0.5 为接受模型的标准。

结构方程模型理论认为,评价一个模型拟合程度是一个复杂的问题,在进行模型评价时,不同拟合指标评价的侧重点不同。一般认为,对于一个模型的好坏,不能以一个而应以多个指标进行综合评价。最好能同时考虑上述三类指标。因此,参照公认标准,本研究采用 χ^2/df、RMSEA、GFI、CFI、IFI、PGFI 等对模型进行评价。

本研究根据探索性分析结果初步假设和谐心智模式是一个三因子模型,如图 8-2 所示。

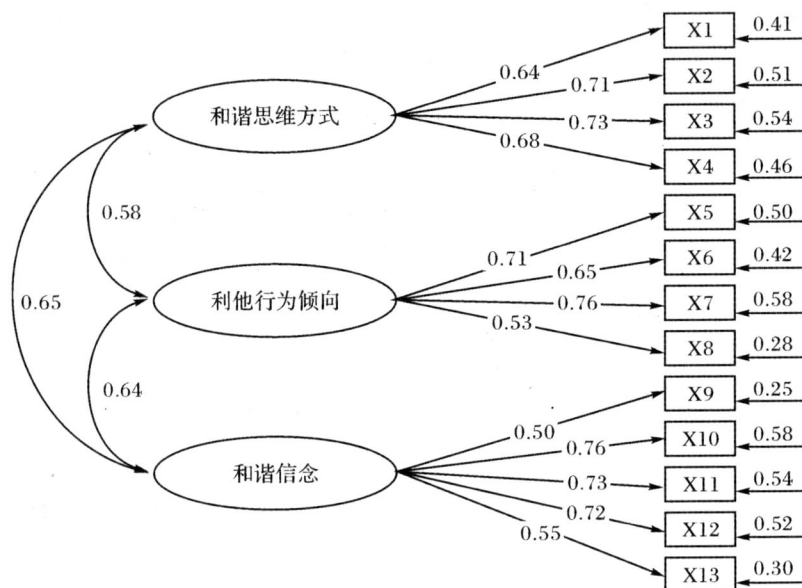

图 8-2　和谐心智模式三因子结构示意图

资料来源:作者根据统计软件输出结果整理。

和谐心智模式结构模型的主要参数和拟合指数见表 8-10 和表 8-11。

表 8-10　和谐心智模式拟合指标(N=505)

拟合指标	χ^2/df	RMSEA	GFI	CFI	IFI	PGFI
假设模型	3.17	0.066	0.944	0.937	0.938	0.643

资料来源:作者根据统计软件输出结果整理。

表 8-11　和谐心智模式的验证性因素分析项目标准载荷(N＝505)

因子 1		因子 2		因子 3	
题项	负荷	题项	负荷	题项	负荷
X1	0.640	X5	0.710	X9	0.500
X2	0.715	X6	0.649	X10	0.763
X3	0.732	X7	0.761	X11	0.732
X4	0.676	X8	0.533	X12	0.721
				X13	0.548

资料来源:作者根据统计软件输出结果整理。

从表 8-10 的各种拟合指数看,χ^2/df 小于 5,表明该模型可以接受;RMSEA 小于 0.08,PGFI、GFI、CFI、IFI 均大于 0.9,都表示模型拟合得很好。从整体而言,可以认为模型拟合较好。从表 8-11 看出,对三维度模型用极大似然法进行参数估计,所有项目的标准化因子负荷从 0.500 到 0.763,都具有统计显著性,说明该模型对参数负荷的估计是精确的。综合上述参数和指数,说明和谐心智模式探索性研究结果比较理想,所得到的三因子模型能较好拟合数据,具有合理性。

至此,和谐心智模式调查分问卷的信度和效度得到验证。

五、因子命名与和谐心智模式结构假设验证结果

根据以上分析结果,得到 3 个衡量构面、13 个题项(详见表 8-12)。

对这 13 个题项进行分析和归纳,可以发现,"我善于分析环境并采取适当的行为去适应环境""我全面地看待工作中的问题""作决定时,我结合事情发生的来龙去脉来考虑"和"我从多方面的角度来思考同一件事情"这 4 个题项比较集中地反映了"和谐思维方式"的内涵和特征,因此我们将第一个构面命名为"和谐思维方式因子"。

"我主动帮助别人""不管是同事的工作还是生活问题,我都给予充分的鼓励和支持""我在完成分内工作的同时积极帮助同事以更好地完成团队任务"和"我不在背后议论别人的是非"这四个题项集中地反映了利他行为倾向,因此将由这些题项组成的第二构面命名为"利他行为倾向因子"。

第三构面所包括的题项中,"在发表个人见解时,我尽力让人们感觉到我的立场是友善的""与人交往时,我尽力让人感觉到我的善意和欣赏的态度""为人处世之中,我总能看到事情光明的一面""我善于理解别人"和"我坚持'和为贵'的基本原则"体现了和谐信念,本研究将这一构面命名为"和谐信念因子"。

以上三个因子内容及其表达与和谐心智模式的三维度构想完全一致。至此，本研究关于和谐心智模式的三维度结构假设得以最终验证。

六、和谐心智模式正式调查分问卷的形成

随着和谐心智模式分问卷信度和效度通过检验，同时也能验证和谐心智模式结构假设，关于这一核心构念的正式问卷题项便设计完成，具体如表 8-12 所示。

表 8-12　和谐心智模式分问卷题项一览表

编号	题 项
X1	我善于分析环境并采取适当的行为去适应环境。
X2	我全面地看待工作中的问题。
X3	作决定时，我结合事情发生的来龙去脉来考虑。
X4	我从多方面的角度来思考同一件事情。
X5	我主动帮助别人。
X6	不管是同事的工作还是生活问题，我都给予充分的鼓励和支持。
X7	我在完成分内工作的同时积极帮助同事以更好地完成团队任务。
X8	我不在背后议论别人的是非。
X9	在发表个人见解时，我尽力让人们感觉到我的立场是友善的。
X10	与人交往时，我尽力让人感觉到我的善意和欣赏的态度。
X11	为人处世之中，我总能看到事情光明的一面。
X12	我善于理解别人。
X13	我坚持"和为贵"的基本原则。

资料来源：作者根据问卷开发过程分析结果整理。

第三节　正式调查问卷的形成

以上介绍了和谐心智模式分问卷的开发过程。根据研究需要，正式调查问卷还有敬业度调查分问卷和工作绩效分问卷。由于这两种问卷都有非常丰富的相关研究和成熟的量表，我们选择了其中适合本研究的量表。为严谨起见，我们进行了相应的检验。

一、敬业度分问卷的信度与效度检验

(一)敬业度分问卷的信度分析

就扩大样本预测试阶段收回的 230 份有效问卷（人口统计学情况见表 8-3）

进行敬业度分问卷的信度检验。得到敬业度的 Cronbach's Alpha＝0.812,超过了 0.7 的信度接受水平;各题项对于因素的相关系数都在 0.425 以上,删去任何题项后的 Alpha 值也无提高。各项总计统计量如表 8-13 所示。综合以上这些指标来看,敬业度分问卷的内部一致性较好,信度较高。

表 8-13　各题项总计统计量

	项已删除的刻度均值	项已删除的刻度方差	校正的项总计相关性	项已删除的Cronbach's Alpha 值
C2 尽力工作	23.82	15.416	0.530	0.791
C3 不知疲倦工作	24.43	13.443	0.577	0.785
C4 快乐体验	23.92	14.841	0.549	0.787
C5 履行职责	23.55	15.489	0.643	0.773
C6 满脑子工作	24.31	13.786	0.586	0.781
C7 尽力克服工作困难	23.69	15.456	0.618	0.776

资料来源:作者根据统计软件输出结果整理。

(二)敬业度分问卷的验证性因素分析

对 505 份有效问卷(人口统计学情况见表 8-9)进行敬业度分问卷的验证性因子分析。根据相关研究,事先初步假设敬业度是一个单因子模型,如图 8-3 所示。

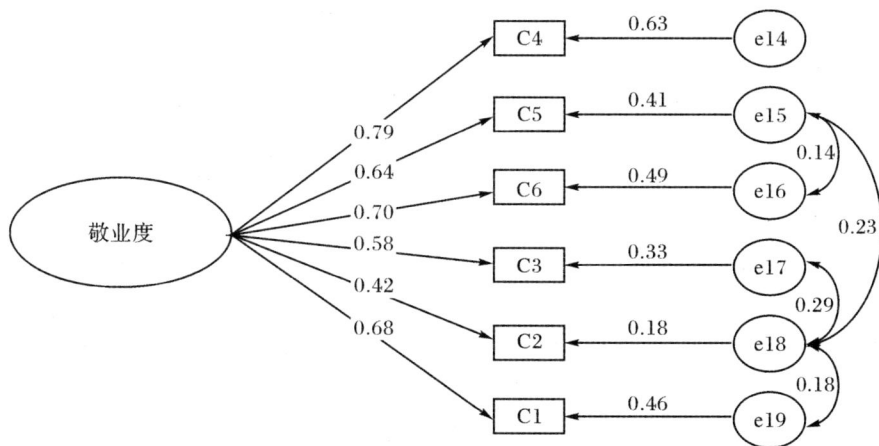

图 8-3　敬业度单因子结构示意图

资料来源:作者根据统计软件输出结果整理。

参照公认标准,本研究采用 χ^2/df、RMSEA、GFI、CFI、IFI、PGFI 等对敬业度模型进行评价。敬业度分问卷的验证性因子分析结果如表 8-14 和表 8-15 所示。从表 8-14 可知,模型的拟合度各项指标总体上说明单因子模型的拟合度可以接受。(具体分析过程同前文)从表 8-15 看出,对单因子模型用极大似然法进行参数估计,所有项目的标准化因子负荷从 0.579 到 0.793,都具有统计显著性,说明该模型对参数负荷的估计是精确的。综合上述参数和指数,说明敬业度单因子模型能较好拟合数据,具有合理性。

表 8-14　敬业度模型拟合指标(N=505)

拟合指标	χ^2/df	RMSEA	GFI	CFI	IFI	PGFI
假设模型	1.805	0.029	0.997	0.998	0.998	0.190

资料来源:作者根据统计软件输出结果整理。

表 8-15　敬业度模型的验证性因素分析项目标准负荷(N=505)

题项	因子 1
	负荷
C1	0.682
C2	0.588
C3	0.579
C4	0.793
C5	0.633
C6	0.696

资料来源:作者根据统计软件输出结果整理。

至此,敬业度分问卷的信度和效度经检验得以通过。

二、工作绩效分问卷的信度与效度检验

(一)工作绩效分问卷的信度检验

对扩大样本预测试阶段收回的 230 份有效问卷(人口统计学情况见表 8-3)进行工作绩效分问卷的信度检验,得到工作绩效的 Cronbach's Alpha=0.868,两个因素的 Cronbach's Alpha 值分别为 0.842、0.839,全部都超过了 0.7 的信度接受水平;各题项对于因素的相关系数都在 0.425 以上,删去任何题项后的 Alpha 值也没有提高。各题项总计统计量如表 8-16 所示。综合以上这些指标来看,工作绩效分问卷的内部一致性较好,信度较高。

表 8-16 各题项总计统计量

	Cronbach's Alpha	校正的项总计相关性	项已删除的 Cronbach's Alpha 值
工作绩效	0.868		
任务绩效	0.842		
D1		0.626	0.852
D2		0.747	0.836
D4		0.572	0.860
D3		0.657	0.847
人际绩效	0.839		
D5		0.664	0.847
D6		0.674	0.845
D7		0.576	0.859

资料来源:本研究根据统计软件输出结果整理。

(二)工作绩效分问卷的效度检验

对 505 份有效问卷(人口统计学情况见表 8-9)进行工作绩效分问卷的验证性因子分析。根据相关研究,事先初步假设工作绩效是一个二因子模型,如图 8-4 所示。

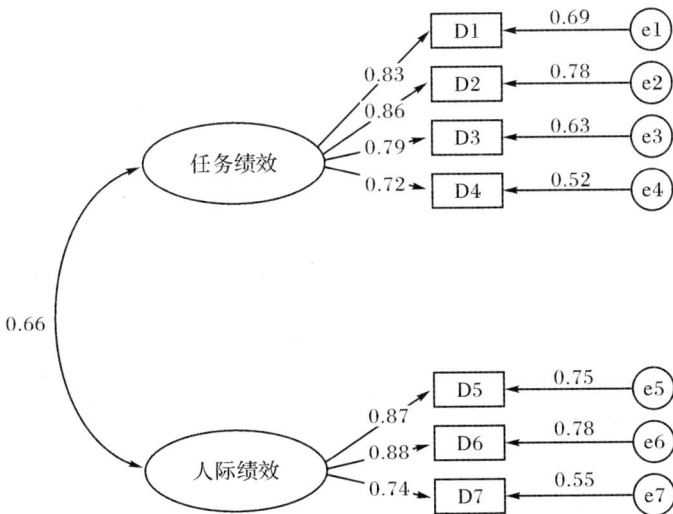

图 8-4 工作绩效二因子结构示意图

资料来源:作者根据统计软件输出结果整理。

参照公认标准,本研究采用 χ^2/df、RMSEA、GFI、CFI、IFI、PGFI 等对工作绩效模型进行评价。工作绩效分问卷的验证性因子分析结果如表 8-17 和表 8-18 所示。从表 8-17 可知,模型的拟合度各项指标总体上说明二因子模型的拟合度可以接受。(具体分析过程同前文)从表 8-18 看出,对二因子模型用极大似然法进行参数估计,所有项目的标准化因子负荷从 0.655 到 0.871,都具有统计显著性,说明该模型对参数负荷的估计是精确的。综合上述参数和指数,说明工作绩效二因子模型能较好拟合数据,具有合理性。

表 8-17　工作绩效模型拟合指标(N=505)

拟合指标	χ^2/df	RMSEA	GFI	CFI	IFI	PGFI
假设模型	2.09	0.052	0.981	0.991	0.991	0.456

资料来源:作者根据统计软件输出结果整理。

表 8-18　工作绩效模型的验证性因素分析项目标准负荷(N=505)

因子 1		因子 2	
题项	负荷	题项	负荷
D1	0.839	D5	0.840
D2	0.871	D6	0.746
D3	0.765	D7	0.655
D4	0.870		

资料来源:作者根据统计软件输出结果整理。

至此,工作绩效分问卷的信度和效度得以验证。

三、正式调查问卷构成

在上述研究过程和研究成果基础上,我们把经过验证的三份分问卷组合起来,构成了《和谐心智模式及其对工作绩效影响研究调查问卷》,该问卷采取 Likirt 6 点量尺,不设中间态度备选答案,目的是规避中国被试常见的中立倾向。为了被试的答题认真程度,设了一个空白题项。凡是对空白题项作答的问卷均作为废卷处理。具体问卷见附录 C。

09 数据分析、假设检验与实证结果讨论

第一节　人口学变量对和谐心智模式的影响

我们发放正式问卷 1000 份,回收 815 份,剔除无效问卷 205 份,得到有效问卷 610 份,有效回收率 61.0%;①加上验证性因子分析阶段的有效问卷 337 份(随机抽取了该次调查所得有效问卷的 2/3),共 947 份,作为验证理论模型的有效样本,其人口统计学情况如表 9-1 所示。

表 9-1　全部样本人口统计状况(N=947)

属性	类别	数量	百分比
性别	男(1)	433	45.7
	女(2)	514	54.3
年龄	20 岁及以下(1)	70	7.4
	21—25 岁(2)	267	28.2
	26—30 岁(3)	283	29.9
	31—35 岁(4)	141	14.9
	36—44 岁(5)	154	16.3
	45 岁及以上(6)	32	3.4

---

①　本研究的问卷调查废卷较多,有效回收率不很高,其可能的原因是,酒店餐饮企业的员工普遍而言受教育程度不高,对这种问卷调查不很重视,而且对填写问卷所赠礼品兴趣不高(由于经费所限,赠品为电子书和光盘)。对所产生的废卷进行分析,普通员工(特别是高中以下学历的员工)填写答卷的态度不很认真,因为他们对空白题项也作了选答。

续表

属性	类别	数量	百分比
教育状况	初中及以下（1）	162	17.1
	高中（2）	118	12.5
	中专（3）	95	10.0
	大专（4）	125	13.2
	本科（5）	302	31.9
	研究生（6）	145	15.3
职务	一线员工（1）	546	57.7
	基层主管（2）	201	21.2
	中层管理者（3）	161	17.0
	高层管理者（4）	39	4.1
收入水平	1.5万以下（1）	212	22.4
	1.51万－3万（2）	294	31.1
	3.1万－5万（3）	159	16.8
	5.1万－7万（4）	94	9.9
	7.1万－10万（5）	85	9.0
	10万以上（6）	103	10.9
企业所在地区	江苏	322	34.0
	天津	199	21.0
	内蒙古	102	10.8
	北京	90	9.5
	河南	40	4.2
	四川	38	4.0
	山东	32	3.4
	安徽	13	1.4
	湖北、辽宁、上海、河北等地	111	11.7

资料来源：作者根据调研数据分析整理。

　　从以上统计可知，被试中女性多于男性，这符合酒店餐饮企业女性员工较多的现实；21－30岁的员工占58.1％，也符合酒店餐饮企业员工普遍年轻化的事实;高中、中专及以下学历的员工占到 39.6%,如果加上填写废卷的这类员工,这一比率将大幅上升,也基本符合该类企业员工多数文化水平不高的现实,但同时也显示,本科学历的员工达到 31.9%,说明该行业员工的文化水准在提高。[①]

在前面研究的基础上,进一步探讨人口学变量对和谐心智模式的影响。研究被试的人口学变量包括性别、年龄、学历、岗位、职务层级和收入水平。

一、不同性别被试的比较

对不同性别被试的和谐心智模式各个维度上的平均数进行独立样本 T 检验,结果发现(见表 9-2),从总体上看,不同性别被试在和谐心智模式上无显著差异,但是从单个维度上看,女性被试在和谐信念上较男性被试显著。

表 9-2　不同性别被试和谐心智模式平均数的 T 检验(N=947)

项目	性别	平均数	标准差	T
利他倾向	男	4.83	0.798	0.078
	女	4.92	0.712	
和谐信念	男	4.81	0.800	0.002
	女	4.96	0.703	
和谐思维方式	男	4.70	0.884	0.591
	女	4.67	0.795	
和谐心智模式总分	男	4.78	0.693	0.097
	女	4.85	0.604	

资料来源:作者根据调研数据分析整理。

二、不同年龄被试的比较

本研究中,被试年龄分为 6 个年龄段:20 岁及以下、21—25 岁、26—30 岁、31—35 岁、36—44 岁、45 岁及以上。采用单因子方差分析的方法,探讨不同年龄阶段的被试在和谐心智模式上的差异,结果见表 9-3。

从表中可以看出,不同年龄阶段的被试在和谐心智模式上有显著差异。进一步的多重比较发现:利他倾向最高的是年龄处于 31—35 岁阶段的员工,而年

[①]　较高学历者的废卷较少,实际比率应该比上述统计的数字小。另外,研究生学历者达 15.3%,一个原因是我们让很多酒店管理专业的硕士、博士(研究生)填写了问卷,在酒店餐饮业工作的研究生实际比率应小于这个数字。

龄处于 20 岁及以下的被试在这个维度上较低;36 岁以上的被试和谐信念比较显著;31—35 岁之间的被试在和谐思维方式上最显著。统计结果显示,总体而言,31 岁以上的被试比较之年轻的被试更具和谐心智模式特征。

表 9-3　不同年龄被试和谐心智模式的方差分析(N＝947)

年龄	利他倾向		和谐信念		和谐思维方式		和谐心智模式总分	
	均值	标准差	均值	标准差	均值	标准差	均值	标准差
20 岁及以下	4.55	0.995	4.61	0.934	4.28	0.974	4.48	0.850
21—25 岁	4.80	0.760	4.72	0.801	4.57	0.925	4.70	0.693
26—30 岁	4.90	0.663	4.98	0.646	4.76	0.751	4.88	0.549
31—35 岁	5.03	0.720	4.98	0.702	4.83	0.739	4.95	0.594
36—44 岁	4.90	0.754	5.06	0.719	4.78	0.770	4.93	0.596
45 岁及以上	4.96	0.750	5.01	0.710	4.75	0.862	4.91	0.630
F 值	4.959		7.977		5.999		8.731	
P	0.000		0.000		0.000		0.000	

资料来源:作者根据调研数据分析整理。

三、不同学历被试的比较

在本研究中,将被试的学历分为 6 类:初中及以下、高中、中专、大专、本科、研究生,分别赋值 1—6。在研究中采用单因子方差分析的方法,探讨不同受教育程度的被试在和谐心智模式上的差异,结果见表 9-4。

表 9-4　不同学历被试和谐心智模式的方差分析(N＝947)

学历	利他倾向		和谐信念		和谐思维方式		和谐心智模式总分	
	均值	标准差	均值	标准差	均值	标准差	均值	标准差
初中及以下	4.8102	0.98072	4.7259	0.92874	4.5401	1.0275	4.6921	0.84892
高中	4.9667	0.72900	4.8117	0.83265	4.6646	0.84732	4.8143	0.69064
中专	4.7526	0.79768	4.7789	0.78955	4.5553	0.86077	4.6956	0.67349
大专	4.8740	0.72166	4.9184	0.77838	4.6500	0.85490	4.8141	0.66483
本科	4.9421	0.65652	5.0331	0.59093	4.8030	0.74129	4.9260	0.51544
研究生	4.8566	0.65036	4.9245	0.66790	4.7605	0.70951	4.8472	0.52036
F 值	1.582		4.564		2.943		3.693	
P	0.162		0.000		0.012		0.003	

资料来源:本书作者根据分析结果整理。

从表中可以看出,不同受教育程度的被试在利他倾向维度上没有显著差异,而在和谐信念上存在显著差异,在和谐思维方式维度上也有差异。本科以上学历的被试优于大专、中专、高中、初中及以下被试。这说明个体的受教育程度对人的心智模式有一定影响。

四、不同职务层级被试的比较

在本研究中,将被试的职位层级分为 4 类:①一线员工,②基层主管,③中层管理者,④高层管理者,分别赋值 1—4。在研究中采用单因子方差分析的方法,探讨不同职位的被试在成长性心智上的差异,结果见表 9-5。

从表中可以看出,职位层级不同的被试在利他倾向、和谐信念与和谐思维方式、和谐心智模式总分上均存在显著差异。进一步的多重比较发现:(1)在利他倾向维度上,高层管理人员、中层管理人员稍高于基层人员($p=0.031, p=0.048$)。(2)在和谐信念维度上,高层管理人员、中层管理人员得分显著高于基层人员($p=0.000, p=0.000$)。(3)在和谐思维方式维度上,高层管理者、中层人员的思维方式得分显著高于基层人员($p=0.000, p=0.000$)。(4)在和谐心智模式总分上,高层管理人员、中层管理人员显著高于基层人员($p=0.000, p=0.000$)。总体上看,酒店餐饮企业员工和谐心智模式各项指标得分和总得分与职位高低成正比。这说明职位高的特别是高层酒店餐饮管理人员其心智模式"和谐性"具显著优势,其利他倾向、和谐信念与和谐思维方式均比较低职位的管理人员和一线员工具有显著性。

表 9-5 不同职位被试的和谐心智模式的方差分析(N=947)

职务层级	利他倾向		和谐信念		和谐思维方式		和谐心智模式总分	
	均值	标准差	均值	标准差	均值	标准差	均值	标准差
一线员工	4.8411	0.79422	4.8070	0.78408	4.5609	0.88350	4.7363	0.68234
基层管理	4.8719	0.66755	4.9045	0.73246	4.6997	0.80166	4.8254	0.60240
中层管理人员	4.9750	0.70833	5.0800	0.66925	4.9750	0.61378	5.0100	0.54266
高层管理人员	5.1012	0.70939	5.3000	0.41731	5.2143	0.63575	5.2052	0.44248
F 值	2.559		10.051		16.817		13.080	
P	0.054		0.000		0.000		0.000	

资料来源:作者根据调研数据分析整理。

五、不同企业类型的比较

对不同类型(国有、民营、中外合资、外商独资、上市、机关/事业、其他)酒店餐饮企业的被试和谐心智模式各个维度上的平均数进行独立样本 T 检验,结果见表 9-6。

表 9-6　不同类型酒店餐饮企业的被试和谐心智模式内容平均数的 T 检验(N=947)

收入水平	利他倾向		和谐信念		和谐思维方式		和谐心智模式总分	
	均值	标准差	均值	标准差	均值	标准差	均值	标准差
国有	4.8412	0.68769	4.8689	0.70940	4.6166	0.80465	4.7756	0.57477
民营	4.8596	0.82044	4.8989	0.81711	4.7010	0.92224	4.8198	0.73069
中外合资	4.9632	0.68739	4.8676	0.64332	4.6875	0.68618	4.8395	0.53425
外商独资	5.0085	0.48682	5.0000	0.52785	4.8559	0.53378	4.9548	0.41776
上市	4.9278	0.62072	4.8133	0.62871	4.7944	0.56731	4.8452	0.44708
机关/事业	4.7880	0.70704	4.9130	0.62915	4.5652	0.81553	4.7554	0.50549
其他类型	5.0389	0.65269	4.9111	0.75143	4.5889	0.60808	4.8463	0.49777
F 值	1.033		0.333		0.988		0.650	
P	0.402		0.920		0.432		0.690	

注:* 表示 $p < 0.05$

资料来源:作者根据调研数据分析整理。

结果表明,我国不同类型酒店餐饮企业的被试在利他倾向、和谐信念、和谐思维方式及和谐心智模式总分上不存在较为显著差异。

第二节　结构方程模型与假设检验

结构方程模型(SEM)分析用来检验有关观察变量与潜在变量之间假设关系,大量应用于社会科学研究领域。该分析技术运用多元回归分析方法,同时让所有预测变量进入回归模型,得到变量之间各路径的标准化回归系数(Beta 值),通过各变量的 T 值检验路径系数的显著性,并通过模型拟合水平指标检验总体模型的有效性,其目的在于探讨一组连续变量之间的因果关联。

本研究通过结构方程模型分析技术对假设 H1、H1-1、H1-2 和 H2、H2-1、H2-2 进行验证。因为结构方程模型结合传统的潜在变量分析和路径分析技术,使研究者可以同时考察两种影响，因此比传统的路径分析具有更多的优势。

一、模型检验的标准

根据结构方程模型拟合优度判断原则[①]和 AMOS7.0 统计软件所提供的功能及指标体系，本研究选定以下主要指标来评价整体模型适合度。

(1)卡方值与自由度的比值(χ^2/df)。该指标是考虑模型复杂度后的卡方值，表示每减少一个自由度所降低的卡方值。一般地，CMIN/df 介于 1—3 之间表明该模型整体拟合优度好。

(2)近似误差均方根估计(RMSEA)。该指标是衡量样本数据与假设模型之间差异程度的指标。一般而言，0＜RMSEA＜1，越接近 0 表明样本数据与假设协方差矩阵中要素的评价误差越小，所验证的模型整体拟合优度越好。McDonald 和 Ho 认为，当 RMSEA 小于 0.08 时模型拟合程度可以接受，当 RMSEA 小于 0.05 时模型为良好拟合。[②]

(3)拟合优度指标(GFI)。该指标用来衡量理论与观察共变结构中之变异量与共变量，其值介于 0—1 之间，越接近 1 表明模型拟合效果越好，一般要求 GFI 高于 0.9。

(4)基准拟合优度指数(NFI)。该指标反映设定模型与独立模型的改善"增量"关系。一般来说，以零模型(Nun Model)作为基准所推出的指标，其拟合值应该大于 0.9。

(5)比较适合指标(CFI)。CFI 是通过与独立模型相比较来评价拟合程度，即使对小样本估计模型拟合时也能做得很好。其值介于 0—1 之间，越接近 1 表明模型拟合效果越好，一般要求 CFI 高于 0.9。

(6)简约适配度指数(PGFI)。该指标用来判断模型的精简程度。该值介于 0 与 1 之间，值越大，表明模型的适配度越佳，也越是简约。该值一般以大于 0.50 为模型可接受范围。

本研究将通过 AMOS 统计软件对模型的以上指标进行统计，并以上述的指标判断标准进行评估，以判断模型是否通过检验还是需要进一步修正。

二、关于和谐心智模式对工作绩效影响的假设检验

根据假设 H1 的变量关系，运用结构方程模型分析技术进行参数估计，得到

---

① 参见：吴明隆：《结构方程模型——AMOS 的操作与应用》(第 2 版)，重庆大学出版社 2010 年版。

② McDonald R P, Ho M R. "Principles and practice in reporting structural equation analysis", Psychological Methods, No. 7, 2002, pp. 64—82.

如下标准化路径系数和拟合指标，见图 9-1 和表 9-7、表 9-8。

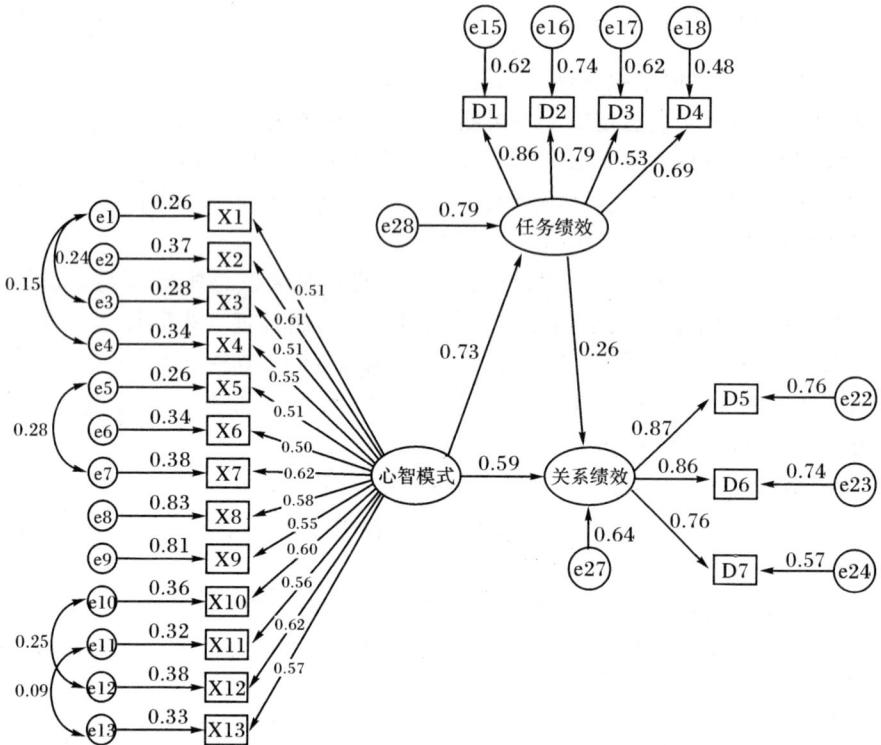

图 9-1　员工和谐心智模式对工作绩效影响的结构模型

资料来源：本研究整理。

表 9-7　员工和谐心智模式对工作绩效影响的结构模型的各种拟合（N=947）

拟合指标	χ^2/df	RMSEA	GFI	CFI	NFI	PGFI
结果	2.446	0.039	0.961	0.974	0.917	0.705

资料来源：本研究整理。

表 9-8　员工和谐心智模式对工作绩效影响效果（标准化路径）显著（N=947）

自变量	因变量			
	任务绩效		关系绩效	
	标准化路径系数	t	标准化路径系数	t
和谐心智模式	0.485	***	0.779	***

注：*** 表示 $p<0.001$

资料来源：本研究整理。

　　从表中的各种拟合指数看，RMSEA 小于 0.05，表示良好拟合；χ^2/df 小于 30，表明该模型整体拟合优度好；PGFI 大于 0.5，GFI、CFI、NFI 大于 0.9，都表示模型拟合非常好。结合参数估计和标准化路径系数的显著性检验可以认为模型得到较好验证。和谐心智模式预测了酒店餐饮企业员工工作绩效的任务绩效和关系绩效，且对它们有显著的正面影响。因此，假设 H1、H1-1、H1-2 得到支持。见表 9-9。

表 9-9　员工和谐心智模式与工作绩效关系假设及检验结果

理论假设	检验结果
H1：员工和谐心智模式与工作绩效具有正相关关系	支持
H1-1：员工和谐心智模式与任务绩效具有正相关关系	支持
H1-2：员工和谐心智模式与关系绩效具有正相关关系	支持

资料来源：本研究整理。

三、关于敬业度的中介作用分析

(一)中介效应检验程序

　　根据 Baron 和 Kenny 的研究，中介作用可分为完全中介作用（图 9-2 左边部分）和部分中介作用（见图 9-2 右边部分）两种。在控制了中介变量后，自变量对因变量的影响不显著（虚线部分），则为完全中介作用；在控制了中介变量后，自变量对因变量的影响仍然显著（实线部分），但其影响的强度显著小于没有控制时的影响，这时为部分中介作用。

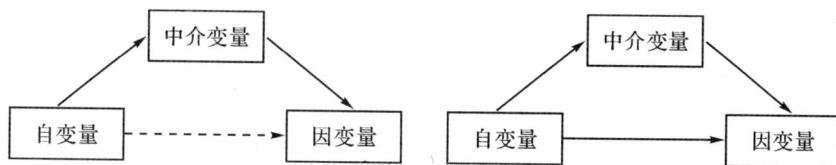

图 9-2　完全中介模型和部分中介模型

资料来源：Baron R M, Kenny D A. "The Moderator-Mediator variable distinction in social psychology research: Conceptual, strategic, and statistical considerations", *Journal of Personality and Social Psychology*, Vol. 51, No. 6, 1986, pp. 1173~1182.

　　在中介作用的统计检验上，Baron 和 Kenny 指出可以通过多次回归分析来实现。中介作用成立必须同时满足以下条件（见图 9-3）：①路径 c 显著。②路径 a 显著。③路径 b 显著。④控制路径 a 和 b，如 $c'=0$，那么就是完全中介作用；如果 $c' \neq 0$，但显著小于 c，则为部分中介作用。

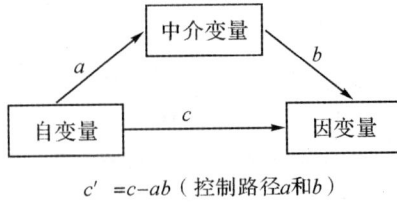

$c' = c - ab$（控制路径a和b）

图 9-3 中介作用检验的路径系数关系

资料来源:Baron R M，Kenny D A. "The Moderator-Mediator variable distinction in social psychology research: Conceptual, strategic, and statistical considerations", *Journal of Personality and Social Psychology*, Vol. 51, No. 6, 1986, pp. 1173~1182.

温忠麟等(2004)指出,以上这种依次检验回归系数的方法不能检验较弱的中介效应。他们提出了一个四步骤的中介效应检验程序(如图 9-4 所示):第一步,检验回归系数 c,如果显著,继续下面的第二步。否则停止分析。第二步,依次检验系数 a、b,如果都显著,意味着 X 对 Y 的影响至少有一部分是通过了中介变量 M 实现的。如果至少有一个不显著,还不能下结论,转到第四步。第三步,检验系数 c',如果不显著,说明是完全中介过程,即 X 对 Y 的影响都是通过中介变量 M 实现的;如果显著,说明只是部分中介过程,即 X 对 Y 的影响只有一部分是通过中介变量 M 实现的。检验结束。第四步,做 Sobel 检验,如果显著,意味着 M 的中介效应显著,否则中介效应不显著。

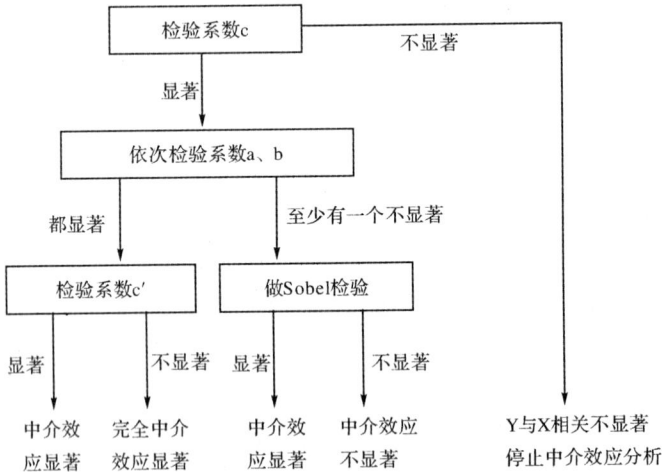

图 9-4 中介效应检验程序

资料来源:温忠麟、张雷、侯杰泰等:《中介效应检验程序及其应用》,《心理学报》2004 年第 5 期,第 614—620 页。

　　本研究参照 Baron 和 Kenny 的研究,采用温忠麟等提出的上述中介效应的检验方法,对两次问卷调查所收集的 947 份数据进行分析。

(二)研究变量的描述统计与相关矩阵

　　在检验中介效应之前,首先要对变量进行相关分析,检验变量是否显著相关以确定是否有必要作进一步的分析。研究结果(见表 9-10)显示,研究变量之间均两两相关,可以进行下一步的回归分析。

表 9-10　中介检验中各研究变量的平均数、标准差与相关系数矩阵(N＝947)

变量	均值	标准差	1 利他行为倾向	2 和谐思维方式	3 和谐信念	4 敬业度	5 任务绩效	6 人际绩效
1 利他行为倾向	4.8817	0.75326	1.000	0.509**	0.561**	0.541**	0.514**	0.551**
2 和谐思维方式	4.6890	0.83703		1.000	0.521**	0.470**	0.501**	0.455**
3 和谐信念	4.8955	0.75290			1.000	0.533**	0.514**	0.601**
4 敬业度	4.7564	0.75170				1.000	0.628**	0.546**
5 任务绩效	4.9364	0.76792					1.000	0.602**
6 人际绩效	4.9898	0.79832						1.000

注:*** 表示 $p<0.001$,** 表示 $p<0.01$,** 表示 $p<0.05$

资料来源:作者根据调研数据分析整理。

(三)敬业度在员工和谐心智模式与工作绩效之间的中介作用

　　探讨敬业度在总体和谐心智模式(利他行为倾向、和谐思维方式、和谐信念)和总体工作绩效(任务绩效、人际绩效)间的中介作用,分以下四步进行检验:

　　第一步,以和谐心智模式总分为自变量、以工作绩效为因变量进行回归分析,检验 c 关系,不显著则终止检验。检验结果如表 9-11 中回归 1 所示。

　　第二步,以和谐心智模式总分为自变量、以敬业度为因变量进行回归分析,检验 a 关系,结果如表 9-11 中回归 2 所示。

　　第三步,以敬业度为自变量,以工作绩效为因变量进行回归分析,检验 b 关系,结果如表 9-11 中回归 3 所示。如果 a、b 中至少有一个不显著,就要做 Sobel 检验。

　　第四步,以敬业度与和谐心智模式总分为自变量,探讨其与工作绩效的关系,检验 c',结果如表 9-11 中回归 4 所示。

表 9-11　敬业度在员工和谐心智模式和工作绩效之间的中介作用检验(N=947)

变量	工作绩效	敬业度	工作绩效		中介作用
	回归 1(c)	回归 2(a)	回归 3(b)	回归 4(c')	
和谐心智模式	0.703***	0.619***		0.482***	部分中介
敬业度			0.655***	0.357***	
调整后判定系数 R^2	0.493	0.383	0.429	0.572	
ΔR^2	0.494	0.384	0.429	0.572	
F 值	922.716***	588.09***	710.762***	631.969***	
ΔF	922.716***	588.09***	710.762***	631.969***	

注:*** 表示 $p<0.001$,** 表示 $p<0.01$,* 表示 $p<0.05$。

资料来源:本研究整理。

回归分析结果表明:在回归 1 中,和谐心智模式总分对工作绩效有显著预测作用,回归系数显示自变量与工作绩效之间存在显著正向关系,即 c 显著,继续中介检验。在回归 2 中,以上一步中有显著预测的和谐心智模式总分为自变量,对敬业度进行回归分析。结果显示,和谐心智模式对敬业度有显著正向预测作用,表明自变量与中介变量之间存在正向关系,即 a 显著。在回归 3 中,敬业度对工作绩效有显著正向预测作用,表明中介变量和因变量之间存在显著正向关系,即 b 显著。在回归 4 中,加入敬业度变量后,和谐心智模式总分的回归系数还是显著的,即 c' 显著,所以敬业度在其中起部分中介作用。即敬业度在和谐心智模式总体对工作绩效总体的影响过程中起到部分中介作用。

综上所述,假设 H2 得到验证。

(四)敬业度在员工和谐心智模式与任务绩效之间发挥部分中介作用

根据温忠麟等学者的研究,潜变量和显变量的中介效应检验方法是一样的,[①]这里将上述变量都作为显变量处理(即用该变量包含的题目得分的平均作为变量值),并对所有变量进行中心化处理。检验敬业度在和谐心智模式和任务绩效之间的中介作用可分以下四步:

第一步,以和谐心智模式各维度为自变量、以任务绩效为因变量进行回归分析,检验 c 关系,不显著则终止检验。结果如表 9-12 中回归 1 所示。

第二步,以第一步中显著的维度为自变量、以敬业度为因变量进行回归分

①　温忠麟、张雷、侯杰泰:《中介效应检验程序及其应用》,《心理学报》2004 年第 5 期,第 614—620 页。

析,检验 a 关系,结果如表 9-12 中回归 2 所示。

表 9-12　敬业度在员工和谐心智模式和任务绩效之间的中介作用(N＝947)

变量	任务绩效	敬业度	任务绩效		中介作用
	回归 1(c)	回归 2(a)	回归 3(b)	回归 4(c')	
和谐思维方式	0.244***	0.176***		0.174**	部分中介
利他行为倾向	0.251***	0.297***		0.1310***	部分中介
和谐信念	0.246***	0.275***		0.135**	部分中介
敬业度			0.628***	0.404***	
调整后判定系数 R^2	0.376	0.388	0.394	0.475	
ΔR^2	0.378	0.390	0.395	0.478	
F 值	191.071***	200.970***	616.978***	215.291***	
ΔF	191.071***	200.970***	616.978***	215.291***	

注:*** 表示 $p<0.001$,** 表示 $p<0.01$,* 表示 $p<0.05$。
资料来源:本研究整理。

第三步,以敬业度为自变量、以任务绩效为因变量进行回归分析,检验 b 关系,如表 9-12 中回归 3 所示。如果 a、b 中至少有一个不显著,做 Sobel 检验。

第四步,以敬业度和第一步中显著的维度为自变量,探讨其与任务绩效的关系,检验 c',如表 9-12 中回归 4 所示。

回归分析结果表明:在回归 1 中,和谐思维方式、利他行为倾向、和谐信念维度对任务绩效均有显著预测作用,回归系数显示自变量与任务绩效之间存在显著正向关系,即 c 显著,继续中介检验。在回归 2 中,以上一步中有显著预测的各个维度为自变量,对敬业度进行回归分析。结果显示均对敬业度有显著正向预测作用,表明自变量与中介变量之间存在正向关系,即 a 显著。在回归 3 中,敬业度对任务绩效有显著正向预测作用,表明中介变量和因变量之间存在显著正向关系,即 b 显著。在回归 4 中,加入敬业度变量后,和谐心智模式各维度的回归系数还是显著的,即 c' 显著,所以敬业度在其中起部分中介作用。即敬业度在利他行为倾向对任务绩效影响过程中起到部分中介作用,在和谐思维方式对任务绩效影响过程中起到部分中介作用,在和谐信念对任务绩效影响过程中起到部分中介作用。

综上所述,假设 H3 及分假设 H3-1、H3-2、H3-3 全部得到验证。

(五)敬业度在员工和谐心智模式和关系绩效之间的中介作用

与以上检验程序相似,检验敬业度在和谐心智模式和关系绩效之间的中介

作用分以下四步进行:

第一步,以和谐心智模式各维度为自变量、以关系绩效变量为因变量进行回归分析,检验 c 关系,结果如表 9-13 中回归 1 所示。不显著则终止检验。

第二步,以第一步中显著的维度为自变量、以敬业度为因变量进行回归分析,检验 a 关系,结果如表 9-13 中回归 2 所示。

第三步,以敬业度为自变量、以关系绩效为因变量进行回归分析,检验 b 关系,如表 9-13 中回归 3 所示。如果 a、b 中至少有一个不显著,做 Sobel 检验。

第四步,以敬业度和第一步中显著的维度为自变量,探讨其与关系绩效的关系,检验 c',如表 9-13 回归 4 所示。

表 9-13　敬业度在员工和谐心智模式和关系绩效之间的中介作用(N＝947)

变量	关系绩效	敬业度	关系绩效		中介作用
	回归 1(c)	回归 2(a)	回归 3(b)	回归 4(c')	
利他倾向	0.275***	0.176***		0.208***	部分中介
和谐思维方式	0.113***	0.297***		0.074*	完全中介
和谐信念	0.388***	0.275***		0.326***	部分中介
敬业度			0.546***	0.225***	
调整后判定系数 R^2	0.435	0.388	0.297	0.225***	
ΔR^2	0.436	0.390	0.298	0.465	
F 值	243.319***	200.970***	401.243***	206.406***	
ΔF	243.319***	200.970***	401.243***	206.406***	

注:*** 表示 $p < 0.001$,** 表示 $p < 0.01$,* 表示 $p < 0.05$
资料来源:本研究整理。

回归分析结果表明:在回归 1 中,和谐心智模式利他行为倾向、和谐思维方式和和谐信念三个维度对关系绩效均有显著预测作用,回归系数显示自变量与关系绩效之间存在显著正向关系,即 c 显著。在回归 2 中,以上一步中有显著预测的各个维度为自变量,对敬业度进行回归分析。结果显示三个维度均对敬业度有显著正向预测作用,表明自变量与中介变量之间存在正向关系,即 a 显著。在回归 3 中,敬业度对关系绩效有显著正向预测作用,表明中介变量和因变量之间存在显著正向关系,即 b 显著。在回归 4 中,加入敬业度变量后,和谐心智模式的利他行为倾向与和谐信念维度的回归系数还是显著的,即 c' 显著,所以敬业度在其中起部分中介作用。即敬业度分别在利他行为倾向与和谐信念对关系绩效影响过程中起到部分中介作用。但加入敬业度变量后,和谐思维方式的回归系数不再显著,所以敬业度在和谐思维方式对关系绩效度影响过程中起到完全中介作用。

综上所述,假设 H4 得到部分验证,分假设 H4-1、H4-2、H4-3 得到验证。

通过上述对敬业度的中介作用分析,敬业度在企业员工和谐心智模式与工作绩效各评价指标关系间大多发挥中介作用。

四、员工和谐心智模式对工作绩效影响的机理模型

根据上述分析结果,使用结构方程模型就和谐心智模式对工作绩效影响的机制模型进行检验。数据来源为全部 947 份数据。所得结果如图 9-5 和表 9-14 所示。

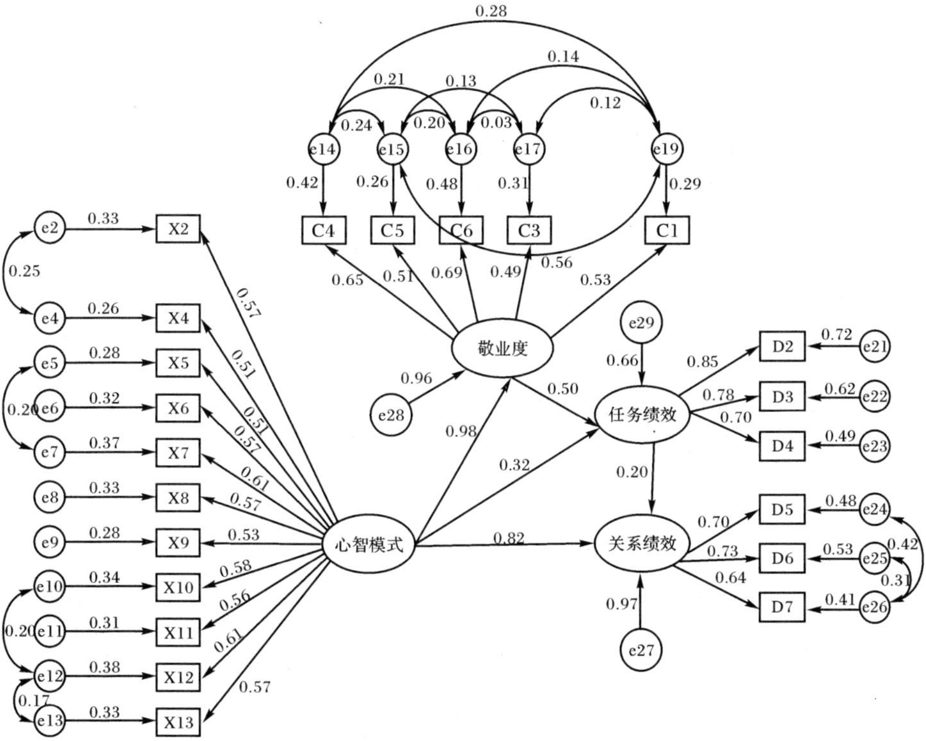

图 9-5　员工和谐心智模式对工作绩效影响的机理模型

资料来源:作者根据调研数据分析整理。

表 9-14　员工和谐心智模式对工作绩效作用机制模型拟合结果(N＝947)

拟合指标	χ^2/df	RMSEA	GFI	CFI	NFI	PGFI
结果	2.769	0.043	0.952	0.964	0.946	0.696

资料来源:本研究整理。

从表 9-14 中的各种拟合指数看,χ^2/df 小于 3,RMSEA 小于 0.05,PGFI 大于 0.5,GFI、CFI、IFI 都大于 0.9,都表示模型拟合较好。

至此,本研究的全部研究假设得以检验。

第三节　实证研究结果小结

结合第六、七章的验证结果,可以看出,本书研究所提出的理论假设中除了一项假设只得到部分支持之外都获得了支持。以下就获得支持的理论假设以及人口学变量对和谐心智模式影响的检验结果所具有的启示以及与研究相关尚需补充阐述的问题进行讨论和解释。

表 9-15　理论假设及其检验结果

理论假设	检验结果
核心构念结构假设:和谐心智模式包含利他行为倾向、和谐思维方式和和谐信念三个维度。	假设成立
假设 H1:员工和谐心智模式与工作绩效具有正相关关系	假设成立
假设 H1-1:员工和谐心智模式与任务绩效具有正相关关系	假设成立
假设 H1-2:员工和谐心智模式与关系绩效具有正相关关系	假设成立
假设 H2:敬业度在员工和谐心智模式与工作绩效之间发挥部分中介作用	假设成立
假设 H3:敬业度在员工和谐心智模式与任务绩效之间发挥部分中介作用	假设成立
假设 H3-1:敬业度在员工利他倾向与任务绩效之间发挥部分中介作用	假设成立
假设 H3-2:敬业度在员工和谐信念与任务绩效之间发挥部分中介作用	假设成立
假设 H3-3:敬业度在员工和谐思维方式与任务绩效之间发挥部分中介作用	假设成立
假设 H4:敬业度在员工和谐心智模式对关系绩效的影响中发挥中介作用	假设成立
假设 H4-1:敬业度在员工利他倾向对关系绩效的影响中发挥中介作用	假设成立
假设 H4-2:敬业度在员工和谐思维方式对关系绩效的影响中发挥中介作用	假设成立
假设 H4-3:敬业度在员工和谐信念对关系绩效的影响中发挥中介作用	假设成立

资料来源:本研究根据检验结果汇总整理。

一、员工和谐心智模式结构假设的实证结果与讨论

本书第六章实证研究结果证实了关于员工和谐心智模式包含利他行为倾向、和谐思维方式和和谐信念三个维度的假设是成立的。

与同样在中国情境下研究企业员工心智模式的吕晓俊、王鉴忠等学者的研究结果所显示的心智模式维度与结构不同,本研究的和谐心智模式结构模型里清晰地显示了利他行为倾向因素的重要位置。把利他行为倾向放到和谐心智模式之中,既体现了中国文化传统下和谐的内在特征,也是和谐心智模式不同于其他类型心智模式的关键所在。

这对我们的启示是:在利他主义受到人们质疑的当前社会,面对全人类对和谐的共同认可和追求,中国文化传统中的核心要素与精神——仁爱、慈悲、济世、助人等还顽强地存在于当今中华民族的心灵家园,这是每个管理者和员工都要加以重视和挖掘的心灵资源。

二、人口学变量对员工和谐心智模式的影响讨论

本章实证研究显示,性别差异对和谐心智模式的影响不显著,这说明女性员工与男性在工作中的心理和谐状态上已经趋于一致。但从和谐信念上看,女性被试明显显著于男性。其原因可能是中国女性会在工作中更多投入情感因素,对于工作内容和程序相比男性也体现出更多的敏感,在和谐价值追求上也比男性员工更强烈。

实证发现,我国酒店餐饮企业员工年龄与和谐心智模式显著相关。31岁以上的被试比较之年轻的被试更具和谐心智模式特征,这说明年龄越大的员工,随着心理成熟度的提高,愈加趋向于和谐。其中,利他倾向最高的是年龄处于31-35岁阶段的员工,处在这一年龄阶段的员工人际交往频繁,升职期望较高,因而更趋向于利他助人。年龄处于20岁及以下的被试在利他行为维度上得分较低,其原因比较复杂,这些"90后"员工有其比较独特的价值追求和人生观,同时社会化的程度也比较低。在管理中,对于这部分员工需要加以关注,因为也正是这部分员工担负着直接接待顾客的工作任务,他们的表现在很大程度上决定着顾客满意度。

研究还显示,不同受教育程度的被试在利他倾向维度上没有显著差异,而在和谐信念与和谐思维方式维度上有差异,本科以上学历的被试优于大专、中专、高中及以下被试。这说明较高学历的员工在和谐认知和思维质量上占有优势,

但是并没有做出相应的利他行为。这可能跟中国教育特点有关系，说教多而行动较差的教育模式也在影响和塑造着学生的心智模式。对于酒店餐饮企业的培训而言，需要在行为改变培训上更多地投入。

实证结果说明，职务层级不同的被试在利他倾向、和谐信念与和谐思维方式以及和谐心智模式总分上均存在显著差异。总体上，酒店餐饮企业员工和谐心智模式各项指标得分和总得分与职位高低成正比。这说明职位高的特别是高层酒店餐饮管理人员，其心智模式"和谐性"具显著优势，其利他倾向、和谐信念与和谐思维方式均比较低职位的管理人员和一线员工具有显著性。现实中，员工往往不是由于和谐心智模式程度高才获得晋升，而是因为晋升了才激发更高的和谐心智热情和水平。这对酒店餐饮企业在管理上的启示是，要设计多重职业通路，铺设多种激励天梯，让更多的员工担负更多的责任，获得更多的荣誉和标识符号。

三、员工和谐心智模式与工作绩效关系的讨论

本书首先在没有考虑敬业度变量因子的影响的条件下，直接对和谐心智模式与工作绩效所具有的相关关系运用结构方程模型进行了验证性研究，并得到如下假设检验结果：总假设 H1 和分假设 H1-1、H1-2 获得支持。具体研究结论如下：

(一)总假设 H1 员工和谐心智模式与工作绩效具有正相关关系，实证结果验证该假设成立

这表明企业员工越是具有和谐心智模式越容易获得工作绩效的提升。相反，如果员工的心智模式呈恶性冲突型，那可能意味着其工作绩效将很难获得比较持久的保持，特别是对于客服、前厅、客房、柜台等直接面向顾客的员工，很难提供真正具有和谐体验价值的服务产品。当然，我们绝不能否认员工其他知识、技能的提高以及工作环境、景观、机器和其他政治技巧等对工作绩效的影响，只是和谐心智模式作为员工心理层面的一个关键变量对工作绩效持久提升与保持具有更为关键的作用。

(二)假设 H1-1 员工和谐心智模式与任务绩效具有正相关关系，实证结果验证该假设成立

这表明酒店餐饮企业员工越具有和谐心智模式越容易完成工作任务。在顾客对酒店餐饮企业所提供的服务产品期望越来越高的条件下，具有和谐心智模式的员工，更容易获得顾客的高满意度。因为，根据对个案企业的深入研究，至少，和谐心智模式程度高的员工，在对他人的态度上越是和悦，他们的笑容更能

发自于内心,也更容易对顾客和同事进行帮助。这都对完成任务产生着积极的影响。

(三)假设 H1-2 员工和谐心智模式与关系绩效具有正相关关系,实证结果验证该假设成立

这个分假设应该特别容易理解。不论是中国文化传统还是通过用扎根理论方法研究的 5 个企业个案,都清晰地表明了和谐心智模式对于良性人际关系的增进作用。

综上所述,和谐心智模式价值的主要体现,就在于对工作绩效的促进作用上。长期以来,由于有些人对和谐有误解,认为具有和谐心态的人就是"老好人",甚至认为这类人是能力不高的"窝囊废"。其实不然。我们通过多重方法对和谐意旨和和谐精神进行研究,证明了和谐心智模式具有积极心理资本的属性,是健康的心理资源,而且这种心理资源对于员工自身和企业都有现实的价值。

据此,我们的研究结论对于企业员工的启示是:要努力修炼自己,努力打造高水平的和谐心智模式,这是员工个人获得高绩效和高回报的源泉。在管理方面的启示是,企业要积极开发和塑造员工的和谐心智模式,这也是企业特别是酒店餐饮企业管理升级和文明化的内在要求。

四、敬业度在员工和谐心智模式与工作绩效之间发挥中介作用的讨论

实证结果显示,总假设 H2、H3 及其分假设均获得支持,即敬业度在和谐心智模式与酒店餐饮企业员工工作绩效关系之间发挥一定的中介作用。这说明我们提出这类假设时所依据的心理学相关研究成果也适合于分析和谐心智模式研究。

关于敬业度在和谐心智模式与工作绩效之间发挥中介效应的证实与社会心理学中关于和谐的研究结论相一致。王登峰和黄希庭研究指出,心理和谐主要指个体能够接受自己在各个方面的实际表现与自己的期望之间的差距,而社会和谐则还包括接受自己与他人之间存在的差距。[①] 结合我们对"和谐"的语义和辞源分析,心理和谐即个体对自己各个方面表现与自己的期望之间的和谐。具体而言,个体对自己各个方面表现的满意程度是不同的,但均可以保持在一个可

---

① 王登峰、黄希庭:《自我和谐与社会和谐——构建和谐社会的心理学解读》,《西南大学学报(人文社会科学版)》2007 年第 1 期,第 1—7 页。

以接受的范畴之内。Rogers 认为自我与经验的一致性是心理健康的重要标志。[①] 所谓自我与经验的一致性是指每个人对自我的看法与他的实际表现是一致的或者说是和谐的。根据以上论述，我们可以理解社会心理学所提出的理论："自我调控是自我的最重要功能。"[②]根据自我调控的控制理论（control theory of self-regulation），自我差距感较强的人不仅仅感受到负性情绪，还经常在行动上优柔寡断，没有明确的自我概念而且体验到自尊的丧失。这种自我差距的来源对自我概念越重要，所体验到的负性情绪就越强。

在本研究的个案分析过程中，我们也发现，和谐性心智模式内在地与以上理论观点相一致。一个具有和谐心智模式的员工，仅仅是从取得自身和谐、人际和谐的动机出发，也会努力地缩小上述的差距，并把这种差距保持在一个适当的程度，使之既与企业、人际环境相一致，也与社会环境一致。因此，对组织的忠诚与承诺，对工作的投入都会便显出较高的水平。这是和谐心智模式对敬业度的积极价值所在。

---

① Rogers C R. "A tentative scale for the measurement of process in psychotherapies", M. P. Stein (Ed.), Contemporary Psychotherapies. New York：Free Press, 1961, pp. 84－256.

② （美）斯蒂芬·弗兰佐著，葛剑桥、陈侠、胡军生等译：《社会心理学》，上海人民出版社 2010 年版，第 50 页。

10 研究结论与应用：和谐心智管理与开发

"学以致用"是中国人的传统。理论探索与实证研究的基本目的不但包括解释现象，还包含如何去做。前面的研究主要是实证了和谐文化传统下的员工和谐心智模式的概念、结构及其与工作绩效之间的关系，下面我们对这些研究结论进行总结并提出管理策略。

第一节　本研究的整体结论

综观本书所作的研究，通过文化传统分析、概念构想的扎根理论分析、理论推演和问卷调查实证研究，我们得到以下基本结论。

一、和谐心智模式调查问卷具有一定的理论与应用价值

由于和谐心智模式理论模型源于对中国文化传统的溯本探源，又经过多重个案的比较分析，采用扎根理论方法层层归纳抽象，最后通过大样本实证验证，因此具有科学严谨性。在和谐心智模式概念的操作化过程中，本研究开发了和谐心智模式问卷量表，其 Cronbach's a 系数、组成信度和验证性因素分析结果显示，该问卷具有比较良好的内部一致性信度，同时内容效度和结构效度的表现也比较理想，三维度模型的拟合效果比较理想，13 个测量题项分别负载在和谐思维方式、利他行为倾向与和谐信念三个维度上，同时题项载荷值均在 0.5 以上[①]，题项的因素聚类也比较清晰。可见，和谐心智模式问卷设计比较合理，能够用于与本研究相关的其他研究，特别是适用于中国背景下的企业员工相关主题的测量与研究。

[①]　根据吴明隆（2010）的研究，样本量多于 350 时，题项载荷值大于 0.3 即为可取；一般而言题项载荷值大于 0.4 即为很好。本研究的样本量较大，故载荷值大于 0.5 的题项已经很理想了。

二、和谐心智模式概念模型反映了达致和谐结果的心理逻辑

和谐心智模式的概念模型及其实证研究，实际上反映了达致和谐状态的员工个体内在的心理逻辑，这也是对本研究伊始就特别关注的"和谐何以能"这一问题作出的心理学意义上的回答。

首先，员工对和谐的信念与追求乃是和谐结果的根本性原因之一。如果仅仅把个人利益至上和你死我活的竞争作为心智模式的核心程序，那么个体所描述、解释和预测的主观世界与周围世界都是竞争性的、你死我活的，个人的幸福与成就会建立在其他人、组织、社会乃至于自然环境的牺牲之上，这就难以达到和谐的结果。就像"疑邻盗斧"中的宋人，他先入为主地认定邻居儿子偷了他的斧头，那么这种不和谐的信念无论如何都不会得到和谐的结果，除非他首先改变这种内在的信念。本研究再一次证明了管理领域的"罗森塔尔效应"：和谐的信念能带来和谐的奇迹。

其次，利他行为倾向是和谐状态的心理驱动力之一。尽管自我主义对社会科学有着巨大的影响[①]，但是在不同的文化体系中，个体的利他/利己倾向还是有着很大的差异。例如美国心理学家戴维·迈尔斯就发现亚洲文化较少注重个人主义而推崇集体主义，人们也更加注重维护和增进彼此的关系，即协调与合作。[②] 关系取向是中国人在人际交往中的主要方式。梁漱溟将中国人这种凡事以关系为依归的文化特征叫做"关系本位"，文崇一、金耀基、何友晖及杨国枢称之为"关系取向"[③]。在这种关系中至少包含了互利互惠的特点，否则，和谐关系就难以建立，更难以持久维持。我们的研究也证实，在中国本土情境中，适当的利他行为能够启动他人的好感和回报，而利己行为则会启动人人自私、人人自危的人际交往程序。如果将利他仅仅作为达到个人目的的一种工具与手段，那么人们很快就会发现那种交易性示好与恩惠的虚假性质，而以其人之道还至其身，在这种虚情假意的交往中出现的"和谐"局面让人感到齿冷与失望而难以持久。只有将利他主义深化、内化成个体心智模式的一部分即成为一种行为的倾向、方式与习惯，才可能让周围的人产生感动和真正的善意回报，进而形成和谐局面。

---

① 〔美〕E.索伯著，李建会译：《心理学的自我主义与利他主义》，《国外社会科学》1998 年第 6 期，第 29—34 页。

② 〔美〕戴维.迈尔斯著，沈德灿译：《我们都是自己的陌生人》，人民邮电出版社 2012 年版，第 39—40 页。

③ 杨国枢：《中国人的社会取向：社会互动的观点》，载于：杨宜音：《中国社会心理学评论》，社会科学出版社 2005 年版，第 21—54 页。

再次，也是十分重要的一个因素是必须拥有和谐思维方式才能激活和实现和谐信念并使利他行为得到和谐的结果。所谓"好心不得好报""好人不得好报"的道德困境，常常是因为"好人"仅有和谐的信念和利他的行为，而没有很适合的方法，但是方法的设计、鉴别、选择、使用、变通与控制都需要智慧或思维方式的有效运用。一个具有和谐思维方式的员工，能够对于人心规律、职场诸事有着深刻洞察，并能够使用辩证的、实事求是的、圆通的思维来分析情景，采取相应策略，进而实现人际和谐、人事和谐，最终达致人与环境的和谐。

总之，和谐心智模式的三个维度是不可或缺的。和谐心智模式如果缺乏和谐信念则不能持久，缺乏利他行为倾向则难以落实，而缺乏和谐思维方式则难以适应复杂的现实情境。

三、和谐心智模式对企业管理和员工幸福具有基础性作用

本研究已经证实，一个具有强烈的和谐心智模式的员工对于工作环境、报酬等外在变量有着明显的选择和过滤机制，即他们甚至可以不受外在环境和诸多变量的影响而优先选择对他人特别是顾客的和谐性心理动机和行为。因此具有和谐心智模式的员工更能有很好的绩效表现，而这是很难被模仿和复制的。这是酒店餐饮企业竞争能力的基础性源泉。

本书证实，在工作中，具有和谐心智模式的员工能够对工作环境、工作机会作出和谐的积极的解读和归因，也有着更加积极的工作动机和态度，进而提高和维持较高的绩效水平（如图10-1所示）。可以说，和谐心智模式是对工作绩效的诸多影响因素起到深刻影响的因素。于是，和谐的心智模式也成了提高员工工作绩效进而提高企业绩效的一个重要的"因"。这对于企业管理创新和企业文化优化无疑具有重要的启示。

本研究证实，从员工个人的生活质量和职场质量来看，和谐心智模式也是非常重要的。在生活中，如果拥有和谐信念、和谐思维方式以及和谐行为习惯这些和谐心智模式的基本要素，员工就能更多地获得亲戚、朋友、邻居和陌生人的好感和帮助，可以获得更多的生活资源和融洽的人际关系，更主要的是能使自身的心理和谐，自身与周围的环境和谐，这无疑会促进个人的生活质量和人生质量的提高。而在职场上，心理和谐、人际和谐、人与环境的和谐都建构在和谐心智模式之上，这些不同层次的和谐不但让员工提高自身的心理调控能力，还能在与顾客的接触之中，把和谐理念与思维自觉地传递过去，达致顾客的满意。所以，和谐心智模式是提高员工生活幸福和工作幸福的根本性要素。

王鉴忠、宋君卿的研究发现："只有成长型心智模式才能真正对职业生涯成

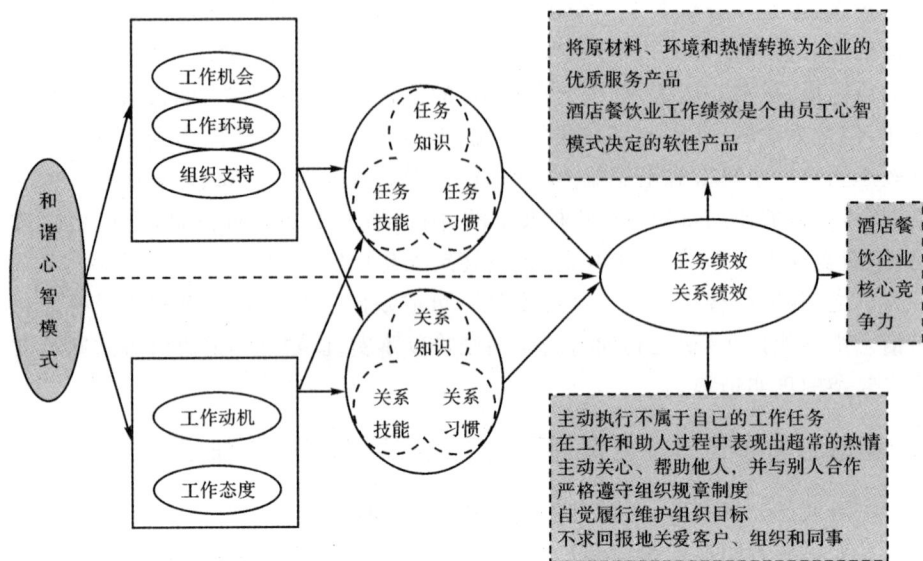

图 10-1　和谐心智模式对工作绩效的各影响因素的影响

资料来源：作者相关文献整理。

功起到积极的促进作用。"[1]与此类似，我们认为，和谐心智模式对于企业管理和员工个人幸福也有着积极的促进作用。

四、基于文化传统的和谐精神对企业文化建设具有积极意义

本研究证实，中国文化传统中的和谐思想与和谐精神，不仅超越了各家学派之间的界限与纷争，而且超越了不同的历史时期和国家、地区的局限，在今天仍然具有顽强而鲜活的生命力。基于中国文化传统、中国企业相关实践和中国管理学等理论研究的相关成果，管理中的和谐精神至少包括：

（1）对组织中人的价值与尊严的充分认可。这体现在"最大限度地发挥每个人的潜能，促进每个人的健康成长，形成个人健康成长与组织发展之间的良性互动关系"[2]的管理主张之上，也是孔子所描绘的"大同社会"的内在基础。

（2）对差异的包容和宽容，对冲突的包容与化解。正如和谐管理理论所讲的，和谐并不等于通常理解的一团和气，不讲原则，排斥差异和竞争，而是强调达

---

① 王鉴忠、宋君卿：《成长型心智模式与职业生涯成功研究》，《外国经济与管理》2008 年第 6 期，第 59—65 页。

② 齐善鸿：《道本管理：精神管理学说与操作模式》，中国经济出版社 2007 年版，第 139 页。

成一种"君子和而不同"的境界，形成一种"有秩序、有纪律，又有团结合作"的机制。①

（3）尊重人的主体性和人心规律。人的主体性是指"人的行动的自主性""意义赋予的自主性"和"个体的独立权力"，这是任何人为力量都不能剥夺的。人的主体性决定了："其他人不能强制，而只能引导；引导中，不是为了别人或者集体，而是为了每一个人自己。"②这也是对人心规律的一种描述。从前文关于和谐意旨的分析可知，早在中华先民造字时就有了对每个人的主体性和人心规律的体认与尊重。

（4）对和谐的不懈追求。尽管和谐几乎是全人类的共同追求，但是在中国情境下，企业尤其讲求和谐。

（5）讲求圆通的和谐思维方式。并不是所有的中国企业都有意识地讲求"智圆"，但是圆通达变的和谐思维方式却是中国企业员工包括管理者的主要思维方式，这在本书的扎根理论方法研究中体现得很明显。

（6）具有突出的利他行为取向。如前述，尽管现代企业员工总体上受到"传统文化教育弱化"的影响，但是利他行为取向仍然是他们的心智模式要素之一。

这种和谐精神是扎根于中国文化传统和企业现实基础之上的，在企业构建和谐组织文化的过程中，这是取之不尽、用之不竭的优质文化与社会资源。

第二节　和谐心智管理与开发的提出与框架

既然员工和谐心智模式对其工作绩效有积极影响，那么如何通过开发和谐心智模式来改善员工态度与行为，提高其工作绩效进而提升企业的绩效与竞争力呢？这就必然要求我们把目光聚焦在企业员工心智模式的管理与优化方面。

一、管理学发展视角的和谐心智管理与开发

现代管理越来越重视对员工心智的开发与管理。这也是彼得·圣吉在其系列著作中所强调的核心主张。彼得·圣吉指出，人们看到的只是自己想看到的东西，符合自己"口味"（由心智模式决定）的东西，给以记忆、利用，而对不符合"口味"的东西却视而不见地排斥，从而本能地强化了自己原有的心智模式。心智模式的偏执性使人们难以客观、公正地观察和思考，往往作出轻率的决定。胡

---

① 主要参见：席酉民、尚玉钒：《和谐管理理论》，中国人民大学出版社 2002 年版。
② 齐善鸿：《道本管理：精神管理学说与操作模式》，中国经济出版社 2007 年版，第 171 页。

君辰和潘晓云曾经观察到,企业为了提高绩效,往往花巨资来提高员工的知识和技能,但是也往往收效甚微。原因何在呢?他们在其新著《心智管理导论》一书的前言中指出,原因就在于没有抓到关键所在:改善员工的心智模式。

心智管理是一种崭新的管理理论。它是对企业核心价值观、企业精神、思维方式、行为风格、经营哲学以及管理哲学、领导理念、工作理念等等组织文化核心要素的管理,因此也是企业文化理论的新发展。其核心主题之一就是改变和塑造有利于提升企业核心竞争力的员工心智模式。通过本研究的结论,可以证明,和谐心智模式对于和谐型企业的打造特别是酒店餐饮企业核心竞争力的形成无疑具有基础性的意义。因而,和谐心智管理与开发成为心智管理的重要内容之一。

在当前已有的心智管理理论中,其内容仅包括了态度、动机、情绪、认知、智力、学习等心理学内容以及压力管理、人际关系管理和时间管理等管理知识与技术,实际上并没有有效地深入到心智模式层面,更没有建立在文化传统这一根基之上。我们所提出的和谐心智管理与开发建立在中国和谐文化基础之上,并且能够切合现代企业管理的效率目的与利润目标。

基于中国文化的和谐意旨与和谐文化精神,并与本研究的理论模型及实证结论相一致,和谐心智模式的管理与开发至少应包括如下内容:

(1)中国文化传统中的和谐精神与和谐实践;

(2)和谐价值观及其培育;

(3)和谐思维及其开发;

(4)利他行为方式培育与维护;

(5)和谐与冲突关系管理。

值得特别指出的是,和谐心智模式管理与开发不是统一员工的思想与行为,不是让员工思维同质化,更不是给员工洗脑。在中国传统文化精神中,和谐的最核心的含义是"和而不同",是对人的个体价值、能力、素质和尊严的充分尊重,是让员工、管理者和企业一起实现各自的价值,达到多赢的目的。中西方的企业实践和众多学者的研究都表明,如果企业员工的思想、思维甚至价值观特别趋同化,必然会扼杀创新;如果所有员工都按照一种心智模式思考并行事,可能会暂时提高企业的凝聚力和向心力,但是往往跟不上外部环境变化的步伐,甚至可能会集体走上"泰坦尼克号"而遭受重大损失。所以,和谐心智模式管理与开发乃是充分尊重员工异质化的心智模式,倡导能发挥员工各自的创造力、实现各自价值的心智模式。也正是出于这个考虑,本研究很少使用共享心智模式这个概念。和谐心智模式不是共享心智模式,而是不一定共享但一定是共存、互尊、互助、共荣的心智模式。

上述的和谐心智模式管理与开发是在传统管理学的框架内来"叙事"的，即它是服从企业管理一直所追求的那些效率、秩序和利润等目的的指引和约束的。其实，让我们把探求真理的目光投向人类在 21 世纪初这十多年的多元而意义迥异的新探索领域，就会赋予和谐心智管理与开发新的使命与新的意义，也可能使其获得新的内容与技术。

二、心经济视角下的心智模式管理与开发

世界上最古老的民族之一——玛雅人的祖先讲过："唯一能够囚禁我们的墙，就是我们的心墙。"而最古老的宗教之一——佛教也强调："万法唯心所变，为识所现。"其实几乎所有历史久远、被人们普遍称颂的信仰体系和哲学都以心灵为核心。近几十年来在东西方学界都特别强调心灵的重要作用和重大价值，特别是进入 21 世纪以来，关于"心"的研究受到各个学科领域的重视，甚至出现"心经济"的概念。

有学者指出，21 世纪最根本的变化就是人类需求的变化，它促使人类社会环境和文化也随之改变，其他大部分变化也因此而全面展开。一个自然的物质世界存在着，一个动物的世界存在着，一个心灵的世界生长着，并将主导这个世界。心时代开始了，并将标志着人类意义上的生活的真正开始。①

越来越多的专家指出，当前已经进入一个人们普遍追求心理和精神需求的"心经济"时代。与经济发展的主要任务是通过制造产品满足人们物质需要的"身时代"不同，在这个时代，人类的经济以创意生产来满足人们的情感和精神需要。"心"的需要已经成为人类的两大需要之一，满足这种需求的经济已经存在，而且规模已经相当大，娱乐、玩具、体育、出版、音乐、艺术、旅游、休闲、公园、教育、健康、咨询、广告等所有影响人们心理、观念、情绪和精神的行业都在成为新的聚宝盆，这些纯粹为满足人们的心理和精神需要的经济行为已聚敛为一笔宏大的财富。"心经济"的兴旺尤其为服务业和传统工业拓展业务提供了良好的契机。

从市场的角度看，在商品同质化时代，消费者不仅购买商品的功能价值，还重视商品的心灵或精神价值，服务与产品的竞争力体现在是否有更巧的心思、更多的心意、更好的心趣、更爽的心情、更醇的心境、更高的心智、更美的心灵、更强

---

① 相关观点可参见曹世潮的系列文章《新经济：颠覆传统经营》，发表于《企业经营》2002 年至 2003 年。

力的心志。可谓得"心"者得市场。全球最大的未来学研究机构之一哥本哈根未来研究所所长罗尔夫·詹森指出："未来的产品必须取悦于我们的心，而不是大脑。当这一点成为现实的时候，富裕国家的主导社会模式将不再是信息社会，而是梦想社会。现在是为产品和服务加入情感价值的时候了。"在心经济中，包含服务在内的商品成了"心"之载体、符号、表象，万物乃"心"之大化流行。"心"有万殊，故有万种商品形式创意。

心经济重视市场需求的心灵特征，进而出现基于心灵需求的市场营销、产品研发、供应链管理乃至于企业经营，心经济对企业更进一步的影响必然是"心管理"。这是心经济发展的必然逻辑。企业管理实践也证明了这个逻辑。中国企业家的成功一般都是某个历史阶段、某种文化形态下的成功。海尔CEO张瑞敏和成都恩威集团董事长薛永新以"道""无为"的禅商思想指导企业的管理，取得了巨大成功；中鸿天房地产公司潘石屹所推崇的"无偶像、无权威、无寺院"的"禅道"管理，获得了丰厚收益；美国传奇人物、著名的乔布斯更是将禅修和灵修运用于管理、研发与营销；日本当代经营之神稻盛和夫更是发展出系统的"心学"……越来越多的企业关注、应用基于心灵的管理哲学，并创造出独特而类似的心灵管理技术。于是乎有人断言：心灵管理或心智管理已经孕育了一种新型的商业精神或商人精神（或企业家精神），这就是禅商精神。

且看稻盛和夫的案例。

稻盛和夫在日本被称为经营之神，他一生建立了两大公司，且都发展成世界500强企业，退休后在近80岁高龄时受命接管倒闭的日本航空公司，第二年就使公司起死回生，盈利1800亿日元。他的经营秘诀是什么？稻盛和夫自己总结为"敬天爱民"，他从中国古代的哲人孔子、孟子以及他们的典籍中汲取智慧，即顺应天道、顺应自然，对规律、法则心存敬畏，不做违逆之事；爱民即是社会由民众构成，爱民则能创造良好的人际关系和社会关系，也就是人脉和社会影响力，有了这些可谓得道，自然换来多助，结果就是坐拥成功。稻盛和夫的成功方程式：成就＝人格理念（−100−100）×热情×能力。稻盛和夫先生特别推崇人格理念对个人发展的重要性，他认为人的能力有大小之分，能力不强的人可以用热情和努力来弥补，但成功更重要的还是一个人的价值观、人生观，以及由此支撑而形成的人格理念，只要抱有利他之心、与人为善，你不刻意追求利润，却会产生你意想不到的丰厚利润，因此他特别强调"至诚"。

稻盛和夫在企业经营管理上向内求，不向外求；向心求，不向物求；或者，他不求，只是"给"。他用古老而全新的和谐利他的心智模式引领企业，成为经营管理方面的圣人。他影响、开发了自己企业员工的心智模式，也在影响着越来越多的管理中人。稻盛和夫的实践为本研究中的和谐心智模式管理与开发提供了经典案例。

第三节　和谐心智管理的核心：从和谐心智到和谐人格

和谐心智管理不同于一般的心智管理和管理心理学，更不是一般性的管理原则、策略与工具的组合，而是着眼于把和谐心智模式这种难以捕捉、难以显化而且易于变化的心理认知机制固化并升华为相对稳定的人格模式。也就是说，和谐心智管理的最重要的内容也即核心目标是将和谐心智模式人格化。

和谐人格是对和谐心智模式的进一步提炼与升华。前文的实证研究发现，员工和谐心智模式水平会随着年龄的增加而出现"先提升，继而稳定，在一定年龄阶段可能衰减"的现象，可见，和谐心智模式受到员工内外部环境的很大影响。特别是在进入职业高原阶段，面对晋升无望的"天花板"，有些员工就出现了职业倦怠，其和谐心智模式水平也随之下降。而和谐人格一旦形成，就会更加持久地影响员工的动机和态度，进而决定其行为。所以，我们有必要经过持续有效的开发教育，把和谐信念固化为和谐信仰，把和谐思维方式固化为和谐思维习惯，把利他行为倾向固化为利他行为习惯，使之成为员工人格的核心组成部分。这是和谐心智管理的一个重要内容和方向。

这里重拾本研究的本土化视角，中国企业的心智模式管理离不开文化传统。本研究也说明了，优秀的文化传统是国民性的根基，它应当成为构筑现代人格和文明的重要精神养料。对于文化传统，人们进行了各种视角的评价、反思与批判。不管怎样，中国管理学在现代化的进程中不可能与过去的文化传统割裂，也不可能将过去的传统推倒重来。正如列宁所说的，"解决社会科学上的问题，最可靠、最必需和最主要的就是不要忘记基本的历史联系"[①]，重新评估中国传统伦理文化的价值，不能是仅仅记住和践行其中的一些教条，而是应该找到其本源，揭示其内核，进而发掘其在现代社会的价值与功能，这是符合唯物史观的继承与发展。只有将传统伦理观的内核与当代社会一切积极因素（包括外域文化中的积极因素）相融汇，才能产生出更高级的精神产品——现代和谐人格。

如前文（本书第四、五章）所述，对中国人的生命和生活方式产生着重大影响的文化传统的源头和内核是一致的，其终极目标都是寻求符合"人道与天道"的统一与和谐，可一言以蔽之为"同于道"。作为中华传统伦理观的内核，"道"是古

---

① 列宁：《列宁全集》（第29卷），人民出版社1956年版，第430页。

圣先贤对天地万物及社会人生进行多层次抽象的产物，他们把体现自然、人类社会和人类自身和谐美好原则的"道"作为社会人生的价值源头和价值尺度，把"同于道"视为最高价值。这种从天地万物具象概括出的共同本质和一般规律正是现代人和谐人格建构应当遵循的基本法则。因此，现代和谐人格的构建要把"同于道"作为基本原则与追求，①这可能更加接近中华古圣之心，也更加符合中华文明的源头思想。这是对优秀文化传统的继承，也为融汇现代文明精华因素使人格得以发展提供了广阔的空间。

我们相信，在新的时代，通过和谐心智模式管理与开发，管理会让职场变成乐土，会让职场中人变成全新的人类。在这个愿景之下，本研究只是一块小小的奠基石，一个引子。

---

① 关于同于道的和谐人格，详见：齐善鸿、曹振杰：《论企业的领袖气质——"道本管理"的视角》，《经济问题探索》2009 年第 10 期。

主要参考文献

中文文献

[1]克里斯·阿吉里斯著.组织学习.张莉,李萍译.北京:中国人民大学出版社,2004.

[2]艾森克,基恩著.认知心理学.高定国,肖晓云译.上海:华东师范大学出版社,2004.

[3]彼得·圣吉著.第五项修炼:学习型组织的艺术与实践.张成林译.北京:中信出版社,2009.

[4]陈菲琼.企业知识联盟:理论与实证研究.北京:商务印书馆,2003.

[5]陈晓萍等.组织与管理研究的实证方法.北京:北京大学出版社,2008.

[6]Dail L. Fields.工作评价.阳志平译.北京:中国轻工业出版,2004.

[7]胡君辰,潘晓云.心智管理导论.上海:复旦大学出版社,2008.

[8]何怀宏.良心论——传统良知的社会转化.上海:上海三联书店,1998.

[9]慧曼.佛门管理.北京:当代中国出版社,2007.

[10]黄囇莉.华人人际和谐与冲突:本土化的理论与研究.重庆:重庆大学出版社,2007.

[11]赫尔雷格尔著.组织行为学.俞文钊译.上海:华东师范大学出版社,2001.

[12]金瑜.心理测量.上海:华东师范大学出版社,2001.

[13]格罗鲁斯著.服务管理与营销.韩经纶译.北京:电子工业出版社,2006.

[14]Kathleen M. Iverson.饭店业人力资源管理.张文等译.北京:旅游教育出版社,2002.

[15]李东.知识型企业的管理沟通.上海:上海人民出版社,2002.

[16]列宁.哲学笔记.北京:人民出版社,1960.

[17]凌文辁,方俐洛.心理与行为测量.北京:机械工业出版社,2003.

[18]铃木大拙,弗洛姆著.禅与心理分析.孟祥森译.北京:中国民间文艺出版社,1986.

[19]刘宗贤,蔡德贵.当代东方儒学.北京:人民出版社,2003.

[20]吕晓俊.心智模型的阐释:结构、过程与影响.上海:上海人民出版社,2007.

[21]Lnthans F 等著.心理资本——打造人的竞争优势.李超平译.北京:中国轻工业出版社,2008.

[22]Iverson K. M 著.饭店业人力资源管理.张文等译.北京:旅游教育出版社,2002.

[23]Franzoi S. L 著.社会心理学(第三版).葛剑桥等译.上海:上海人民出版社,2010.

[24]马克斯·韦伯著.新教伦理与资本主义精神.黄晓京等译.成都:四川人民出版社,2008.

[25]马克斯·韦伯著.论经济与社会中的法律.张乃根译.北京:中国大百科全书出版社,1998.

[26]南怀瑾,彼得·圣吉.关于禅、生命和认知的对话.上海:上海人民出版社,2007.

[27]庞朴.文化的民族性与时代性.北京:中国和平出版社,1996.

[28]齐善鸿.饭店管理创新理论与实践.北京:人民邮电出版社,2006.

[29]齐善鸿.道本管理:精神管理学说与操作模式.北京:中国经济出版社,2007.

[30]齐善鸿.道本管理:中国企业文化纲领.北京:中国经济出版社,2007.

[31]芮明杰.管理创新.上海:上海译文出版社,1998.

[32]芮明杰.管理学:现代的观点.上海:上海人民出版社,2005.

[33]荣格著.荣格谈心灵之路.梁凤雁译.北京:中国工人出版社,2009.

[34]罗宾斯著.组织行为学(第七版).孙建敏李原等译.北京:中国人民大学出版社,1997

[35]斯蒂芬·弗兰佐著.社会心理学(第3版).葛鉴桥等译.上海:上海人民出版社,2010.

[36]赛卡瑞克著.企业研究方法.祝道松等译.北京:清华大学出版社,2005.

[37]王关义.现代组织管理.北京:经济管理出版社,2007.

[38]王凤彬.供应链网络组织与竞争优势.北京:中国人民大学出版社,2006.

[39]吴明隆.统计应用实务——问卷分析与应用统计.北京:科学出版社,2003.

[40]吴明隆.问卷统计分析实务——SPSS 操作与应用.重庆:重庆大学出版社,2010.

[41]吴明隆.结构方程模型——AMOS 的操作与应用(第 2 版).重庆:重庆大学出版社,2010.

[42]闻曙明.隐性知识显性化问题研究.长春:吉林人民出版社,2006.

[43]王慧.现代管理心理学.昆明:云南科技出版社,2002.

[44]王学秀.文化传统与中国企业管理价值观.北京:中国经济出版社,2007.

[45]王克胜等著.知识管理导论:原理与实践.杨应崧等译.北京:高等教育出版社,2004.

[46]汪德迈.新汉文化圈.南昌:江西人民出版社,1993.

[47]魏钧.组织契合与认同研究:中国传统文化对现代化的影响.北京:北京大学出版社,2008.

[48]席酉民.和谐理论与战略.贵阳:贵州人民出版社,1988.

[49]席酉民,尚玉钒.和谐管理理论.北京:中国人民大学出版社,2002.

[50]杨韶刚.西方道德心理学的新发展.上海:上海教育出版社,2007.

[51]杨中芳.如何研究中国人.心理学研究本土化论文集.重庆:重庆大学出版社,2009.

[52]杨国枢.中国人的心理与行为:本土化研究.北京:中国人民大学出版社,2004.

[53]杨谦.心智修炼——超越自我的思维.北京:首都经济贸易大学出版社,2000.

[54]罗伯特·路易斯·弗德勒著.反思第五项修炼.赵恒译.北京:中信出版社,2004.

[55]俞文钊,吕晓俊.学习型组织导论.大连:东北财经大学出版社,2008.

[56]叶浩生.心理学通史.北京:北京师范大学出版社,2006.

[57]任俊.积极心理学.上海:上海教育出版社,2006.

[58]赵观中.韦尔奇管理艺术——效率型组织.北京:中国时代出版社,2002.

[59]赵吉惠.21 世纪儒学研究的新拓展.北京:社会科学文献出版社,2004.

[60]张声雄.第五项修炼导读.上海:上海三联书店,2001.

[61]吴筱玫.企业领导者情绪智力与领导效能关系研究(管理学博士学位论文).河南大学,2006.

[62]王鉴忠.酒店管理人员成长型心智模式对职业生涯成功的影响实证研究(管理学博士学位论文).南开大学,2009.

[63]汪新艳.知识员工组织公平感对工作绩效的影响机制研究(企业管理专业博士学位论文).华中科技大学,2008.

[64]张辉华.管理者的情绪智力及其与工作绩效的关系研究(管理学专业博士学位论文).暨南大学,2006.

[65]毕鸿燕,方格,王桂琴.演绎推理中的心理模型理论及相关研究.心理科学,2001(5).

[66]曹振杰,王学秀."管理学在中国"研究的理论反思与实践探索.管理学报,2010(2).

[67]曹振杰,齐善鸿,孟奕爽.管理思维障碍.企业管理,2011(2).

[68]陈虎荣.心智模型及其管理学意义.现代管理科学,2006(6).

[69]陈志良.论中国传统思维方式的基本特点.社会科学战线,1992(1).

[70]戴传江.哈耶克的文化进化思想及其对中国传统文化复兴的启示.江西社会科学,2010(12).

[71]稻盛和夫.经营何以需要哲学.日本学论坛,2001(4).

[72]杜伟宇.心理模型及其探查技术的研究.心理科学,2004(6).

[73]方文.社会心理学百年进程.社会科学战线,1997(2).

[74]方文.社会心理学的演化:一种学科制度视角.中国社会科学,2001(6).

[75]封来贵.略论儒家文化中的和谐思维.武汉科技大学学报(社会科学版),2010(1).

[76]韩翼.雇员工作绩效结构模型构建与实证研究(博士学位论文).华中科技大学,2006.

[77]韩翼,廖建桥.雇员工作绩效结构模型构建与实证研究.管理科学学报,2007(5).

[78]韩美群.和谐思维方式的界定及其基本特征.光明日报,2007-5-15.

[79]胡伟希.中国哲学的中观思维.中国人民大学学报,2008(3).

[80]何贵兵,杨琼.共享心理模型的测量.人类工效学,2006(4).

[81]何自力.论心智模式和企业知识创造.天津师范大学学报,2008(1).

[82]黄希庭.构建和谐社会呼唤中国化人格与社会心理学研究.心理科学进展,2007(2).

[83]黄雪娜,金盛华,盛瑞鑫.近30年社会心理学理论现状与新进展.社会科学辑刊,2010(3).

[84]黄文静.企业家心智模式与企业集群成长的关联机理.经济论坛,2005(4).

[85]李建军.个体心智模式及形成的团队心智模式.人力资源开发,2007(3).

[86]梁玉芬,陈文娟.知识经济时代的心智管理.管理科学文摘,2005(1).

[87]林振春.心智模式与学习型组织.江苏广播电视大学学报,2000(11).

[88]凌文轻,郑晓明,方俐洛.社会规范的跨文化比较闭.心里学报,2003(2).

[89]刘毅.当代西方社会心理学研究的三种倾向.西北师大学报(社会科学版),1999(5).

[90]刘怀元.圣人不积不争之德——《道德经》与和谐文化.中国道教,2007(3).

[91]吕晓俊.组织中员工心智模式的理论与实证研究(基础心理学博士学位论文).华东师范大学,2002.

[92]吕晓俊,俞文钊.员工心智模式的实证研究.心理科学,2002(6).

[93]吕晓俊,俞文钊.团队心智模式的实证研究.心理科学,2005(1).

[94]马伟群,姜艳萍,康壮.知识管理中个体知识能力的一种模糊测评方法.东北大学学报(自然科学版),2004(7).

[95]倪荣.心智模式与安全行为关联分析.煤炭经济研,2005(4).

[96]齐善鸿,吴思.道本管理破解管理与人心的对抗.北大商业评论,2007(12).

[97]齐善鸿,曹振杰.道本管理论:中西方管理哲学融合的视角.管理学报,2009(10).

[98]齐善鸿,曹振杰.论企业的领袖气质——道本管理的视角.经济问题探索,2009(10).

[99]卿志琼,陈国富.心智成本理论:一个超越新古典经济学的解释框架.当代经济科学,2003(6).

[100]沈德灿.现代心理学与西方社会心理学.社会心理科学,1998(2).

[101]沈素珍.和:中华民族的民族精神.新华文摘,2010(6).

[102]汤一介.论儒学的复兴.新华文摘,2010(1).

[103]田喜洲,蒲勇健.饭店员工满意度及其影响因素实证研究.中国地质大学学报,2007(5).

[104]王鉴忠,宋君卿.成长型心智模式与职业生涯成功研究.外国经济与管理,2008(6).

[105]王庆宁.刍议企业家的心智模式与能力结构.经济论坛,1999(5).

[106]王雁飞,朱瑜.心理资本理论与相关研究进展.外国经济与管理,2007(5).

[107]王登峰,黄希庭.自我和谐与社会和谐——构建和谐社会的心理学解读.西南大学学报(人文社会科学版),2007(1).

[108]王荣发.论和谐思维的基本特征.华东理工大学学报(社会科学版),2010(4).

[109]温志毅.工作绩效的四因素结构模型.首都师范大学学报(社会科学版),2005(5).

[110]温忠麟,张雷,侯杰泰等.中介效应检验程序及其应用.心理学报,2004(5).

[111]肖小勇,肖洪广.人员多样化组织管理的心智模式分析.怀化学院学报,2003(6).

[112]肖朗.传统和谐思维与现代和谐社会建设.学习月刊,2009(8).

[113]徐桂红.试析企业家心智模式创新的途径.华东经济管理,2002(5).

[114]杨中芳.传统文化与社会科学结合之实例:中庸的社会心理学研究.中国人民大学学报,2009(3).

[115]杨正宇,王重鸣等.团队共享心理模型研究新进展.人类工效学,2003(9).

[116]杨国枢.心理学研究的本土契合性及其相关问题.本土心理学研究,1997(8).

[117]余思贤,林以正,黄金兰,黄光国,张仁和.长程取向思维与心理适应之关联.中华心理卫生学刊,2010(3).

[118]于肖楠,张建新.韧性(resilience)——在压力下复原和成长的心理机制.心理科学进展,2005(5).

[119]左亚文.论和谐思维、矛盾思维与辩证思维的关系.哲学研究,2009(5).

[120]赵艺.论心智逻辑理论与模型理论融合的可能途径.自然辩证法研究,2005(6).

[121]赵艺.心智逻辑的理论与方法研究.华南师范大学学报(社会科学版),2009(11).

[122]周立军.心智模式与知识创造——一个认知的视角.科技管理研究,2010(12).

[123]周文霞,郭桂平.自我效能感:概念、理论和应用.中国人民大学学报,2006(1).

[124]朱维铮.传统文化与文化传统.复旦学报,1987(1).

[125]郭永玉.精神的追寻:超个人心理学及其治疗理论研究.上海:华东师范大学出版社,2002.

[126]杨韵刚.人性的彰显:人本主义心理学.济南:山东教育出版社,2009.

英文文献

[1]Baron R M, Kenny D A. The Moderator-Mediator variable distinction in

social psychology research: Conceptual, strategic, and statistical considerations. Journal of Personality and Social Psychology, 1986, 51(6): 1173~1182.

[2]Borman W C, Motowidlo S J. Expanding the criterion domain to include elements of contextual performance. In N. Schmitt & W. C. Borman (Eds.), Personnel selection in organizations. San Francisco: Jossey-Bass. 1993. 71-98.

[3]Borman W C, Motowidlo S J. Task, performance and contextual performance: The meaning for personnel selection research. Human Performance, 1997, 10(2): 99-109.

[4]Bram V H. Using existential graphs to integrate mental logic theory and mental model theory. Journal of Experimental & Theoretical Artificial Intelligence, 2006, 6(18): 149-155.

[5]Brenda S G, Sharon J K. Classroom strategies that facilitate transfer of learning to the workplace. Innovative Higher Education, 1997, 22(1).

[6]Carrol J M, Olsen J. Mental models and human computer interaction. In Helonder, M(ed.), Handbook of Human-Computer Interaction, Elsevier, Amsterdam, 1988. 45-65.

[7]Conway J M. Analysis and design of multitrait-multirate performance appraisal studies, Journal of Management, 1996, 22(1): 139-162.

[8]Conway J M. Distinguishing contextual performance from performance for Managerial Jobs, Journal of Applied Psychology, 1999, 84(1): 3-13.

[9]Cooke F L. Maintaining change: the maintenanee function and the change proeess. New Teehnology, Work and Employment, 2003, 1(1): 35-49.

[10]Cook K S, Eric R. Rice. Social exchange theory. In Handbook of Social Psychology. ed. JOHN Delamater. New York: Kluwer Academic/ Plenum, 2003:53-76.

[11]Denzau A T, North D C. Shared mental models: Ideologies and institutions. Blackwell Publishing,1994,47(1):3-31.

[12]Donald R N, Dennis P W. Developing a learning community approach to business ethics education. Teaching Business Ethics, 2001,5(3).

[13]Douglas S C, Martinko M J. Exploring the role of individual differences in the prediction of workplace aggression. Journal of Applied Psychology,

2001:547—559.

[14]Egri C. P, Ralston D A. Generation cohorts and personal values: A comparison of China and the United States. Organization Science, 2004, 15(2):210—220.

[15]Emerson R M. Power-dependence relations. American Sociological Review, 1962:31—41.

[16]Everitt B S. zultivariate analysis: the need for date and other problems. British Journal of Psychology, 1975,126:237—240.

[17]Farh J L, Earley P C, Lin S C. Impetus for action: A cultural analysis of justice and organizational citizenship behavior in Chinese society. Administrative Science Quarterly, 1997,42(3):421—444.

[18]Fiske S T, Linville P. What does the schema concept buy us? Personality and Social Psychology, 1980,19, 381—400.

[19]Fred L, James B A, Bruce J A, Steven M N, Norman, Gwendolyn M C. Psychological capital development: Toward a micro-interventional. Journal of Organizational Behavior, 2006, 27(3): 387—393.

[20]Gentner D, Stevens A. (eds). Mental models. Hillsdale, NJ: Lawrence Erlbaum Associates, 1983.

[21]Gilhool K J. Thinking: Directed, undirected, and creative. London: Academic Press, 1982.

[22]Goldsmith A H, Veum J R, Darity W J. The impact of psychological and human capital on wages. Economic Inquiry, 1997, 35: 815—829.

[23]Guadagnoli E, Velicer W F. Relation of sample size to the stability of component patterns. Psychological Bulletin, 1988, 103: 265—275.

[24]Holyoak K J. Analogical thinking and human intelligence. In R. J. Sternberg (Ed.) Advances in the psychology of human intelligence, Hillsdale, N.J.: Erlbaum. 1984,2:199—230.

[25]Hofstede G. Cultural constraints in management theories. Academy of Management Executive, 1993, 7(1): 81—94.

[26]Hofstede G, Bond M. The Confucious connection: From cultural roots to economic growth. Organizational Dynamics, 1988, 16(4): 4—21.

[27]Hofstede G. The business of international business in cultures, Cross-cultural Management, butterworth-Heinemann Ltd,1995.

[28]Hwang K K. The epistemological goal of indigenous Psychology. In Bernadette N, Setiadi A, Supratilnya W J(eds.). Ongoing Themes in Psychology and Culture, 2004: 169−186.

[29]Hwang K K. A philosophical reflection on the epistemology and methodology of indigenous psychologies. Asian Journal of Social Psychology, 2005, 8(1): 5−17.

[30]Jacob E, Shaw D. Sociocognitives on representation. Annual Review of Information science and Technology, 1998: 157−158.

[31]Janssen O, Van Yperen N W. Employee's goal orientations, the quality of leader-member exchange, and the outcomes of job performance and job satisfaction. Academy of Management Journal, 2004, 27(3): 368−384.

[32]Jennifer M G, Gareth R J. Experiencing work: Values, attitudes, and moods. Human Relation, 1997, 50(4): 393−41.

[33]Johnson-Laird P N. Mental models: Towards a cognitive science of language, inference and consciousness. Cambridge: Cambridge University Press, 1983.

[34]Kahn W A. Psychological conditions of Personal engagement and disengagement at work. Academy of Management Journey, 1990, 33: 694 −700.

[35]Kelley H. H. The process of causal attributions. American Psychologist, 1973, 28: 107−128.

[36]Kenenth Craik. The nature of explanation. UK, Cambridge: Cambridge University Press, 1943.

[37]Larson M D, Luthaus F. Potential added value of psychological capital in predicting work attitudes, Journal of Leadership & Organizational Studies, 2006, 13(2): 75−92.

[38]Leonard D, Sensiper S. The role of tacit knowledge in group innovation. California Management Review, 1998, 40(3): 112−132.

[39]Lnthans F, Youssef C M, Avolio B J. Psychological capital: Developing the human competitive edge, Oxford, UK: Oxford University Press, 2007: 253−273.

[40]Luthans F B, Avolio B J, Walumbwa F O, Li W. The psychological capital of Chinese workers: Exploring the relationship, Management and

Organization Review, 2005, 1(2): 249—271.

[41]Lynn W. Mental models: a theoretical overview and preliminary study. Journal of Information Science, 2006, 32(6): 563—579.

[42]Maslach C, Jackson S E. Burnout in health professions: Asocial psychological analysis, In Sanders G S, & Suls (Eds.). Social Psychology of Health and Illness, Lawrence Erlbaum Associates, Inc, 1982.

[43]Masten K M, Best N G. Resilience and development: Contributions from the study of children who overcome adversity, Development and Psychopathology. Cambridge: Cambridge University Press, 1990, 2: 425—444.

[44]Mathieu J E, Heffner T S, Goodwin G F, et al. The influence of shared mental models on team process and performance. Journal of Applied Psychology, 2000, 85: 273—283.

[45]May D R, Gilson RL, Harter L M. The psychological conditions of meaningfulness, safety and availability and the engagement of human spirit at work, Journal of occupation & organization psychology, 2006, (10): 113—118.

[46]Moghaddam F M. Psychology in the Three World, American Psychologist, 1987, 42: 912—920.

[47]Motowidlo S J, Van Scotter J R. Evidence that task performance should be distinguished from contextual performance. Journal of Applied Psychology, 1994, 79(4): 475—480.

[48]Moore J E. Why is this happening? A causal attribution approach to Work exhaustion consequences. The Academy of Management Review, 2000, 25(2): 335—349.

[49]Nisbett R. The geography of thought: How Asians and Westerners think differently and why. Simon & Schuster Adult Publishing Group, 2004.

[50]Norman D. Some observations on mental models. In: D. Gentner and A. Stevens (eds), Mental Models Lawrence Earlbaum, Hill ale, NJ, 1983.

[51]Nonaka I, Takeuchi H. The knowledge creating company . New York: Oxford University Press, 1995.

[52]Parry K W. Grounded theory and social Process: A new direction for

leadership research. The Leadership Quarterly, 1998, 9(1): 85−105.

[53]Pines T L, Aronson E. Career burnout: Causes and cures. New York: Free Press, 1988.

[54]Polanyi M. Personal knowledge . Chicago: the University of Chicago Press, 1958.

[55]Polanyi M. Study of Man. Chicago: The University of Chicago Press, 1958.

[56]Pulakos E D, Arad S, Domovan M A, Planondon K E. Adaptability in the workplace: Development of taxonomy of adaptive performance, Journal of Applied Psychology, 2000, (85): 612−624.

[57]Rogers C R. A tentative scale for the measurement of process in psychotherapies. M. P. Stein (Ed.), Contemporary Psychotherapies. New York: Free Press, 1961: 84−256.

[58]Roy L. Tacit knowledge and knowledge management: The keys to sustainable competitive advantage, Organizational dynamics, 2001, 29 (4): 164−178.

[59]Rouse W B, Morris N M. On looking into the black box: Prospects and limits in the search for mental models. Psychological Bulletin, 1986, 100: 349−363.

[60]Salas E, Cannon-Bowers J A, et al. The influence of shared mental models on team process and performance. Journal of Applied Psychology, 2000, 85(2): 273−283.

[61]Susan M, Richard K, Joan R R. The measurement of team mental models: we have no shared schema. Organizationl research methods, 2000, 2(3): 123.

[62]Sutich, A. Transpersonal psychology : An emerging force. Journal of Humanistic Psychology, 1968, 8(1): 77~78.

[63]Seligman M, Csikszentimihalyi M. Positive psychology: An introduction. American Psychologist, 2000, 55(1): 5−14.

[64]Strauss A, Corbin J, Basics of qualitative research: Grounded theory procedures and techniques, Newbury Park, CA: Sage Publications, 1990.

[65]Terenece R. M, Locus of control: Supervision and work satisfaction. Academy of Management Journal, 1975, 96: 623−631.

[66]Truner J H. Face-to-face: Toward a theory of interpersonal behavior. Stanford, CA: Stanford University Press, 2002: 99—107.

[67]Van Scotter J R, Motowidlo S J. Evidence for two factor of contextual performance: Job dedication and interpersonal facilitation[]J, Journal of Applied Psychology, 1996(81): 525—531.

[68]Veldhuyzen W. Stassen H G. The internal models: What does it mean in human control. in T. B. Sheridan and G. Johannsen(eds.), Monitoring Behavior and Supervisory Control. New York: Plenum, 1976.

[69]Williams L J, Anderson S E. Job satisfaction and organizational commitmentas predictors of organizational citizenship and in-role behaviors. Journal of Management, 1991,17: 601.

[70]Wilson J R, Rutherford A. Mental models: Theory and application in human factors. Human Factors, 1989, 31: 617—634.

[71]Yang K S. Towards an indigenous Chinese psychology: A selective review of methodlogical, theoretical, and empirical accomplishments, Chinese Journal of Psychology, 1999(4):181—211.

[72]Yang K S. Monocultural and cross-cultural indigenous approaches: The royal to the decelopment of a balanced global psychology, Asian Journal of Social Psychology, 2000(3): 241—263.

[73]Yang Y, Brainem D S, O'Brien D P. Some empirical justification of one predicate-logic model, In M. D. S. Braine & D. P. (Eds.) Mental Logic, Mahwah, N J: Lawrence Erlbaum Associates, 1998: 333—365.

[74]Yang Y, Johnson-Laird P N. Illusions in quantified reasoning: How to make impossible seem possible, and vice versa, Memory & Cognition, 2000, 28(3):452—465.

[75]Yang Y, Johnson-Laird P N. How to eliminate illusions in quantified reasoning, Memory & Cognition, 2000b, 28(6): 1050—1059.

[76]Yang Y, Zhao Y, Zeng J, Cross-language validations of mental logic and mental models, In P. Slezak, J. Kehoe, and M Taft (Eds.): The Proceeding of the Fourth International Conference of Cognitive Science, The University of New South Wales: Sydney, Australia, 2003.

附 录

附录 A 扎根理论方法收集的示范性材料

说明:由于选取的 5 家样本企业中,有 4 家不愿公开全部资料,下面是其中一家企业管理人员的访谈记录。

我在学心理学,非常受益,并试着把所学的心理学知识运用到管理中去。我现在越来越觉得北方人的文化很好,要想做大,必须把南方文化和北方文化结合,将中国文化和西方管理结合起来。南方人重视金钱刺激,就事论事;北方人重视人情,人情先行。做生意就是先让人有面子,交情特别重要,这是南方人必须学习的。西方人在管理上单刀直入,把公司和私人分得清清楚楚,说事情直截了当。这套东西在中国的企业照搬的话是行不通的,因为中国人是走弧线的。我的体会是,先采用中国人的方式,维护人的面子,曲线救国,触到问题和核心时,再采用西方的办法,最后再以中国人的方式收尾。

我原来是一个很强硬的领导。能把部下骂得狗血淋头,还让他们明天必须改掉毛病。

当我偶然对一个部下表示感谢时,他竟然当场掉泪了。我当时愣住了,那么大的男人怎么就能这样呢?我就这件事想了很多,也从此转变了我的管理风格。我不再那么迫切地盯着员工的缺点,不再那么直接地指出他们的缺点,要求他们明天就改正,然后让他们从办公室出去。我开始关注他们的心理感受,努力去感受他们的感受。以前,早上到了办公室,我就直接到我的办公室,开始处理各种事务,批评、督促、命令,从此以后,我就先去各个办公室,给每个员工相面,先从他们的表情感受他们的心情。如果看到哪位有不高兴,就去跟他沟通。先问:是不是工作压力很大啊?如果说不是,再问,是不是跟上司或同事有啥事情需要我协调？如果还说不是，那么我就知道，他在个人家庭生活上遇到了问题。就直接问他，如果他说还行，我就知道肯定是遇到了个人的问题。常见的，男人跟太太发生矛盾，女人则往往跟婆婆有了矛盾，等等吧。我就跟他唠家常，了解了他们的情绪，再用心理学的道理和我的人生感悟跟他商量解决的办法。

我能够让员工通过最多一个小时的沟通，从我的办公室出去时能够满脸喜悦、心情愉快地回到工作岗位去。

现在不是不批评员工，而是就事论事，千方百计地发现他们的优点，感谢他们的努力，然后真诚地跟他商量他的问题。其实谁都不愿意挨批评，但管理者又不能不指出他们的缺点

但不能叫他们带着情绪出去，否则不良的情绪一定会耽误工作。他们挨了老板的骂，一定会把气撒给下属，即使不再去骂下属，他们的情绪也会传染给别人，破坏工作氛围。所以，我不会再像以前那样要求他们必须明天就改正，而是缓和下来，和他一起商量解决的办法，给他支持和帮助，最后，给他一个真诚的拥抱。拥抱的方式一定要讲究啊（讲解）。这是美国人的管理方式，开始他们不理解，但经过长期的培训和学习，他们也就了解并学会了。这样，即使是挨了批评的人，最后也会高高兴兴地回到工作中去。他们会把这些好的情绪和方法传递给其他人。这样，我们公司的工作方式就在向着良性大方向转化。以前，员工们不敢到我的办公室来，即使见面也是很紧张，现在他们能够主动来跟我聊天，无拘无束。而且，最受益的还是我，我现在即使每个月离开公司十多天，基本上十多天都不必开手机，也不会担心公司出问题。因为，大家都在认真地做着他们的工作，根本不用别人再去监督和催促。

现在很多公司员工离职率相当高，这些 80 后、90 后小孩也很难管。他们根本不在乎你压他们一个月的工资，可能稍微一不高兴，明天就不来了，你连他们的影子都找不到了。我高兴的是，我们公司这些年来极少有离职的事儿。大家都很好，互相之间相处也很好。我们的工资在业内也是比较高的，加上公司的氛围很好，就都很高兴地工作。

还有一点，我觉得最关键的，那就是我们做的是环保事业。我们的业务对人体有利无害，员工没有任何职业病，对客户绝对绿色环保，对地球也是绝对无害，这样的事业，员工做起来没有任何心理负担，即使十几二十几年之后，一百年之后，员工们也会为自己所从事的这项环保事业而自豪。大家的心理是轻松的，而且越做越轻松，越做越高兴。你看，我就是这样，快到四十岁了，还显得很年轻，特别高兴，每天在笑，员工们和我一样，也是在做让人高兴的事儿呀。这样，我们都很融洽。

　　有个北京的客户,生意做得很大,但是越做越痛苦,觉得那种生意让他心里难受。他有了一大笔钱之后,跟我说要不干了,想做金融投资或者做环保产品。我说绝对不做金融投资,因为炒股不但风险大,而且害人害己! 于是,他就成了我在北京的分公司老总,现在也是越做越高兴。

附录 B　小样本预测试题项

　　1.我总是主动帮助别人。

　　2.不管是同事的工作还是生活问题,我都给予充分的鼓励和支持。

　　3.我在人际交往过程中能做到不虚伪。

　　4.我常向周围的同事倾诉不如意的事。

　　5.我总是在完成分内工作的同时积极帮助同事以更好地完成团队任务。

　　6.如果工作中遇到可气之事,我就会随之而生气。

　　7.我能够保守别人秘密,通常不在背后议论别人的是非。

　　8.我能心平气和地听取别人的各种意见。

　　9.我相信,只有懂得感恩的人才会得到生活丰厚的回报。

　　10.我对自己作出的承诺,都会尽力去兑现。

　　11.工作中,一些小事总能引起我的情绪波动。

　　12.我习惯于从较长远的时间角度来判断利弊得失。

　　13.我总是真诚地感恩所有的同事,包括伤害过我的人。

　　14.我善于分析环境并采取适当的行为去适应环境。

　　15.遇到不如意的事,我首先反思自己,从自己身上找原因。

　　16.我经常看到一件事的过去、现在与未来之间存在着紧密的联系。

　　17.作决定时,我会顾及整体的和谐而调整自己的表达方式。

　　18.在发表个人见解时,我总是努力让人们感觉到我的立场不管是对他们个人还是对工作群体都是友善的。

　　19.在为人处世中,我能做到"己所不欲,勿施于人"。

　　20.我能做到平易近人,让别人喜欢接近我。

　　21.我常常会在参考他人的意见后,调整我原来的想法。

　　22.通常情况下,不管别人如何待我,我都对别人抱有善意。

　　23.工作中,我能较快地接受新观念。

　　24.我会努力在自己与他人的意见中,找到一个平衡点。

　　25."和为贵"是我为人处世的基本原则。

26. 我乐于协调团体成员的关系,以达到有效的分工合作。

27. 我会努力在有意见争执的场合中,找出让大家都能够接受的意见。

28. 我期待通过讨论获得具有共识性的结论。

29. 我坚持"善良"这个处世原则。

30. 我清楚自己做人做事的底线。

31. 我了解上司对自己的期望。

32. 我经常能预料同事的言行。

33. 我清楚目前同事间人际交往的格局和各种规则。

34. 我清楚部门目标和公司(单位)整体目标的关系。

35. 我了解公司(单位)有关重要事件的决策程序。

36. 我知道哪些工作是需要大家合力完成的。

37. 我掌握了职场为人处世的方法与艺术。

38. 我能够公平地对待他人。

39. 我掌握了很多沟通的方法。

40. 对于涉及其他同事的行动,我会在执行前与他们充分沟通。

41. 通常,我能全面地看待工作中的问题。

42. 在决定下一步要怎么走时,我常结合事情发生的来龙去脉来考虑。

43. 我习惯从多个角度来思考一件事情。

44. 我通常会以委婉的方式表达不同意见。

45. 我对自己性格和能力的不足之处有清醒的认知。

46. 我掌握了完成工作的方法与技巧。

47. 我清楚本公司(单位)的管理特点。

48. 在面对不同的意见时,我能有限度地妥协,适当放下自己的主张和利益。

49. 我能用善意和欣赏的眼光看待这个世界。

50. 在同事取得成功时,我总是真诚地称赞他们。

51. 一件事情总有好的和坏的两方面,就看你怎么看了。

52. 为人处世之中,我总能看到事情光明的一面。

53. 我善于理解他人。

54. 我善于处理工作中的紧急情况或突发事件。

对于下列说法,您是否同意? 同意的程度如何?

55. "不打不相识",对人际冲突妥善处理,能够增进彼此了解和友谊,促进和谐。

56. 做事总要以维持大局为重,不要只考虑到自己。

57. 为了与周围的人和睦共处,有时候得忍一口气。

58. 与人相处,只做到"合理合法"是不够的,还要兼顾人情。

59. 按照事物本身的规律办事,而不是仅凭着自己的主观意志办事。

60. 工作中都要有集体观念,不搞特殊化。

61. 有理就要据理力争。

62. 劳资双方是利益共同体。

63. 采取强硬态度做事,通常会适得其反。

64. 工作中的冲突大多破坏了人际关系的和谐性。

65. 家和万事兴,大家和谐才能做好工作。

66. 大多数冲突是由缺乏必要的沟通造成的。

67. 心胸宽广是为人做事和谐的基础。

68. 不管自己多么有理,"放人一马"总是好的。

69. 与人相处,吃点眼前亏,将来对自己可能有好处。

70. 我相信人的本性是善良的。

71. 看问题不能停留在表面或结果上,一定要追问原因。

附录 C　和谐心智模式及其对工作绩效影响研究调查问卷题项

X1. 我善于分析环境并采取适当的行为去适应环境。

X2. 我全面地看待工作中的问题。

X3. 作决定时,我结合事情发生的来龙去脉来考虑。

X4. 我从多方面的角度来思考同一件事情。

X5. 我主动帮助别人。

X6. 不管是同事的工作还是生活问题,我都给予充分的鼓励和支持。

X7. 我在完成分内工作的同时积极帮助同事以更好地完成团队任务。

X8. 我不在背后议论别人的是非。

X9. 在发表个人见解时,我尽力让人们感觉到我的立场是友善的。

X10. 与人交往时,我尽力让人感觉到我的善意和欣赏的态度。

X11. 为人处世之中,我总能看到事情光明的一面。

X12. 我善于理解别人。

X13. 我坚持"和为贵"的基本原则。

C1. 我每天尽全力工作。

C2. 工作时,我常常不知道疲倦。

C3. 我能从工作中体验到一种快乐或成就感。

C4. 我认真履行岗位职责。

C5. 工作时，我全身心都在工作上。

C6. 我总是尽全力去克服工作上的困难。

D1. 我总是在规定时间内完成工作任务。

D2. 我总是按质量标准完成工作。

D3. 我总是按上级要求完成工作任务。

D4. 我的工作效率总是很高。

D5. 我与同事之间关系融洽。

D6. 在工作上我与其他同事合作得很好。

D7. 我在同事中的人缘很好。

附录 D　和谐心智模式分问卷第二次预测试独立样本检验

问项编号与缩略语句		方差方程的 Levene 检验		均值方程的 t 检验					差分的 95% 置信区间	
		F	Sig.	t	df	Sig.（双侧）	均值差值	标准误差值	下限	上限
Q1	假设方差相等	1.904	0.170	4.854	127	0.000	0.833	0.172	0.494	1.173
	假设方差不相等			4.861	123.262	0.000	0.833	0.171	0.494	1.172
Q2	假设方差相等	11.923	0.001	7.424	127	0.000	1.142	0.154	0.838	1.446
	假设方差不相等			7.456	98.494	0.000	1.142	0.153	0.838	1.446
Q3	假设方差相等	5.896	0.017	6.661	127	0.000	1.079	0.162	0.759	1.400
	假设方差不相等			6.684	107.470	0.000	1.079	0.161	0.759	1.399
Q4	假设方差相等	6.672	0.011	6.413	127	0.000	1.158	0.181	0.800	1.515
	假设方差不相等			6.438	103.972	0.000	1.158	0.180	0.801	1.514
Q5	假设方差相等	5.795	0.018	5.888	127	0.000	1.112	0.189	0.738	1.486
	假设方差不相等			5.904	114.131	0.000	1.112	0.188	0.739	1.485
Q6	假设方差相等	12.617	0.001	6.145	127	0.000	1.278	0.208	0.867	1.690
	假设方差不相等			6.163	112.928	0.000	1.278	0.207	0.867	1.689
Q7	假设方差相等	1.607	0.207	3.193	127	0.002	0.722	0.226	0.274	1.169
	假设方差不相等			3.195	126.477	0.002	0.722	0.226	0.275	1.169

续表

问项编号与缩略语句		方差方程的 Levene 检验		均值方程的 t 检验					差分的 95% 置信区间	
		F	Sig.	t	df	Sig.（双侧）	均值差值	标准误差值	下限	上限
A1	假设方差相等	13.602	0.000	8.238	127	0.000	1.238	0.150	0.941	1.536
	假设方差不相等			8.269	104.706	0.000	1.238	0.150	0.941	1.535
A2	假设方差相等	5.980	0.016	10.156	127	0.000	1.425	0.140	1.147	1.702
	假设方差不相等			10.193	105.792	0.000	1.425	0.140	1.147	1.702
A3	假设方差相等	21.061	0.000	8.506	127	0.000	1.333	0.157	1.023	1.643
	假设方差不相等			8.547	92.554	0.000	1.333	0.156	1.023	1.643
A4	假设方差相等	36.369	0.000	6.261	127	0.000	1.193	0.191	0.816	1.570
	假设方差不相等			6.295	86.017	0.000	1.193	0.190	0.816	1.570
A5	假设方差相等	0.310	0.579	5.555	127	0.000	0.985	0.177	0.634	1.336
	假设方差不相等			5.552	126.225	0.000	0.985	0.177	0.634	1.336
A6	假设方差相等	3.994	0.048	6.111	127	0.000	1.127	0.184	0.762	1.492
	假设方差不相等			6.128	114.277	0.000	1.127	0.184	0.763	1.492
A7	假设方差相等	7.719	0.006	8.205	127	0.000	1.373	0.167	1.042	1.705
	假设方差不相等			8.233	108.487	0.000	1.373	0.167	1.043	1.704
A8	假设方差相等	8.636	0.004	8.440	127	0.000	1.438	0.170	1.101	1.775
	假设方差不相等			8.477	97.815	0.000	1.438	0.170	1.101	1.774
A9	假设方差相等	8.385	0.004	6.982	127	0.000	1.299	0.186	0.931	1.667
	假设方差不相等			7.005	107.740	0.000	1.299	0.185	0.931	1.666

续表

问项编号与缩略语句		方差方程的 Levene 检验		均值方程的 t 检验					差分的 95% 置信区间	
		F	Sig.	t	df	Sig.（双侧）	均值差值	标准误差值	下限	上限
A10	假设方差相等	16.568	0.000	8.455	127	0.000	1.254	0.148	0.960	1.547
	假设方差不相等			8.492	98.565	0.000	1.254	0.148	0.961	1.547
A11	假设方差相等	0.519	0.473	5.597	127	0.000	1.021	0.182	0.660	1.382
	假设方差不相等			5.599	126.950	0.000	1.021	0.182	0.660	1.382
A13	假设方差相等	2.855	0.094	7.940	127	0.000	1.145	0.144	0.860	1.431
	假设方差不相等			7.961	114.739	0.000	1.145	0.144	0.860	1.430
A14	假设方差相等	13.898	0.000	7.831	127	0.000	1.253	0.160	0.937	1.570
	假设方差不相等			7.861	102.734	0.000	1.253	0.159	0.937	1.570
A15	假设方差相等	2.249	0.136	10.052	127	0.000	1.438	0.143	1.155	1.720
	假设方差不相等			10.082	112.154	0.000	1.438	0.143	1.155	1.720
A16	假设方差相等	12.761	0.001	7.528	127	0.000	1.269	0.169	0.935	1.602
	假设方差不相等			7.558	101.571	0.000	1.269	0.168	0.936	1.602
A17	假设方差相等	43.897	0.000	6.503	127	0.000	1.212	0.186	0.843	1.580
	假设方差不相等			6.544	78.231	0.000	1.212	0.185	0.843	1.580
A18	假设方差相等	26.549	0.000	6.158	127	0.000	1.055	0.171	0.716	1.393
	假设方差不相等			6.190	89.057	0.000	1.055	0.170	0.716	1.393
A19	假设方差相等	18.453	0.000	6.219	127	0.000	0.996	0.160	0.679	1.313
	假设方差不相等			6.250	90.831	0.000	0.996	0.159	0.679	1.312

续表

问项编号与缩略语句		方差方程的 Levene 检验		均值方程的 t 检验						差分的 95% 置信区间	
		F	Sig.	t	df	Sig.（双侧）	均值差值	标准误差值		下限	上限
A20	假设方差相等	3.208	0.076	4.574	127	0.000	1.067	0.233		0.605	1.528
	假设方差不相等			4.570	124.625	0.000	1.067	0.233		0.605	1.529
A21	假设方差相等	8.332	0.005	4.632	127	0.000	1.109	0.239		0.635	1.582
	假设方差不相等			4.622	117.649	0.000	1.109	0.240		0.634	1.584
A22	假设方差相等	1.677	0.198	5.667	127	0.000	1.261	0.222		0.821	1.701
	假设方差不相等			5.671	126.538	0.000	1.261	0.222		0.821	1.701
A23	假设方差相等	2.011	0.159	6.206	127	0.000	1.367	0.220		0.931	1.803
	假设方差不相等			6.198	123.216	0.000	1.367	0.221		0.930	1.803
A24	假设方差相等	12.258	0.001	6.864	127	0.000	1.100	0.160		0.783	1.416
	假设方差不相等			6.891	102.675	0.000	1.100	0.160		0.783	1.416
A25	假设方差相等	4.013	0.047	4.220	127	0.000	0.741	0.176		0.393	1.088
	假设方差不相等			4.227	123.104	0.000	0.741	0.175		0.394	1.088
A26	假设方差相等	3.833	0.052	4.691	127	0.000	0.865	0.184		0.500	1.230
	假设方差不相等			4.700	120.550	0.000	0.865	0.184		0.501	1.230

资料来源：作者根据调研数据分析整理。

附录 E　和谐心智模式分问卷第二次预测试各题项总计统计量

题项编号与缩略语句	项已删除的刻度均值	项已删除的刻度方差	校正的项总计相关性	项已删除的Cronbach's Alpha 值
Q1 长远考虑利弊	146.03	282.589	0.391	0.900
Q2 分析并适应环境	146.07	278.855	0.512	0.898
Q3 全面看待工作问题	146.15	277.824	0.562	0.898
Q4 来龙去脉	146.00	279.393	0.464	0.899
Q5 多角度思考问题	145.97	277.780	0.520	0.898
Q6 按规律办事	146.29	277.238	0.449	0.899
Q7 追问原因	146.12	284.156	0.286	0.902
A1 主动助人	145.89	278.595	0.548	0.898
A2 鼓励支持同事	145.84	276.692	0.607	0.897
A3 完工后助人	145.79	276.830	0.591	0.897
A4 不论人是非	145.70	277.435	0.499	0.898
A5 有限妥协	146.22	284.357	0.329	0.901
A6 参考别人意见	145.98	280.952	0.411	0.900
A7 反省自己	146.12	277.921	0.519	0.898
A8 听取意见	146.04	276.330	0.552	0.897
A9 放人一马	145.91	277.067	0.501	0.898
A10 和谐表达方式	145.87	276.938	0.616	0.897
A11 立场友善	145.87	279.034	0.469	0.899
A13 平易近人	145.91	279.786	0.537	0.898
A14 善意欣赏看世界	145.90	277.689	0.524	0.898
A15 看光明一面	145.99	278.458	0.513	0.898
A16 善于理解别人	145.86	276.682	0.572	0.897
A17 善良处世原则	145.55	275.925	0.583	0.897
A18 和为贵原则	145.73	278.355	0.551	0.898
A19 感恩	145.41	281.833	0.451	0.899

续表

题项编号与 缩略语句	项已删除的 刻度均值	项已删除的 刻度方差	校正的项 总计相关性	项已删除的 Cronbach's Alpha 值
A20 难以解脱烦闷	147.06	287.245	0.158	0.906
A21 情绪波动	147.27	282.296	0.260	0.904
A22 难以倾听异见	146.52	280.373	0.324	0.902
A23 恼火于批评	146.66	282.103	0.270	0.903
A24 大局为重	145.80	278.355	0.565	0.898
A25 忍一口气	145.94	283.495	0.351	0.901
A26 吃点眼前亏	145.86	282.237	0.395	0.900

后序 本研究的意犹未尽之处

近代以来,在饱受列强凌辱甚至蹂躏的过程之中,很多国人痛定思痛,为富国强兵而引入西学,同时也对中国文化传统几度全盘否定,致使长期以来,几代国人失去了文化自信心,抛弃了自己的文化传统,导致精神迷失、信仰危机,各种社会问题和管理问题层出不穷。近几十年来,西方人开始反思科学主义、西方哲学与西方社会文化,并把目光投向中国的传统文化,甚至有汤因比这样的大师级人物明确指出:拯救二十一世纪人类社会的只有中国的儒家思想和大乘佛法,所以21世纪是中国的世纪。目前,中国人开始有强烈的愿望要重新找回自己的精神源头和文化传统,越来越多的人在谈"文化自觉"和"文化自信",管理学界也有很多学者和实践家在进行基于中国文化传统的管理研究与实践。

论及中国管理学研究,我们一直主张,中国人只有正视、相信并热爱自己的文化传统,同时拥有令世人瞩目的管理实践绩效,才会有自己的管理学。如果把中国管理学建立在西方文化基础上,尽管用的是中国组织的经验数据,那与西方管理学也没有什么本质上的不同。同时,对于中国管理学的研究,也不能仅仅使用中国人所熟悉的那套思辨、直觉甚至"拍脑门"的方法,那样我们只能是自说自话、自娱自乐,不能登上世界管理学的交流平台,更不会建立起让世人认可的中国管理学。本人近年来多次参加关于中国管理学研究的学术讨论会,也一直关注中国管理学的研究进展,发现存在着一个常见的现象,即人们总是就一些基本问题如用实证方法还用理论方法等争论来争论去,而很少有人采用科学的方法研究中国管理中的重要问题。而一些港台学者在中国本土心理学、社会学等领域的研究与建构过程中为我们做出了表率。黄光国、杨中芳等学者采用西方主流科学方法来研究中国文化中一些最具根本性的主题,如孝、中庸、面子等,取得了一系列令人瞩目的成就。本研究就是要做这样的一种尝试:试图用心理学、社会学和管理学研究中普遍采用的一些主流方法来研究中国管理学的一些根本性问题。

本研究基于中国管理学的视角,以中国酒店餐饮企业为主要数据源来探究员工和谐心智模式结构及其对工作绩效的影响,在和谐心智模式的构念、测量、对员工工作绩效的影响效应、影响机理与和谐心智管理等方面进行探讨,并初步提出了一些管理对策。我们认为这是对中国管理学"根目录"问题进行研究的一些尝试,是有理论意义和现实价值的。

回顾整个研究过程,反思研究内容与结果,特别是与上述研究的初始目的相对照,就会发现本研究的缺点甚多。在本书结束之际,特此指出本研究存在以下几方面的缺点与局限:

一是抽样与样本容量问题。作为全国范围内的行业研究,本研究的样本容量还不够充足,只选取酒店餐饮企业作为数据资料来源,尽管具有典型性和代表性,但终究不能涵括类型多样、数量众多的所有企业。此外,尽管所采用的多元统计分析方法能够在一定程度上克服取样的不足,但由于受到主客观条件的限制,本研究未能按照中国酒店餐饮业职工的总体分布情况等比例抽取样本;样本的数量也需要进一步扩大,以增加样本的代表性。

二是数据的准确性问题。在调查酒店餐饮业员工相关数据时,囿于成本等因素所限,调查数据均为横截面数据,而没有使用时间序列数据。这样虽然方便调研,但在一定程度上影响了研究的准确性,导致在研究员工和谐心智模式的影响因素及其后向结果时,无法断定他们之间是否具有严格的因果关系。尽管采用扎根理论研究方法进行的质化研究在一定程度上弥补了这个不足,但是质化研究中所采用的资料也大多是横截面数据,所以弥补的程度也是有限的。

三是模型的代表性问题。虽然本研究概念模型得到了数据的支持,但是结构方程模型没有包括所有影响和谐心智模式的因素(如员工人格特征、跨文化因素等),员工的态度与行为的选择也是有限的,还有很多相关的因素没有考虑进模型,这使模型的普遍适用性即生态效度受到一定的影响。

四是研究内容方面的问题。其一,对和谐心智模式影响因素的研究需要扩充。本研究只选择了人口学变量作为和谐心智模式的影响因素加以研究,而影响和谐心智模式的因素很多,今后需要对影响因素的种类和影响程度及其关系进行继续探索。其二,和谐心智模式对工作绩效变量的影响路径需要完善。在这一影响路径的研究中,本研究只选择了敬业度作为中介变量,而和谐心智模式对工作绩效变量的影响路径可能比较复杂,很可能存在着其它一些中介变量和调节变量。其三,工作绩效的维度尚未包括学习绩效和创新绩效(这对酒店餐饮企业是适合的），而这两种绩效对于当代企业特别是高科技企业的重要性正在日益凸显。

五是管理对策研究很单薄。本研究中仅仅提出和谐心智管理与开发的基本框架和核心思想，而基本上没有论述其理论体系、具体内容和操作模式，而这些可能是中国管理学研究与实践中所特别需要的。

意犹未尽之处，也多为今后需要进一步开展研究的内容。基于此，提出如下研究展望：

一是采用横向数据与纵向数据相结合的方法，提高数据的准确性。目前关于心智模式实证研究中存在的一些分歧与广泛采用的横向研究范式有较大关系。因此要更多地进行长期的纵向研究，在研究方法上有所突破，才能真正揭示心智模式结构要素及影响效应的本质，在研究方法上应该强化纵向研究和多路径、多方法的研究范式。以后的研究中可以使用包括横截面数据和时间序列数据的面板数据来提高调查数据的准确性。

二是加强和谐心智模式理论的跨行业研究。本研究有关和谐心智模式的研究结论是在酒店餐饮业中得出来的，这一结论能否应用到其它行业或其他文化背景，则存在一定的风险，因此在不同行业、不同国家展开对有关和谐心智模式的研究结果进行验证并进一步拓展研究是非常必要的。

三是加强心智模式内涵与要素选择标准的研究。目前，不同研究者对于什么是心智模式的问题存在较大分歧，对企业中员工的心智模式要素选择标准的看法也不统一，因此研究结果自然也有较大差异。这与我国目前企业员工心智模式实证研究尚处于起步阶段、缺乏系统理论体系指导有着密切关系。今后，统一的心智模式内涵与要素选择将有助于研究成果的推广与应用。

四是就员工和谐心智模式与工作绩效的关系机理展开深入研究。首先，探究企业员工和谐心智模式对工作绩效（特别是学习绩效与创新绩效）的作用机理。主要研究员工和谐心智模式对工作绩效及其各个维度的作用及这种作用是如何发生的，其中着重探索和谐心智模式对学习绩效与创新绩效的作用机理。其次，探查员工和谐心智模式对工作绩效作用机理中的中介/调节效应研究。社会心理学家发现，通常情境下，人的态度与行为之间并不存在严格的正相关，因此，我们要关注在管理中和谐心智模式如何影响工作绩效以及在什么条件下会发生或强化这种影响，为此要具体分析情境变量影响员工和谐心智模式向工作绩效的传递机制，这一研究的主要内容是探究其作用机理中的中介效应与调节效应。再次，从长期来看，还有必要对与员工和谐心智模式类似的员工幸福心智模式、创新心智模式、生态心智模式及其作用机理进行研究，本研究不但是这一系列研究主题的一个重要组成部分,也是其他研究的基础。

五是深化对企业员工心智管理与开发策略的研究。随着企业管理水准的逐步升级,和谐会更加成为企业管理所关注的重点,而心智管理包括和谐心智管理也会成为越来越多的管理者更新管理思路和管理程序的利器,成为管理学者们所关注的主题。本书作者今后也会把心智管理与开发作为自己的研究主体内容,特别是加强基于中国文化传统以及中西文明交汇视角的中国企业员工心智开发策略的研究。

目前,我国学者关于心智模式的研究在近 20 年内取得了大量的成果,但是,关于组织及其员工心智模式的实证研究还有待加强,关于和谐心智模式的研究也需要引起学界的关注。对于本研究而言,除了上述五个方面,还有许多问题,如影响和谐心智模式的个体因素、影响和谐心智模式的团队或组织因素、和谐心智模式与其他个体因素之间的关系及相互影响的机制、和谐心智模式与组织竞争优势管理等等,都还有待展开更加深入、系统的理论和实证研究。

此书是在本人博士毕业论文基础上作重大修改而成。该论文写作过程中,在现场调研上历时很长,也投入了非常多的精力,但在具体写作上则用时不多,有仓促成文之感。尽管经过修改,但本书一定还存在很多错误。本人愿对此负责,并希望方家不吝赐教。此外,还衷心希望阅读此书的诸位有缘人不吝赐教,让我们把和谐心灵或心智研究进行下去,以造福于社会。

拙稿付梓之际,那些曾经为这一研究做出直接和间接贡献的人像夏夜的群星映现在我的脑海,包括很多古圣先贤、我的导(老)师、企业家朋友和同学老友,包括在企业做田野研究时有机缘给员工讲授国学课程过程中和我同笑同泣的三百名年轻的员工,也包括填写调查问卷的那些未曾谋面的朋友。对此,我除了感恩,还倍感幸运! 遗憾的是限于篇幅在此不能一一列出这些师友的名字了。但是,如果在此谨表达对我父母最诚挚的感恩并以此书告慰他们的在天之灵,我相信所有的有缘人都会理解的。

曹振杰

2012 年 9 月　于天目山麓

图书在版编目（CIP）数据

企业员工和谐心智模式的理论与实证研究:以酒店
餐饮企业为例 / 曹振杰著.—杭州:浙江大学出版社，
2012.12

ISBN 978-7-308-10827-0

Ⅰ.①企… Ⅱ.①曹… Ⅲ.①饮食业－商业管理
Ⅳ.①F719.3

中国版本图书馆 CIP 数据核字（2012）第 277051 号

企业员工和谐心智模式的理论与实证研究:以酒店餐饮企业为例

曹振杰　著

责任编辑	周卫群
封面设计	刘依群
出版发行	浙江大学出版社
	（杭州市天目山路 148 号　邮政编码 310007）
	（网址:http://www.zjupress.com）
排　　版	杭州中大图文设计有限公司
印　　刷	富阳市育才印刷有限公司
开　　本	710mm×1000mm　1/16
印　　张	15
字　　数	269 千
版 印 次	2012 年 12 月第 1 版　　2012 年 12 月第 1 次印刷
书　　号	ISBN 978-7-308-10827-0
定　　价	42.00 元